边界探析：西北地区城市建设用地边界区域动态演变

陈晓键　著

科学出版社

北　京

内 容 简 介

本书结合中小城市空间扩展边界多年实地调研数据，从演化时空、形态、产业、人口、活力等方面探讨西北地区城市建设用地边界区域演化特征，提出对建设用地边界区域演化产生实际影响的因素。根据不同地域、不同类型，选取秦岭山地城市商洛市、绿洲城市酒泉市、资源型城市榆林市作为典型案例，对其中心城区建设用地边界区域演变情景进行分析及用地推演，并探讨各种情景之间的时序性和融合性。在此基础上，提出西北地区中小城市建设用地边界区域调控与引导措施。

本书可为城乡规划和相关专业从业人员及高校师生提供参考，也可供相关研究机构和业务部门工作人员参考。

图书在版编目（CIP）数据

边界探析：西北地区城市建设用地边界区域动态演变/陈晓键著. —北京：科学出版社，2023.6
ISBN 978-7-03-074085-4

Ⅰ.①边… Ⅱ.①陈… Ⅲ.①城市土地－土地利用－研究－西北地区 Ⅳ.①F299.274

中国版本图书馆 CIP 数据核字（2022）第 231391 号

责任编辑：祝　洁　汤宇晨 / 责任校对：崔向琳
责任印制：苏铁锁 / 封面设计：陈　敬

科学出版社 出版
北京东黄城根北街 16 号
邮政编码：100717
http://www.sciencep.com

北京凌奇印刷有限责任公司 印刷
科学出版社发行　各地新华书店经销
*
2023 年 6 月第 一 版　　开本：720×1200 1/16
2023 年 6 月第一次印刷　　印张：11 1/4
字数：226 000
POD定价：118.00元
（如有印装质量问题，我社负责调换）

前　　言

城市建设用地边界区域是城市扩张的前沿，是变动剧烈的城市区域。城市空间向外扩展具有块状推进、分期建设的特征，在开发（增长）边界划定范围内，随城市经济社会发展，建设用地边界区域在用地类型、开发强度等方面发生阶段性的变化。

2019 年，《中共中央　国务院关于建立国土空间规划体系并监督实施的若干意见》发布，明确要求在资源环境承载能力和国土空间开发适宜性评价的基础上，科学有序统筹布局生态、农业、城镇等功能空间，划定生态保护红线、永久基本农田、城镇开发边界等空间管控边界及各类海域保护线，强化底线约束，为可持续发展预留空间。中心城区建设用地边界线与增长边界、开发边界的关系一直处于探讨中，在边界线管控范围内避免城市骨架大而低效，提高用地效率，加强对城市自身生长过程规律性的认知和合理性的引导已成为共识。

随着我国国土空间规划中开发边界的逐步划定，未来我国城市开发边界的工作重点由划定走向管理，亟须对建设用地边界区域及城市土地高效有序开发进行引导，加强对中心城区与周边区域作为整体及自身生长规律的认识，加强划定的城市建设用地边界适应性及应对诸多不确定性，加强整体层面建设用地扩张与局部活力塌陷区和低洼地带空间调控，以保证城市发展各阶段的衔接和过程的连续性，以及城市本身结构的合理性。因此，本书聚焦西北地区中小城市，研究城市空间增长阶段特征和内在规律，探讨城市建设用地边界区域的演变特征、演变动因、发展情景及引导对策，以期为城市边界区域摆脱被动变异的局面、主动调适融入城市空间格局进程提供参考和借鉴。

本书撰写分工如下：第 1～4 章由陈晓键撰写；5.1 节由陈晓键撰写，5.2 节由李颖、陈晓键撰写，5.3 节由杨斌、陈晓键撰写，5.4 节由郝海钊、陈晓键撰写；6.1 节由郝海钊、陈晓键撰写，6.2 节、6.3 节由陈晓键、郝海钊、李颖、杨斌撰写；第 7 章由陈晓键撰写。全书由陈晓键统稿。

研究生秦川、谭漪玟、鲁岩、何倡、冯嘉、钟玥、陈雯、张锡凯、黄媛、官玉洁、慈寅寅、柳思瑶、王冰倩、韩伊迪、李小林、吕思琦等参与了项目调研、资料整理和图件绘制等工作，在此表示由衷的感谢！书中部分数据、内容和图表引自谭漪玟、何倡、钟玥、张锡凯、慈寅寅、官玉洁、黄媛等的硕士学位论文，在此一并表示感谢！

　　本书研究工作得到国家自然科学基金面上项目（51378420）的支持，使课题组对西北地区中小城市的研究得以持续进行，在此表示深深的感谢！

　　由于作者水平有限，书中难免有纰漏和不足之处，敬请广大读者批评指正。

目　　录

第1章 绪 论

1.1 研究背景和意义

建设用地是指用于建造建筑物和构筑物及其使用范围内的土地。建设用地一般可以分为城乡建设用地（包括城镇用地、农村居民点、采矿用地和其他独立建设用地）、交通水利用地（包括铁路用地、公路用地、民用机场、港口码头、管道运输、水库水面及水工水面）及其他建设用地（包括风景名胜设施用地、特殊用地及盐田）。按照《城市用地分类与规划建设用地标准》（GB 50137—2011），城市建设用地包括城市和县人民政府所在地镇内的居住用地、公共管理与公共服务用地、商业服务业设施用地、工业用地、物流仓储用地、道路与交通设施用地、公用设施用地、绿地与广场用地。《国土空间调查、规划、用途管制用地用海分类指南（试行）》于 2020 年发布，在整合《土地利用现状分类》《城市用地分类与规划建设用地标准》《海域使用分类》等原分类标准基础上，建立了全国统一的国土空间用地用海分类，将城乡建设用地统筹考虑。鉴于本书是对西北地区中小城市建设用地已有变动规律的探寻，涉及的相关内容仍按原城乡规划有关标准进行分析。随城市人口、产业活动和企业数量增多，城市建设用地不断增长且逐渐蚕食周边土地，主要集中地区成为中心城区。

城市建设用地边界不仅仅是一条界定线，还是城市扩张的前沿，边界区域是最具活力的城市区域（Peng et al.，2018）。城市边界区域处于城乡之间的一个过渡范围内（Pryor，1968），具有土地利用密集、经济发展不平衡、人口构成复杂等特点（Sharp et al.，2008）。城市建设用地规模和空间分布随城市人口和产业活动规模发生相应变化，主要表现在这一区域内水平方向的扩展和垂直方向的增高增密。城市建设用地水平方向的扩展在某一时间点会形成一条实体边界，实体边界内为城市建设用地，实体边界外为非城市建设用地。由于城市空间向外扩展具有块状推进、分期建设的特征，随着城市建设用地不断向外动态变化，空间上也形成扩展的边界区域。此外，随着扩展边界的管控力度变化，建设用地边界区域在垂直方向也发生相应变化。因此，城市增长的动态性使得扩展的边界区域具有阶段性和不确定性发展的特征。

建设用地实体边界与城镇开发（增长）边界既有联系又有区别，它是在开发边界管控下建设用地阶段性推进的实体边界，也是联系既有建成区和未来建设区、保证建设用地短期和长期均合理紧凑布局的重要地域。城市建设用地边界区域动态变化既是城市空间扩展的形态体现，也是城市社会经济、交通、政策等因素在空间发展上的映射，还是城市开发边界、城市增长边界（urban growth boundary，UGB）限定和引导的结果。20 世纪后期，以 Carter 与 Wheatley 为代表的学者认为，由于城市内部压力面向四周扩散期间有静止阶段，以这一阶段形成的边界界定城市建成区，称为固定线（fixation line）（张晓军，2005）。原城市总体规划中，经批准的规划城市建设用地边界是一条以近期、远期为节点的"时限"边界（黄明华等，2017），即"时限"固定线，对城市建设用地扩展起着限定和控制作用，规划期内城市建设用地在边界范围内发生着阶段性变化。本书将城市不同扩展时期固定线之间的区域称为空间扩展建设用地边界区域，并尝试通过研究若干时期相对静止阶段固定线之间的城市空间要素，发掘中小城市空间演化的阶段性特征及建设用地边界区域动态变化的规律，以期为国土空间规划中城镇开发边界的划定、边界内用地管控，以及弹性应对和检视边界区域这一复杂体系不确定性提供依据和参考。

城市建设用地边界区域兼具核心区与边缘区用地的特性。城市建设用地边界区域毗邻城市核心区和边缘区，位于从房屋密度高且垂直方向延伸明显的核心区空间向具有城市和乡村特征、人口密度低于中心城区而高于周围农村的城市边缘区空间过渡的地带，在城市空间演替常规驱动力和城市边缘区突变非常规驱动力双重作用下，空间形态、土地利用、产业布局、公共服务设施布局、人口分布等空间要素处于动态变化之中，呈现出相应的演化轨迹和规律（李雪铭等，2017；陈雯等，2015；龙瀛等，2015；张振广等，2013；Knaap et al.，2001）。作为介于城市核心区与边缘区之间的动态地域空间，建设用地边界区域除了具有城市化活跃、土地利用结构变化速度快、郊区农业景观向城郊结合景观和城市景观演替的显著城区边缘地带特征外，还由于开发及结构绩效提升需求，具有城市核心区更新发展的特征。

城市阶段性开发用地的高效和结构匹配，是在某一阶段内开发边界具有不可调整的总量刚性和布局可调整的结构弹性框架下实现的。2006 年 4 月 1 日起施行的《城市规划编制办法》要求，在编制城市总体规划时，研究中心城区空间增长边界，提出建设用地规模和建设用地范围，刻画出建设用地与空间增长边界的关系。城市开发（增长）边界划定是控制城市过度扩张和引导城市形态健康发展的一种技术解决措施和空间政策响应。它通过在城市外围设定发展边界，合理安排发展的区位和时序，达到保护外围耕地和生态区域、提高城市内部土地利用强度的目的（吴箐等，2011；冯科等，2008；Jun，2006）。城市建设用地在城市开发（增长）边界内具有动态推进特征。开发边界划定后，边界内存量用地的布局弹性设计与边界刚性约束的协调，有利于实现结构匹配与有序高效开发。

城镇开发边界的概念内涵，与我国不同时期出现的城镇增长边界、城市开发边界等相似（赵民等，2019）。随着我国国土空间规划中开发边界的逐步划定，未来我国的城市开发边界工作重点由划定走向管理，亟须对弹性边界调整及城市土地高效有序开发进行引导。开展城市建设用地边界区域的研究，有助于探讨空间布局的科学性和空间增长的有序性，为满足未来发展需求确定预留土地提供决策依据。城市开发（增长）边界的引导和控制实效既受到城市生长自组织力的影响，又受到城市扩展他组织力的作用，这种影响作用通过城市实体边界的动态演变而逐步体现。如果能充分认识城市与周边区域作为整体及自身生长规律，城市空间增长方向能做到先后衔接、结构合理，城市布局留出继续增长的空间，避免相互包围和冲突，则城市空间增长有序；如果用地规模快速增长，却没有进行及时合理的空间引导，将会导致无序扩张蔓延，划定的边界也将缺乏适应性，难以应对诸多不确定性，导致其对城市建设用地规模控制失灵，也无法保证城市发展各阶段的衔接和过程的连续性，无法保证城市本身结构的合理性。以往实践中，规划设定与现实情形多存在偏离，实际项目的开发建设结果与规划建设用地边界对比，"越界"成为一种常态（黄明华等，2017），最终导致城市骨架大而低效。因此，识别和理解中心城区实体边界动态变化及其影响因素，是合理设定城市开发（增长）边界的重要前提（陈晓键等，2017）。

建设用地边界区域是邻近管控边界的前沿区域，既是现状实体边界，也是规划期限内不同发展阶段建设用地边界区域，在规划期内具有较强的发展动态性，同时也与建设用地边界管控紧密相关。在我国高质量发展的新阶段，扩张增长及因人口流失出现的城市收缩成为我国不同地域、不同发展阶段城市差异化的演化路径，也成为城市建设用地边界区域研究的重要现实背景。据第七次全国人口普查资料，西北地区一些城市市域人口 2010~2020 年呈减少趋势。周春山等（2019）的研究成果显示，西北地区城市建设速度相对较快，城市扩展态势较东部地区更为严峻，中小城市扩展态势较大城市更为严峻（张潇等，2021）。中小城市由于处于城市演化的前期阶段，城市聚集扩张的潜能和提高内部土地利用强度的压力并存，城市规模继续扩大，能级提升与规模稳定或萎缩的可能并存，具有与大城市、特大城市过度扩张不同的环境和政策调控目的，其增长的特殊性使得对其建设用地边界区域进行研究尤为必要。因此，本书通过对西北地区中小城市建设用地边界区域空间增长特征和规律进行研究，对比分析案例城市建设用地增长现状与研究得到的推演结果，总结既往规划管理中各种方式的效用和局限，并提出调控策略，对于建设用地边界区域管控及国土空间规划中城镇开发边界的划定具有重要的理论价值和现实意义。

1.2　国外相关研究

城市建设用地边界区域是城市空间扩张的前沿区域，位于城乡之间的一个过渡范围内，具有土地利用变化剧烈、动态性强等特征。国际上的城市开发（增长）边界具有多种类型，人们对其研究由来已久。城市开发（增长）边界雏形可以追溯到 19 世纪英国的绿带。目前，国际上城市增长边界实践探索可分为四类：城市建设底线、城乡地域分界、城市形态控制线、城市发展弹性边界划定（林坚等，2014）。边界区域的变动与扩展边界的划定和管控息息相关。随着国际上不同城市的边界划定和管控探索，关于建设用地控制边界的影响及边界内外区域土地利用、土地价格、设施布局变化等研究也逐步增多。鉴于此，本节从城市开发（增长）边界和建设用地边界区域两部分介绍国外相关研究。

1.2.1　国外城市开发（增长）边界相关研究

边界区域的动态变化有效映射出开发（增长）边界划定与管理效果。城市建设用地边界区域动态演变研究与城市增长管理、增长控制的实施效果、边界区域的动态演变、管理工具的严格与否和边界动态调整等研究交织在一起。

城市的蔓延与城市建设用地布局的规划引导，伴随着现代城市规划的发展而变化。英国霍华德在《明日的田园城市》一书中就曾提出，为抑制城市的无序蔓延和无序生长，以及由此产生的各种"城市病"，要在中心城区外围设立永久性绿带。1938 年英国颁布的《绿带法》及 1944 年《大伦敦规划》中的绿带等，也充分体现了这一思想（赵民等，2019）。

20 世纪五六十年代，西方城市特别是大都市区，出现城市跳跃式发展向郊区蔓延之后，抑制蔓延政策不断增多和加强，城市增长边界与城市服务边界（urban service boundary，USB）、绿带共同构成了城市发展容控政策，成为国外实施抑制蔓延政策的三种不同类型的工具和战略，这三种工具和战略的实施效果有所差异。绿带和城市增长边界控制较为严格，效果较为明显，但城市发展速度较快时反而会一定程度上限制城市增长。城市服务边界表示城市服务区的边界，表示一条城市基础设施（典型的是供水和排水管道）不再扩展的线。城市服务边界不具有强制性，比 UGB 更加灵活，因此控制效果受到影响。有时当条件需要时，可以改变 UGB。美国使用的 UGB 与绿带不同，经常设定容纳特定时期（20 年或者 30 年）的增长，定期讨论实施效果，然后随需要进行变更。整个 20 世纪 90 年代，大量关于波特兰市的争论聚焦在是否和在多大程度上移动 UGB（Pendall et al.，2002）。

英国大伦敦、大曼彻斯特、格拉斯哥等大都市区或城市在 20 世纪上半叶都实行绿带规划，随后莫斯科、柏林、首尔等也陆续实施了绿带政策。美国塞勒姆市、波特兰市等通过划定城市增长边界来引导城市合理增长。城市服务边界是牵引型的政策，即通过城市公共服务设施建设规划来引导城市发展。它通过系列土地利用条例（规则）禁止特定边界外围城镇开发，试图通过增长管理政策提高能源、公用和市政设施的效率，限制或者排除郊区新的开发或内城大规模商业开发，以引导和约束区域城镇空间格局，从而实现边界区域的有序发展。在许多大都市区，城镇服务区域支持"分层"系统，即指导公共基础设施以特定的次序进入新区域的一个系统，目的在于消除跳跃式开发，鼓励有序的城镇扩展，减少公共基础设施的成本（Pendall et al.，2002）。通常来讲，一个城市或者大都市区，经常使用城市增长边界、城市服务边界、绿带这些工具中的一个或两个来进行增长引导。

1.2.2　国外建设用地边界区域相关研究

土地开发是固有的动态过程。从农业用地、森林用地或轮休土地转化为居住或商业用地是昂贵的，很大程度上是不可逆的（Turnbull，2004）。因此，如何合理利用土地，如何保持城市发展的持续性，一直是研究的热点问题。边界管控不仅可以设置开发限制的反增长系统，还可以通过最大化环境的吸引力增加经济发展和便利所有公民的机会（Leo，1998），与土地开发和边界区域发展密切相关。容控政策通过更高的居住密度、更大的住宅开发强度、更灵活的场地规划标准、更多的综合开发项目和综合规划社区、更高的就业开发强度，促进城市在一定范围内高密度发展。

建设用地边界区域的变化与城市增长的推拉力有关。开敞空间约束和基础设施区位分别是城市增长的"推力"和"拉力"。开敞空间约束推动城市增长远离它们，形成不同方向的增长；公共基础设施通过布局在特定区域且沿着特定线路，拉动城市朝着那些区域增长。已有研究发现，绿带和城市增长边界影响"推力"因子，城市服务区影响"拉力"因子。城市增长边界通过使用区划等规则技术，来阻止增长边界以外的城镇开发，实现抑制目标。边界以内指定用于城镇化的资产区划为城镇用途，边界以外的资产区划为乡村用途。由于城市发展速度不确定，精确决定多少土地包括在 UGB 之内是一个困难的问题，这也使得对紧邻 UGB 外围土地如何使用有相当大的争议。同时，边界管控也会使边界以外用地变化。以波特兰市为例，城市增长边界基于 20 年的规划期限，城市边缘区的居住开发已经产生环绕波特兰大都市 UGB 的低密度居住环，未来低密度居住开发兼并到城市或者将城市服务扩展到这里将变得更加困难（Pendall et al.，2002；Nelson et al.，1993）。

为应对郊区化引发的低密度开发，一些国家使用规划调控手段影响边界区域土地使用。第二次世界大战后，道路修建速度加快，加之小汽车的普及，郊区化成为热潮。低密度开发下的市政建设和公共服务在便利居民生活的同时，也增加了地方财政支出，使得地方公共财政负担越来越重，"精明增长""都市村庄""新城市主义"等思潮应运而生。一些国家的城市开始引入 UGB 等新规划理念进行调控，如美国俄勒冈，在土地使用条例要求下，UGB 以外的土地（有例外）指定为资源利用，禁止城镇开发；所有 UGB 之内和之外的土地必须有相应的城市或县规划。城市综合使用的增长管理工具也影响着城市边界区域土地使用：在边界内分配建筑许可证给那些促进城市发展的开发项目，通过限定建筑许可证的颁发数量来控制开发项目增加，同步的配套要求是新项目开发时必须确保足够容量的道路、给水、排水和学校等设施到位；或通过禁止颁发建筑许可证暂停开发，作为限制城市发展的策略，这种方法有时被经济快速发展地区采用，为特定的增长区及现有市区和工业区内的开发项目优先提供资金帮助，并在土地的用途预期、最低密度限制和供排水配套方面制定相应的标准。一些国家低密度城镇跳跃式开发蔓延，聚落结构使得设施和服务的提供及维护都十分昂贵，因此也划定城市增长边界，如沙特阿拉伯的一些城市。市政设施和公共服务设施在边界内布局，居住和商业区密度增大，基础设施和市政设施得到更有效的利用。对于一些小城镇，人们也意识到边界划定得太紧了，导致增长空间受限（Alhathloul et al.，2004）。

　　城市容控政策的目的是促进城市更紧凑地发展，而非阻碍城市的发展。容控政策的严格与否及预留土地的多少都会影响实施效果。划定的界线内预留土地过于狭小，可能会减缓城市经济增长并导致地价急剧攀升；预留过多又会导致不受限的城市扩张，从而降低容控效果。已有研究表明，一个严格划定和很难变化的边界比松散和灵活的边界将带来更巨大和更迅速的变化。严格的抑制政策倾向于只要地方政策许可，鼓励在设定为增长的区域内更大程度上增加建筑密度。严格的抑制政策，特别是绿带，将不可避免地驱动一些城市增长完全超越大都市周边的土地保护区，刺激跳跃式开发，更可能使得新的增长跳过绿带，不可避免地产生卫星城。从这一点来说，政策问题就不是如何阻止跳跃式开发，而是如何合适地规划卫星城的增长（Nelson et al.，1993）。

　　制定边界区域开发相应的引导政策，这些引导政策包括：①鼓励较高密度的建设用地开发，使用填充及再开发战略，明确和实施提供市场机会和减少起阻碍作用的政策，以开发适宜填充和再开发的区域；②通过最小密度区划，修订规划和区划条例，以包含最小和最大的密度，实现有限分散的开发；③通过城市增长管理协定，明确城市增长区域内部增长管理（规划、区划及城市服务扩展）的主体，减少权力碎片化；④通过充足的公共设施需求工具，以提供充足水平的公共服务（如道路、供水设施、排水设施、公园）作为开发的条件，实现有限分散的开发，确保充足的服务；⑤通过区域的城市服务标准工具，对一个区域正在开发的地域采取城市服务最小标准等（Weitz et al.，1998）。

1.3　我国研究进展

我国建设用地扩张及建设用地边界区域毗邻的城市边缘区一直是学者关注的重点。近年来，我国对于城市建设用地边界区域的研究逐渐开展。

1.3.1　边界区域研究动态

在城市空间扩展进程中，中心城区建设用地边界区域的发展与演化是城市空间发展的必要一环。我国在城市总体规划中有明确的规划期内的用地边界，但是规划边界控制效果很有限，没能很好地控制很多城市的蔓延（宁越敏，2015）。改革开放后，我国城市人口、经济处于快速扩张阶段，发展中的不确定性往往超过了规划预期，边界区域动态变化明显。

城市人口变动、基础设施建设、产业布局、功能结构变化等影响着城市空间增长，进而影响城市建设用地变动和城市开发边界划定。开发边界内包括当前城市发展所需土地和未来空间扩展所需土地。20 世纪 80 年代后期，我国城镇化进入快速发展阶段，城市第二产业、第三产业迅猛发展，城市人口迅速增加，工业向城市边缘扩散，成为边缘区发展的重要产业。城市建设用地边界区域工业用地增加，出现了许多高新技术开发区与科技园区，城市建设用地规模不断增大，对于边缘区的研究也逐步展开。21 世纪以来，我国城镇化速度进一步加快，城市功能外溢，城市建设用地边界区域问题日益突出。大量的研究关注城市建设用地边界区域土地利用、规划建设、环境和可持续发展等多方面问题。城市增长边界作为治理城市蔓延的应对型技术解决措施和空间政策响应工具被引入我国。

城市边界区域研究内容主要涉及城乡交界开放空间的保护、城乡边界识别划定（Peng et al.，2016）、未来城市增长潜力与场地属性之间的关系（Maithani，2010）、边界内外的开发权差异、景观格局演变特征及驱动力（车通等，2020）等方面。研究发现，城市开发（增长）边界内要实行总量约束，合理控制土地开发规模的总量（林坚等，2014）。城市空间的可持续增长需要合理的城市空间结构，具有开放性、弹性的特征，以应对增长中出现的各种随机性因素（朱振国等，2003）。边界内外多元主体利益受到开发权差异的影响，不同的开发影响城市所处区域空间的增益与损失。空间边界内外有着不同的空间管理目标，管理规则各有不同，界线内外都存在建设活动，只是对建设方式的要求内外有别（张兵等，2018）。从建设用地边界区域发展动力来看，主干道、公交站点、地铁布局这些交通要素及国内生产总值（gross domestic product，GDP）、人口、高速公路、行政机关、商业服务设施等，都影响着城市建设用地布局和空间扩张。主要驱动因子对城市用地空间扩张的推动作用除具有地域差异性外，还具有层间差异，即乡镇尺度、区县尺度和城市尺度上的增长具有不同的影响因子及影响机理（谭荣辉等，2020）。城市总体规划实践中也采用不同的方法对城市空间增长加以控制和引导。例如，上海强化"三线"（城市建设用地范围控制线、基本农田保护线、产业区块控制线）控制，并引入土地管理的年度计划手段，将规划实施的空间和时序做实、做准（杨保军等，2012）。南京总体规划中采用规模增长管理、形态增长管理、设施配置管理等，以协调规划期城市发展规模确定中需求、供应、效率三者之间的平衡关系，并通过公交导向型发展（transit oriented development，TOD）的城市开发、梯度服务设施供应体系、区域交通协调机制、城乡一体化交通体制、差异化服务设施保障制度等政策工具引导城市扩展方向和速度，引导城市有序发展（蒋伶等，2010）。

边界设定研究也涉及边界区域的约束因素、结构、增长模拟等。随着城市规划编制办法的实施及现实的需求，我国在边界设定方面有利用约束性元胞自动机（cellular automate，CA）划定城市增长边界（龙瀛等，2009），有研究空间结构导向下的城市增长边界（张振广等，2013），有在生态视角下研究城市增长边界划定方法（李咏华，2011），有基于生态胁迫理论从边缘性增长、生态性增长与协调性增长三方面对大都市区进行增长模拟（马世发等，2017）。

由于经济、社会、技术、政治等因素的影响，空间增长的前景充满了不确定性（张兵等，2018）。由于城市发展的不确定性，建设用地边界线很难在规划期内做到完全不变动。学者认为，城市开发边界和建设用地规模边界之间应该留出弹性建设区，允许地方政府在规划建设用地总规模不突破的前提下，在建设用地规模边界内区域和弹性建设区之间依法、依规、依程序地进行地块的等面积空间置换，并接受地方各级人民代表大会监督和上级政府监管，真正实现用地规模刚性管控和空间形态弹性管理的有机结合（林坚等，2017）。

1.3.2 城市开发（增长）边界概念界定

我国开发（增长）边界经历了"城市空间增长边界（2006年）—开发边界控制线（2012年）—城市开发边界（2014年）—城镇开发边界（2017年）"的变化（许宏福等，2020）。2000年以来，我国学者对国外城市增长边界界定和划定的研究逐步增多。2006年，建设部颁布的《城市规划编制办法》中，第一次明确提出了"城市空间增长边界"的概念，要求城市总体规划纲要阶段"研究中心城区空间增长边界，提出建设用地规模和建设用地范围"。2008年，国务院印发《全国土地利用总体规划纲要（2006—2020年）》，其中第四章第五节也要求"实行城乡建设用地扩展边界控制"。由于缺乏增长边界划定的具体规定，也缺乏规划管理的具体落实措施和手段，实际项目的开发建设结果与规划建设用地边界不一致的现象常有发生。随着我国社会由工业文明进入生态文明，城市发展进入新常态，开发边界划定和管控工作逐步加强。2013 年，中央城镇化工作会议明确要求"尽快把每个城市特别是特大城市开发边界划定"。为贯彻中央城镇化工作会议精神，2014 年 7 月，国土资源部、住房和城乡建设部共同确定了在 14 个城市开展划定城市开发边界的试点工作。同时期，四川、陕西等省份也发布了地方性的城市开发边界划定导则或技术指引。2015 年，上海市在我国省市中首次提出规划建设用地总量要实现"负增长"。这一阶段的实践加强了规划界对城镇开发边界内涵和划定方法的认识。2017 年，党的十九大报告明确提出"完成生态保护红线、永久基本农田、城镇开发边界三条控制线划定工作"。2019 年，中共中央办公厅、国务院办公厅印发《关于在国土空间规划中统筹划定落实三条控制线的指导意见》等文件，城镇开发边界在新时期国土空间规划体系中的重要地位、内涵渐成共识，相应的划定方法、管控规则等成为研究焦点（许宏福等，2020）（表 1.1）。

表 1.1 已有研究中的城市（镇）开发（增长）边界定义（部分）

文献	城市（镇）开发（增长）边界定义
Burrows，1978	城市增长地区以一条边界明确了增长区域，在地理上划定了允许开发的范围，它是一种以引导而非限制开发的方法来间接地控制增长的方式
黄慧明，2007	城市增长边界是城市的预期扩展边界，边界内是当前城市与满足城市未来增长需求而预留的土地
Cho 等，2008	城市增长边界是一条用于控制城市化形态的地域界线，其内土地进行高密度的城市开发，其外土地则进行低密度的农村开发
段德罡等，2009	城市增长边界是城市建设用地和非建设用地的分界线，是控制城市无序蔓延而产生的一种技术手段和政策措施，也是城市某一时期空间扩展的边界线
吕斌等，2010	城市增长边界是一定时期、一定经济技术条件下城市空间发展的规划许可边界，按照空间尺度上由宏观到微观、开发时序上由远期到近期、管制严格程度上由刚性到弹性、边界形态上由零到整（相对破碎或完整），至少需要划分出"非建设用地"和"可建设用地"的边界
王国恩等，2012	城市增长边界是在城市建设地区和限制开发地区之间划定的界线或区域，用于限制城市发展规模、界定城市建设范围
黄焕春等，2013	城市增长边界是城市建设用地与非建设用地的分界线，界线内包括当前城市发展所需土地和未来空间扩展所需土地
黄明华等，2017	城市开发边界是指在城市行政辖区内，用来划分可进行城市开发建设和不可进行城市开发建设的空间界线，通常指在土地利用总体规划中允许建设区和有条件建设区的分界线（扩展边界），或者是在城市总体规划中预测的城市建设用地边界外加一定的弹性规模
林坚等，2017	城市开发边界是控制城市空间蔓延、提高土地集约利用水平、保护资源生态环境、引导城市合理有序发展的公共政策工具，是城市建设与非建设的重要控制性界线
张兵等，2018	城镇开发边界是与城镇乡村建设发展具有最紧密互动关系的一条控制线，它不只涉及资源环境节约和保护问题，而且涉及对城镇和乡村建设发展规律的认识问题

续表

文献	城市（镇）开发（增长）边界定义
高晓路等，2019	城镇开发边界（urban development boundary，UDB）是指在一定时期内，为合理引导城镇居民点、产业区和城镇设施建设，防止城镇无序扩张，有效保护耕地和生态环境而划定的城镇建设用地最大范围，是规划期内城镇规划建设布局的刚性约束条件
赵民等，2019	大体是指允许城镇建设用地扩展的最大边界，亦指可进行城镇开发建设和禁止进行城镇开发建设区域之间的空间界线。城镇开发边界的划定是为了促进城镇集约发展和防止无序蔓延
许宏福，2020	城镇开发边界的思想起源，可以追溯到霍华德的田园城市，其雏形是通过城市外围的绿带，控制城市的无节制扩张

注：在韩昊英（2014）资料基础上，根据刘荣增（2021）、高晓路等（2019）资料整理扩充。

1.3.3　城市开发（增长）边界研究主题

　　以 2005～2020 年的中国知网（CNKI）数据库中核心期刊为文献源，综合文献计量、数据挖掘算法等，利用可视化分析软件 CiteSpace 分析城市开发（增长）边界的发展进程，通过多元文献的信息挖掘，整理学科知识结构与脉络图谱，发现城市开发（增长）边界及边界区域的研究可分增长边界、增长管理、空间规划体系三个阶段，且研究主题不断发生相应变化。

　　以"城市增长边界""城市开发边界"及相关边界概念为主题，共检索到文献 670 篇，其中可分析有效文献 455 篇。对所得文献进行初步统计分析，获得城市开发（增长）边界的相关研究成果学科分布和主要杂志源（图 1.1），形成研究领域的初步感知，进而通过数据预处理，将文献信息导入 CiteSpace，进行挖掘、分析。

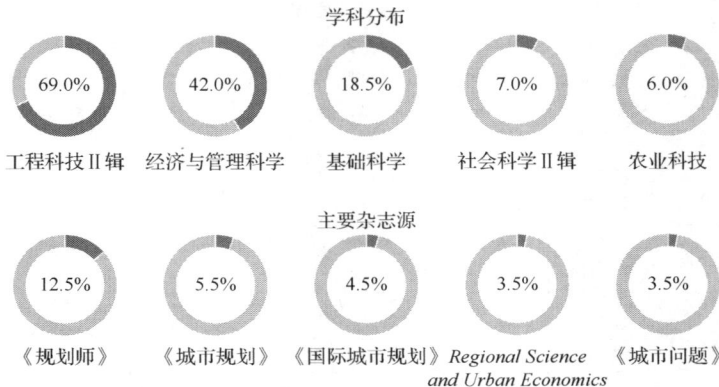

图 1.1　城市开发（增长）边界相关研究成果的学科分布和主要杂志源

　　从学科分布来看，城市开发（增长）边界的研究主要集中在工程科技 II 辑（69.0%）、经济与管理科学（42.0%）、基础科学（18.5%）、社会科学 II 辑（7.0%）、农业科技（6.0%）等领域。从按文献出版主要杂志源来看，《规划师》《城市规划》

《国际城市规划》《城市问题》等杂志刊文较多，该结果反映城市开发（增长）边界的相关研究多集中在城乡规划学科领域。

1. 研究的过程与特征

将 CNKI 数据库检索的原始样本导入 CiteSpace 中，得到 2005～2020 年城市开发（增长）边界关键词聚类时间线视图（图 1.2）。通过路径可以看出各时间切片的热点关键词，关键词作为学术论文的研究主题精练表达，表明城市开发（增长）边界每一阶段的研究均具有不同的特征，大致可以分为三大阶段。

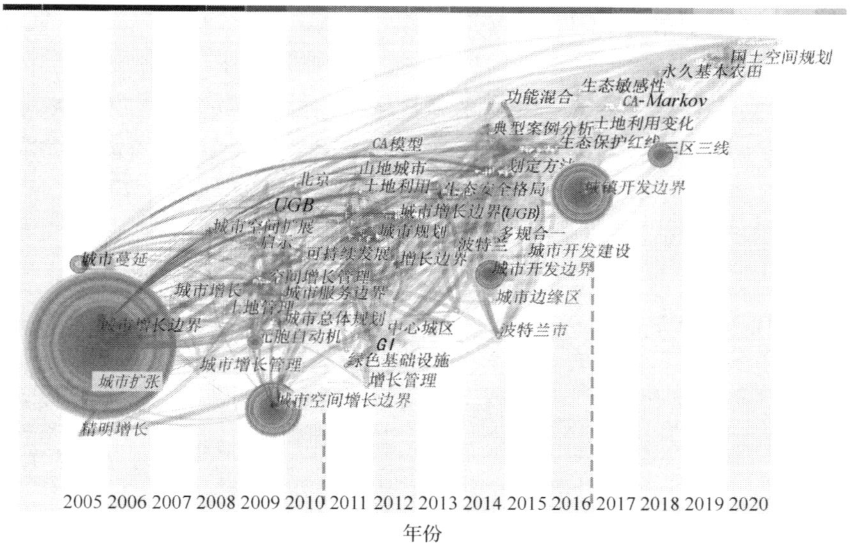

图 1.2　2005～2020 年城市开发（增长）边界关键词聚类时间线视图

CA 为元胞自动机（cellular automate）；GI 为绿色基础设施（green infrastructure）；
CA-Markov 为元胞自动机-马尔可夫模型

第一阶段（2005～2010 年）热点集中在城市增长边界、城市蔓延、精明增长、土地管理等内容。2006 年，《城市规划编制办法》首次提出"研究中心城区空间增长边界"；2008 年 1 月 1 日起施行的《中华人民共和国城乡规划法》要求城市、镇总体规划应包括"禁止、限制和适宜建设的地域范围"；2009 年，国土资源部办公厅《关于印发市县乡级土地利用总体规划编制指导意见的通知》提出，划定城乡建设用地规模边界、城乡建设用地扩展边界和禁止建设用地边界。该阶段后期，城市增长边界已在我国各地修编的城市总体规划中得以划定，在规划体系中发挥着政策边界的作用，特别是在土地利用总体规划中通过"图数一致"的边界管控，发挥"底线思维"的治理作用。从整体上讲，由于各类型、各层级规划在纵向、横向上缺乏协调机制，各类规划冲突乃至管控失效的情况时有发生（许宏福等，2020）。

第二阶段（2011～2016 年）热点集中在可持续发展、增长管理、城市规划、CA 模型、中心城区等内容上。2012 年，党的十八大报告提出了"生态文明建设"和统筹推进"五位一体"总体布局。2013 年，中央城镇化工作会议提出"尽快把每个城市特别是特大城市开发边界划定"之后，各城市结合城市开发边界试点工作，积极开展相关探索。住房和城乡建设部、国土资源部于 2014 年 7 月共同选择了北京、上海等 14 个试点城市，探索城市开发边界划定工作。这一时期，从地方到国家各层面相继出台城市开发（增长）边界划定相关技术规定。该阶段学术探讨主要集中在城市开发（增长）边界的划定方法和管理体系等方面。

第三阶段（2017 年至今）热点主要集中在国土空间规划、三区三线、城市开发边界等内容上。2017 年，党的十九大报告提出"加快生态文明体制改革，建设美丽中国"，"完成生态保护红线、永久基本农田、城镇开发边界三条控制线划定工作"，"必须坚持节约优先、保护优先、自然恢复为主的方针，形成节约资源和保护环境的空间格局、产业结构、生产方式、生活方式，还自然以宁静、和谐、美丽"。2016 年 12 月，中共中央办公厅、国务院办公厅印发了《省级空间规划试点方案》，指出"为贯彻落实党的十八届五中全会关于以主体功能区规划为基础统筹各类空间性规划、推进'多规合一'的战略部署，深化规划体制改革创新，建立健全统一衔接的空间规划体系，提升国家国土空间治理能力和效率，在市县'多规合一'试点工作基础上，制定省级空间规划试点方案"，要求"以主体功能区规划为基础，全面摸清并分析国土空间本底条件，划定城镇、农业、生态空间以及生态保护红线、永久基本农田、城镇开发边界"，"注重开发强度管控和主要控制线落地，统筹各类空间性规划，编制统一的省级空间规划"。该阶段城市开发边界的划定已不仅仅是为了控制城市无序蔓延，而是兼有控制城市扩张、促进城市高质量发展、塑造城乡美丽国土空间的综合作用（张兵等，2018），是国家空间治理和治理体系建设的新举措。

2. 主题分布及趋势

研究主题的分布及演化能够直观地体现不同时期的热点、分析视角、研究方法变化。从城市开发（增长）边界相关的主题分布来看，城市开发（增长）边界的划定方法一直都是学者研究的重点方向，城市空间增长边界、中心城区、城市总体规划、城市蔓延相关主题近年来发文量逐渐减少，以城市开发边界为主题的相关研究发文量 2018 年后有一定提升（图 1.3）。

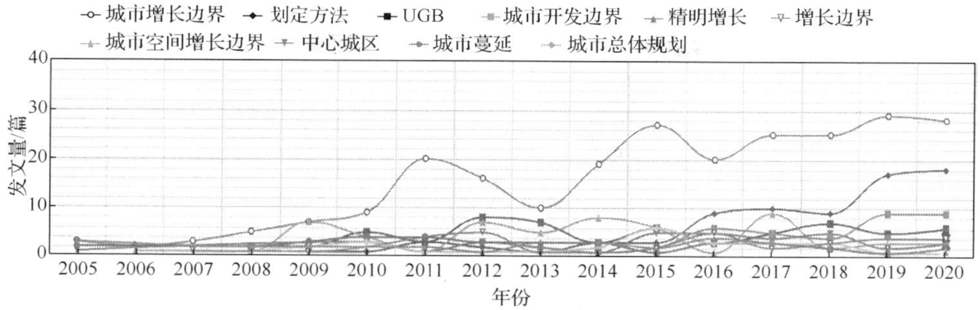

图 1.3　相关主题研究趋势对比图

3. UGB 研究的知识群组

对城市开发（增长）边界文献进行关键词共现分析，节点大小表征关键词频次。图谱语言分析表明，词汇与其他词汇间的连线越密集，该词汇代表的显性特征越丰富，越能够被交叉研究领域的学者共同关注，具有较强的学科交叉特性。共现图中精明增长与其他词汇间连线密集，充分体现学科领域的研究热点和趋势（图 1.4）。

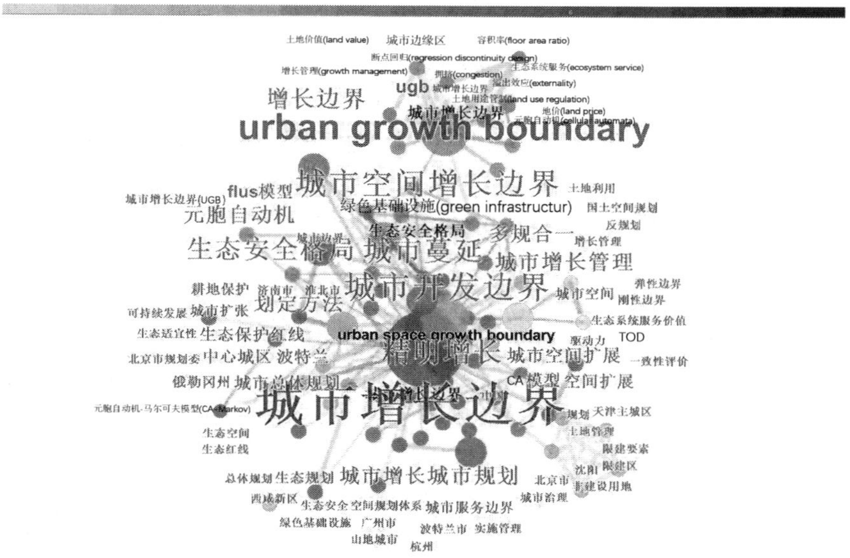

图 1.4　关键词热点共现图

基于城市开发（增长）边界群组的识别，有助于辨识研究前沿与知识基础之间的映射关系，其演变过程能够揭示城市开发（增长）边界研究前沿的转变及相互关系。从知识群聚类分析图（图 1.5）可知，城市开发（增长）边界的研究成果较丰富，表现为中心性较强、重叠度高。研究结果关联性较强，在空间分布上，关键节点的文献处于知识群组的衔接处，起着重要的承接作用，为后续研究奠定

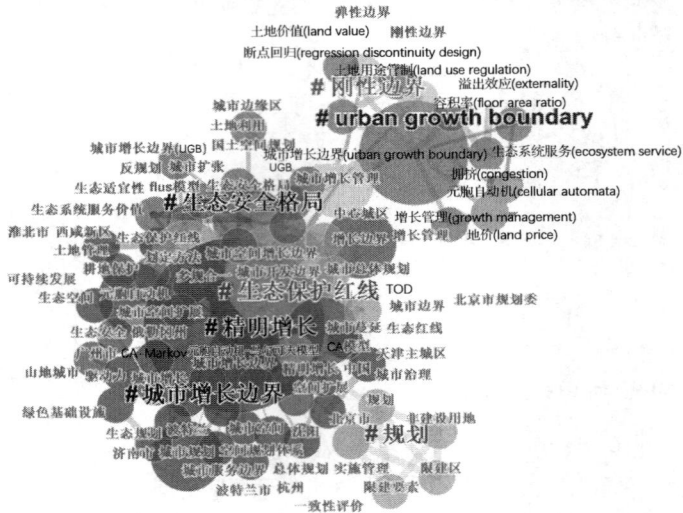

图 1.5　知识群聚类分析图

了良好的基础。

　　从共被引网络连线看，城市开发（增长）边界相关研究领域中除了规划有较独立的知识群，城市增长边界、生态保护红线、精明增长、生态安全格局等知识群都有着很强的关联性。根据关键节点文献，参照知识群聚类分析图，对精明增长、生态安全格局、urban growth boundary（UGB）、生态保护红线、规划和刚性边界构建的城市开发（增长）边界相关研究核心知识群组排名前 6 的内容进行进一步分析，结果如下。

　　（1）聚类构成的"精明增长"知识群组是城市开发（增长）边界研究领域中最为密集、文献量较多、中心度高的群组，发表时间集中在 2005～2008 年，与城市增长边界聚类节点的连接较强。对源文献展开研究发现，精明增长理论最初是针对第二次世界大战之后美国等发达国家出现的以"低密度扩张"为主要特征的城市蔓延提出的，提倡在生态优先基础上，依据实际发展条件合理规划和调整经济发展的结构和规模，实现城乡经济社会环境综合效益最大化。作为一种紧凑、集约、高效的城市增长模式，精明增长期望通过集约发展的方式抑制城市低密度蔓延带来的环境污染、交通拥挤、土地浪费及中心城区人口减少等城市问题，实现经济、社会、环境协调发展（孙伟等，2019）。

　　（2）聚类知识群组"生态安全格局"结构类型与节点特征类似"精明增长"知识群组，知识群组中节点数目众多，分布相对均衡。该类研究主要强调统筹城市开发建设与区域生态保护的重要政策工具，侧重于科学评估土地生态价值，并将其纳入城市规划实践。生态安全格局是落实国家生态文明建设要求的重要手段。

学者针对以往划定方法对生态系统服务功能考虑不足的问题，提出一种新的城市增长边界划定方法。

（3）聚类的知识群组"UGB"与"刚性边界"联系较为紧密，其源文献主要是国外对增长边界的研究。UGB与城市蔓延问题是相伴而生的，它的作用不仅仅是设置一道屏障和界线以防止城市无序蔓延，还需要划出重要的自然保护区域以提供市民休闲游憩之所，同时为城市未来的潜在发展提供合理的疏导（刘海龙，2005）。对于都市区，也强调大都市区域是具有地形、分水岭、海岸线、农田、区域公园和江河流域等地理界限的有限空间，认为发展不应使大都市的边界变得模糊或消失。在控制蔓延的各种对策中，都注重对城市范围及边界的研究。

（4）聚类的知识群组"生态保护红线"与"精明增长""生态安全格局"知识群组存在密切交叉和关联，被引频率较高的文献出现在2013~2020年。图谱显示，"生态保护红线"知识群组基本被"精明增长""生态安全格局"知识群组包围，位于"精明增长"和"生态安全格局"的侧翼，从生态保护角度对城市开发（增长）边界研究的理论进行构建，或从方法上予以探索和验证。生态保护红线强调生态系统的完整性、连通性和稳定性保护，在充分考虑国家和地方各种发展要素基础上，确定对研究区域生态保护建设、生态安全及产业合理布局起重要作用和支撑的生态保护红线区。

（5）聚类的知识群组"规划"高频引用的研究成果覆盖2005~2020年，在城市开发（增长）边界研究领域仅涉及规划相关的文献总量偏少，相关的研究有实施管理、非建设用地、限建要素、限建区等。我国引入城市增长边界概念以来，曾以此为重要政策工具在城市总体规划中积极加以推行，但由于缺乏相应的法规和评估检视机制，在以往的规划编制和管理实践中还未发挥实质性成效。

（6）知识群组"刚性边界"位于图谱的右上边缘位置，与"规划"知识群组关系较密切，文献多集中在2013~2019年。通过源文献梳理，发现还有与刚性边界对应的弹性边界。我国城市开发（增长）边界兼具区域协调和城乡融合发展内涵，既体现着永久性和阶段性特征，又体现着对城市最终远景规模特征及阶段性紧凑发展的规划控制和引导。城市开发（增长）边界的实施需要结合切实有效的控制技术和管理政策，以实现保护区域生态安全与城市产业居住活动建设用地保障相平衡的最终目标。

1.4　研究区域概况

1.4.1　自然条件

在行政区划和自然区划不同的概念和界定标准下，西北地区的空间范围不同，不同学者对其范围界定也有所差异。有的文献中西北地区包括内蒙古、陕西、甘肃、宁夏、新疆五省（自治区）（吕拉昌等，2022）；有的文献中西北地区包括陕西、甘肃、青海、宁夏、新疆五省（自治区）（李秀花等，2022；曾俊伟等，2022；张小平等，2022）；有的文献认为西北地区涵盖陕西、甘肃、宁夏、青海、新疆五省（自治区）全境及内蒙古西部（党学亚等，2022）；还有的学者不再区分西北地区和西南地区，赵济等（2001）早期指出西北地区包括青海、甘肃、陕西、宁夏和新疆，而新近出版物中已不再区分西北地区与西南地区，指出西部地区包括陕西、甘肃、宁夏、新疆、四川、重庆、贵州、云南、广西、青海、西藏、内蒙古（赵济等，2020）。综合已有研究，本书所指的西北地区为陕西、甘肃、青海、宁夏、新疆五省（自治区），总面积约 304 万 km^2，约占全国陆地面积的 31.7%（李秀花等，2022）。西北地区疆域辽阔，囊括地理单元众多。

1. 地貌特征

西北地区地貌类型多样，山地、盆地、高原相间分布是西北地区甘宁新区最突出的地貌特征，地貌外动力及其组合具有多样性特征，冰川、冰缘、风沙、黄土地貌等为优势地貌类型。阿尔泰山脉、昆仑山脉、天山山脉和准噶尔盆地、塔里木盆地构成的"三山夹两盆"，是新疆明显的地表结构特征。青海北部山地盆地由阿尔金山—祁连山地、柴达木盆地和昆仑山地（东段）组成。青南山原包括长江源山原和黄河源山原。秦岭横亘于渭河与汉江谷地之间，总体地貌特征是山坡陡，土薄石多，山岭与河谷盆地相间。陕西北部分布有黄土高原，地貌类型复杂多样，有山地、丘陵、台塬、沟壑、涧川等地貌类型，其中以丘陵与沟壑为主要地貌类型。

2. 气候条件

西北地区干旱半干旱气候特征明显。西北地区地域辽阔，各地纬度和海拔不同，受海洋影响程度各异，因而气候十分复杂。甘肃黄土高原和北疆大部分属半干旱气候区，陇南南部谷地是典型的亚热带湿润气候区，气候冷暖变化剧烈，干旱少雨、多风沙、辐射强度高。陕西地处我国东南季风和西南季风影响的边缘区，气候的地域差异性和过渡性显著。青海平均海拔高，年太阳总辐射量大，降水少、时空分布不均，属于高寒干旱气候。

3. 水文条件

西北地区是我国冰川的主要分布区之一，对于干旱区河川径流起着重要的调节作用，是其水量补给。额尔齐斯河是我国唯一属于北冰洋水系的河流，流域分布于准噶尔盆地北部。西北地区河流主要呈现以下特征：平均河网密度偏小；补给形式多样化，冰雪融水补给比例大，越是干旱区冰川融水补给率越高；径流深值整体偏低且地域差异显著；径流季节分配不平衡，年际变化显著；甘宁新内流河流多以荒漠盆地为最后归宿。青海、新疆分布有多个湖泊。西北地区高山上孕育了众多的冰川积雪，发源于此的河流在山前平原形成大片绿洲，成为当地主要城镇建设区和农业生产区。

4. 土地利用

新疆、甘肃河西及宁夏中北部气候干旱，绿洲灌溉农业成为其有别于湿润半湿润区农业的一大特色。除绿洲外，在半湿润、半干旱的浅山区及黄土丘陵、河谷地也有耕地分布。青海是我国的主要牧区，牧草营养价值高，以草地资源丰富和类型复杂而著称，高海拔带来的热量条件差、农作物生长期短、土壤肥力不能充分发挥作用等是发展农业的限制性因素。陕西农业生产条件相对较好，耕地、林地面积相对较大。

1.4.2　各省（自治区）自然条件概况

据西北地区各省（自治区）人民政府官网资料，西北五省（自治区）自然条件丰富多样。

陕西省地势南北高、中间低，有高原、山地、平原和盆地等多种地形。北山和秦岭把陕西分为三大自然区：北部是黄土高原区，海拔 900～1900m，总面积8.22 万 km^2，约占全省土地面积的 40%；中部是关中平原区，海拔 460～850m，总面积 4.94 万 km^2，约占全省土地面积的 24%；南部是秦巴山区，海拔 1000～3000m，总面积 7.40 万 km^2，约占全省土地面积的 36%。陕西境内有华山、太白山、终南山、骊山等闻名全国的峰岭。秦岭山脉横贯全省东西。陕西省纵跨三个气候带，南北气候差异较大。秦岭是我国南北气候分界线，陕南属北亚热带气候，关中及陕北大部属暖温带气候，陕北北部长城沿线属中温带气候[①]。陕西省地质成矿条件优越，陕北蕴藏优质盐、煤、石油、天然气等矿产；关中有煤、钼、金、非金属建材、地热等矿产；陕南出产有色金属、贵金属、黑色金属及各类非金属矿产。全省具有国民经济重要价值的 15 种重要矿产中，石油保有储量排全国第 3位，煤、天然气、水泥灰岩均排第 4 位。陕西生物资源丰富，多样性突出，秦岭巴山素有"生物基因库"之称，其生态系统、物种和基因的多样性，在我国乃至东亚地区具有典型性和代表性[②]。

甘肃地貌复杂多样，山地、高原、平川、河谷、沙漠、戈壁等类型齐全，交

[①] http://www.shaanxi.gov.cn/sq/sxgk/dmqh/202011/t20201120_2046831.html

[②] http://www.shaanxi.gov.cn/sq/sxgk/zy/202011/t20201120_2046833.html

错分布，地势自西南向东北倾斜。地形呈狭长状，东西长 1655km，南北宽 530km，复杂的地貌形态大致可分为陇南山地、陇中黄土高原、甘南高原、河西走廊、祁连山地、河西走廊以北地带各具特色的六大地形区域。甘肃各地气候类型多样，从南向北包括亚热带季风气候、温带季风气候、温带大陆性（干旱）气候和高原高寒气候四大气候类型[①]。截至 2018 年底，全省已发现各类矿产 119 种（计算到亚矿种则为 180 种），其中，已查明资源储量的 75 种（计算到亚矿种则为 112 种）。在已查明的矿产中，甘肃省资源储量名列全国第 1 位的矿产有 11 种，居前 5 位的有 33 种，居前 10 位的有 58 种[②]。甘肃是一个少林省区，自然条件严酷，生态环境脆弱。森林资源总量不足，分布不均，主要集中分布在白龙江、洮河、小陇山、子午岭、大夏河、西秦岭、康南、祁连山、关山、马衔山等林区，中部及河西地区森林资源稀少。草原是省内面积最大的陆地生态系统[③]。能源种类较多，除煤炭、石油、天然气外，还有太阳能、风能等新能源[④]。

青海山脉纵横，峰峦重叠，湖泊众多，峡谷、盆地遍布。祁连山、巴颜喀拉山、阿尼玛卿山、唐古拉山等山脉横亘境内，青海湖是我国最大的内陆咸水湖，柴达木盆地以"聚宝盆"著称于世。全省地貌复杂多样，五分之四以上的地区为高原，东部多山，海拔较低，西部为高原和盆地，境内的山脉有东西向、南北向两组，构成了青海的地貌骨架。青海是农业区和牧区的分水岭，兼具了青藏高原、内陆干旱盆地和黄土高原的三种地形地貌。青海汇聚了大陆季风性气候、内陆干旱气候和青藏高原气候三种气候类型，这里既有高原的博大、大漠的广袤，也有河谷的富庶和水乡的旖旎。地区间差异大，垂直变化明显。青海畜牧业用地面积大，农业耕地少，林地占比低。现各类矿产 135 种，查明矿产 88 种，单矿种产地数 1121 个。在已探明的矿种保有资源储量中，有 56 个矿种居全国前十位，镁盐（氯化镁和硫酸镁）、钾盐、锂矿、锶矿、石棉矿、饰面用蛇纹岩、电石用灰岩、化肥用蛇纹岩、冶金用石英岩、玻璃用石英岩等 11 种矿产居全国第一位，有 25 种排在前三位[⑤]。

宁夏地处黄河上游，巍巍贺兰山绵亘西北，红色六盘山雄踞南陲，滔滔黄河水九曲迂回，造就了稻香鱼肥、瓜果飘香的"塞上江南"[⑥]。在地形上分为三大板块：一是北部引黄灌区，地势平坦，土壤肥沃；二是中部干旱带，干旱少雨，风大沙多，土地贫瘠，生存条件较差；三是南部山区，丘陵沟壑林立，部分地域阴

① https://www.gansu.gov.cn/gsszf/c100387/201610/162263.shtml
② http://www.gansu.gov.cn/gsszf/c100388/202007/162291.shtml
③ http://www.gansu.gov.cn/gsszf/c100388/202008/162293.shtml
④ http://www.gansu.gov.cn/gsszf/c100388/201610/162283.shtml
⑤ http://www.qinghai.gov.cn/dmqh/system/2020/10/10/010368324.shtml
⑥ https://www.nx.gov.cn/ssjn/nxgk/ztgk/202304/t20230407_4023902.html

湿高寒。宁夏地处我国能源"金三角"，钽铌铍、电解铝、金属锰产能全国领先；碳化硅、活性炭、炭素产能位居全国前列。宁夏是绿色有机农产品重要生产基地，全区 81% 的耕地、85% 的畜禽养殖基地、80% 的养殖水面通过无公害产地认证。宁夏也是全国首个新能源综合示范区，风电、光伏可开发量超过 5000 万 kW，水能蕴藏量 200 万 kW，氢能应用场景丰富。

新疆维吾尔自治区北面是阿尔泰山，南面是昆仑山，天山横贯中部，把新疆分为南北两部分，习惯称天山以南为南疆，天山以北为北疆。位于南疆的塔里木盆地面积约 53 万 km²，是我国最大的内陆盆地。塔里木盆地中部的塔克拉玛干沙漠面积约 33 万 km²，是我国最大、世界第二大的流动沙漠。贯穿塔里木盆地的塔里木河全长约 2486km，是我国最长的内陆河。位于北疆的准噶尔盆地面积约 38 万 km²，是我国第二大盆地。在天山的东部和西部，有被称为"火洲"的吐鲁番盆地和被誉为"塞外江南"的伊犁谷地。位于吐鲁番盆地的艾丁湖，湖盆最低处低于海平面 154.31m，是我国陆地最低点。新疆水域面积 5500km²，其中博斯腾湖面积约 1000km²，是我国最大的内陆淡水湖。片片绿洲分布于盆地边缘和干旱河谷平原区，现有绿洲面积 16.2 万 km²，占新疆总面积的 9.7%，其中天然绿洲面积 6.17 万 km²，占绿洲总面积的 38.1%。湿地总面积 4.58 万 km²。全区拥有国家级自然保护区 15 个，自治区级自然保护区 17 个，国家湿地公园 57 个。新疆属于典型的温带大陆性干旱气候，降水稀少，蒸发量大，年均降水量 177mm[①]。

1.4.3　经济发展概况

西北地区矿产资源丰富，有丰富的煤炭、石油、天然气资源、有色金属和非金属矿产。石油工业、煤炭工业、金属冶炼工业、化学工业、机械工业等在国民经济中起着重要作用。宁夏的银川平原、甘肃的河西走廊、新疆的伊犁谷地，都是西北地区重要的商品粮生产基地。塔里木盆地、准噶尔盆地南部、吐鲁番盆地是我国重要的棉花生产基地、甜菜生产基地和水果生产基地。西北地区也是我国畜牧业的主要基地。现已形成以西安为中心的关中—天水经济区，以乌鲁木齐为中心的天山北麓经济带、兰新经济带，以银川为中心的沿黄经济带等（吕拉昌等，2022）。

西北地区经济发展水平相对滞后，省际差异较大。陕西省经济发展水平较高，生产总值为 25793.17 亿元；青海省经济发展水平较低，生产总值为 2965.95 亿元（表 1.2）。

---

① http://www.xinjiang.gov.cn/xinjiang/xjgk/202304/80e5f8a968d94a5e9323e10da27cd18d.shtml

表 1.2　西北地区经济发展水平

地区	生产总值/亿元	人均生产总值/元	地均生产总值/（万元/km²）
陕西省	**25793.17**	**66649**	—
西安市	9321.19	92256	16052.56
铜川市	354.72	—	1494.69
宝鸡市	2223.81	59050	6134.48
咸阳市	2195.33	50338	159081.88
彬州市	—	—	1956.65
兴平市	—	—	5311.59
渭南市	1828.47	34481	7650.50
韩城市	351.90（来自计划执行情况）	—	2205.03
华阴市	70.79	28571	1048.43
延安市	1663.89	73703	2564.21
汉中市	1547.59	45033	4615.40
榆林市	4136.28	120908	3727.86
神木市	1362.88（来自政府网站）	—	1821.86
安康市	1182.06	44241	3244.21
商洛市	837.21	35181	3165.73
杨凌示范区	166.77	79115	17893.78
甘肃省	**8718.30**	**32995**	—
兰州市	2837.36	75217	16577.24
嘉峪关市	283.40	112219	2315.36
金昌市	340.31	73390	1112.04
白银市	486.33	27990	1398.30
天水市	632.67	18819	1079.46
武威市	488.46	26744	961.35
张掖市	448.73	36314	1058.33
平凉市	456.58	21514	2358.37
华亭市	65.13	32860	551.02
酒泉市	618.20	54729	1825.75
玉门市	172.50	102770	127.78
敦煌市	81.78	42716	26.21
庆阳市	742.94	32690	7459.24
定西市	416.38	14746	985.28
陇南市	445.09	16840*（按常住人口计算）	950.44
临夏回族自治州	303.50	14697	—
甘南藏族自治州	218.33	30252	—

续表

地区	生产总值/亿元	人均生产总值/元	地均生产总值/（万元/km²）
青海省	**2965.95**	**48981**	—
西宁市	—	—	—
海东市	487.73	32806	1365.81
玉树藏族自治州	59.82	14158*（按常住人口计算）	—
茫崖市	—	—	—
格尔木市	—	—	—
德令哈市	—	—	—
海北藏族自治州	91.70	32220	—
黄南藏族自治州	100.95	36024*（按年末总人口计算）	—
海南藏族自治州	174.66	36605	—
果洛藏族自治州	46.18	21990	—
海西蒙古族藏族自治州	—	—	—
宁夏回族自治区	**3748.48**	**54217**	—
银川市	—	—	—
灵武市	517.40	175033	1290.27
石嘴山市	—	—	—
吴忠市	580.20	40889	4101.69
青铜峡市	126.50	42446	518.81
固原市	322.66	25886	921.62
中卫市	437.65	37358	813.41
新疆维吾尔自治区	**13597.11**	**54280**	—
乌鲁木齐市	3413.26	94813	2475.55
克拉玛依市	972.90	—	1257.76
吐鲁番市	384.48	60985	244.44
哈密市	604.82	98148	71.13
昌吉市	402.04	75718	504.38
阜康市	193.85	11966*（按年末总人口计算）	226.86
博乐市	164.55	—	206.83
阿拉山口市	—	—	—
库尔勒市	—	—	—
阿克苏地区	*1222.4*（含一师）	41831	—
阿图什市	64.73	22600*（按户籍人口计算）	40.08
喀什地区	1048.30	22647	—
和田地区	377.65		—
伊宁市	272.90	47309	4237.51
奎屯市	—	—	—

续表

地区	生产总值/亿元	人均生产总值/元	地均生产总值/（万元/km²）
霍尔果斯市	193.46（含兵团）	—	1013.65
塔城市	99.79	61568	229.05
乌苏市	—	—	—
阿勒泰市	93.33	46732	86.21
新疆生产建设兵团	**2747.07**	**86467**	—
石河子市	537.89（垦区）	78101	11693.26
阿拉尔市	309.50	79250	524.83
图木舒克市	—	—	—
五家渠市	182.13	130100	2393.08
北屯市	74.79	68807	2759.65
铁门关市	182.16	78663	3086.05
双河市	78.13	59091	1052.71
可克达拉市	210.53	82078*（按年末总人口计算）	80848.69
昆玉市	—	—	—

注：①生产总值、人均生产总值除个别标注外，均来源于 2019 年各省、市国民经济和社会发展统计公报，标注*的数值为计算所得人均生产总值；②市区面积来源于中华人民共和国住房和城乡建设部官网《2019 年城市建设统计年鉴》；③地均生产总值均为计算所得，计算公式为生产总值/市区面积，由于市区面积和生产总值统计所涉及的地域尺度不同，此计算结果不等同于市区地均生产总值，也不等同于城市地均生产总值，只作为本书分析参考用；④斜体数据与表头内容不完全相符，已在括号内标注；⑤公报中数据均为初步统计数据，部分数据因四舍五入，存在总计与分项之和不等的情况。

1.4.4　中心城区人口、用地现状

西北地区受自然条件影响，城市沿水、沿重要交通线分布特征明显，主要沿西陇海—兰新交通走廊、黄河及其重要支流、天山北麓、河西走廊、塔里木盆地边缘分布。

根据《第七次全国人口普查公报》，西北地区共有人口 103527786 人，其中新疆 25852345 人，宁夏 7202654 人，青海 5923957 人，甘肃 25019831 人，陕西 39528999 人[①]。相比第六次人口普查，除甘肃人口有所减少外，其他省份人口均有增加。

宁夏常住人口为 7202654 人，与 2010 年第六次全国人口普查相比，增加 901304 人，增长 14.3%，年平均增长 1.35%。按地市分布看，银川市为 2859074 人，占全区常住人口的 39.69%；石嘴山市为 751389 人，占全区常住人口的 10.43%；吴忠市为 1382713 人，占全区常住人口的 19.20%；固原市为 1142142 人，占全区常住人口的 15.86%；中卫市为 1067336 人，占全区常住人口的 14.82%。与 2010

---

① http://www.stats.gov.cn/sj/tjgb/rkpcgb/qgrkpcgb/202302/t20230206_1902003.html

年第六次全国人口普查相比，除银川市人口占比上升 8.07%外，石嘴山市、吴忠市、固原市、中卫市分别下降 1.09%、1.02%、3.63%、2.33%。人口向城市区集中的趋势明显[①]。

陕西 11 个市（区）中，人口超过 1000 万人的市（区）有 1 个，300 万～500 万人的市（区）有 5 个，100 万～300 万人的市（区）有 3 个，少于 100 万人的市（区）有 2 个。

甘肃全省 14 个市（州）中，常住人口超过 400 万人的只有兰州市，占全省常住人口的 17.42%；200 万～300 万人的有 5 个市（州），人口合计占全省常住人口的 48.78%；100 万～200 万人的有 5 个市，人口合计占全省常住人口的 28.03%；少于 100 万人的有 3 个市（州），人口合计占全省常住人口的 5.77%。与 2010 年第六次全国人口普查相比，全省 14 个市（州）中，有 4 个市（州）常住人口增加。常住人口增长较多的 3 个市（州）依次为兰州市、临夏回族自治州和嘉峪关市，分别增加 743283 人、163073 人和 80810 人，占全省常住人口比例分别上升 3.28%、0.82%和 0.34%[②]。

青海全省常住人口共 5923957 人，与 2010 年（第六次全国人口普查数据，下同）的 5626722 人相比，增加 297235 人，增长 5.28%，年平均增长率 0.52%，比 2000～2010 年的年平均增长率 0.83%下降 0.31%。全省常住人口中，居住在城镇的人口为 3559363 人，占 60.08%；居住在乡村的人口为 2364594 人，占 39.92%。与 2010 年相比，城镇人口增加 1043105 人，乡村人口减少 745870 人，城镇人口占比上升 15.36%。随着兰西城市群建设的深入，西宁、海东两市常住人口达到 3826436 人，占 64.59%。随着坚持生态保护优先的推进，《青海省主体功能区规划》及农牧业转移人口市民化政策的落实落细，全省常住人口向城镇集聚，全省人口城镇化率显著提高。各市（州）中，西宁市常住人口为 2467965 人，占 41.66%；海东市常住人口为 1358471 人，占 22.93%；海北藏族自治州常住人口为 265322 人，占 4.48%；黄南藏族自治州常住人口为 276215 人，占 4.66%；海南藏族自治州常住人口为 446996 人，占 7.55%；果洛藏族自治州常住人口为 215573 人，占 3.64%；玉树藏族自治州常住人口为 425199 人，占 7.18%；海西蒙古族藏族自治州常住人口为 468216 人，占 7.90%。分区域看，东部城市群常住人口为 3826436 人，占 64.59%；环湖地区常住人口为 712318 人，占 12.03%；三江源地区常住人口为 916987 人，占 15.48%；柴达木地区常住人口为 468216 人，占 7.90%。2010～2020 年，各市（州）常住人口年均增速最高的是果洛藏族自治州，为 1.73%；最低的是海西蒙古族藏族自治州，为-0.44%。分区域看，与 2010 年第六次全国人口

① http://tj.nx.gov.cn/xwfb_htr/202105/t20210525_2857924.html

② http://tjj.gansu.gov.cn/tjj/c109465/202105/18d7185cc69f4cb6bc4047a5ab0b3449.shtml

普查相比，东部城市群常住人口所占比例上升 0.51 个百分点；环湖地区常住人口所占比例下降 0.68 个百分点；三江源地区常住人口所占比例上升 0.96 个百分点；柴达木地区常住人口所占比例下降 0.79 个百分点①。

第七次全国人口普查与第六次全国人口普查相比，新疆总人口增加了 403.9 万人。在 14 个地、州、市中，人口超过 200 万人的有 5 个，100 万～200 万人的有 3 个，50 万～100 万人的有 4 个，有 2 个市（州）人口少于 50 万人②。

西北地区中心城区人口、用地现状见表 1.3。

表 1.3　西北地区中心城区人口、用地现状

省（自治区）	城市（地区）	城区面积/km²	城区人口/万人	人均城区面积/（m²/人）	建成区面积/km²	市区人口/万人	人均建成区面积/（m²/人）
陕西	西安市	942.53	624.81	150.85	700.69	883.2	79.33
	铜川市	55.00	39.11	140.63	48.85	70.1	69.71
	宝鸡市	156.30	89.86	173.94	96.73	145.5	66.47
	咸阳市	138.00	91.59	150.67	73.50	95.6	76.89
	彬州市	25.00	9.50	263.16	9.53	36.9	25.81
	兴平市	67.30	20.62	326.38	22.89	58.2	39.34
	渭南市	267.00	49.51	539.28	68.26	127.3	53.60
	韩城市	77.20	16.15	478.02	18.20	40.5	44.99
	华阴市	65.00	11.00	590.91	18.00	24.1	74.69
	延安市	62.06	31.16	199.16	41.00	67.2	61.06
	汉中市	131.64	53.22	247.35	56.73	116.9	48.55
	榆林市	179.00	33.43	535.45	78.38	99.0	79.18
	神木市	30.00	18.40	163.04	29.50	45.3	65.19
	安康市	160.00	33.05	484.11	45.00	101.7	44.25
	商洛市	40.00	23.86	167.64	26.00	55.7	46.65
	杨凌示范区	35.28	14.03	251.46	24.25	21.2	114.23
甘肃	兰州市	328.38	196.12	167.44	313.52	212.0	147.86
	嘉峪关市	342.00	20.94	1633.24	70.40	20.9	336.20
	金昌市	52.30	15.64	334.40	44.45	21.0	211.36
	白银市	114.00	32.06	355.58	67.25	49.8	135.07
	天水市	60.00	64.62	92.85	56.00	128.4	43.63
	武威市	177.77	32.56	545.98	33.89	103.9	32.62
	张掖市	200.00	27.16	736.38	45.10	51.6	87.49
	平凉市	255.00	25.90	984.56	42.00	52.6	79.85
	华亭市	17.90	7.56	236.78	15.41	19.9	77.59
	酒泉市	235.00	26.28	894.22	53.90	43.7	123.43

① http://tjj.qinghai.gov.cn/tjData/surveyBulletin/202107/t20210701_73826.html
② http://tjj.xinjiang.gov.cn/tjj/tjgn/202106/4311411b68d343bbaa694e923c2c6be0.shtml

省(自治区)	城市(地区)	城区面积 /km²	城区人口 /万人	人均城区面积 /(m²/人)	建成区面积 /km²	市区人口 /万人	人均建成区面积 /(m²/人)
甘肃	玉门市	15.00	3.20	468.75	12.06	7.0	172.29
	敦煌市	19.86	6.78	292.92	15.58	16.9	92.35
	庆阳市	31.00	19.84	156.25	30.00	40.5	74.07
	定西市	35.90	19.05	188.45	25.22	47.3	53.33
	陇南市	40.00	15.00	266.67	13.80	57.3	24.08
	临夏市	38.05	17.66	215.46	24.00	27.9	86.08
	合作市	15.60	5.36	291.04	13.14	9.0	146.48
青海	西宁市	380.00	126.89	299.47	98.00	141.7	69.17
	海东市	147.00	23.21	633.35	33.78	42.4	79.65
	玉树市	15.50	9.82	157.84	14.26	14.2	100.49
	茫崖市	7.88	2.89	272.66	6.24	2.9	215.92
	格尔木市	72.75	12.90	563.95	39.98	24.1	166.03
	德令哈市	72.90	4.48	1627.23	22.93	7.3	312.40
宁夏	银川市	562.49	109.97	511.49	190.55	117.0	162.84
	灵武市	21.10	7.42	284.37	20.21	24.9	81.20
	宁东能源化工基地	40.00	2.23	1793.72	12.00	2.2	538.12
	石嘴山市	118.20	36.69	322.16	102.80	42.7	240.81
	吴忠市	60.00	19.62	305.81	56.48	41.4	136.39
	青铜峡市	32.68	13.99	233.60	32.45	28.9	112.24
	固原市	52.33	19.51	268.22	44.10	46.5	94.94
	中卫市	64.70	14.53	445.29	30.46	41.7	73.028
新疆	乌鲁木齐市	842.09	226.82	371.26	487.88	345.4	141.25
	克拉玛依市	77.20	31.06	248.55	77.03	31.1	248.00
	吐鲁番市	21.87	7.12	307.16	21.85	29.2	74.75
	哈密市	71.17	21.14	336.66	52.25	43.1	121.23
	昌吉市	96.96	25.99	373.07	63.86	36.9	172.87
	阜康市	36.98	7.55	489.80	22.62	17.6	128.67
	博乐市	31.58	16.60	190.24	26.90	26.8	100.37
	阿拉山口市	27.00	1.22	2213.11	10.85	1.2	889.34
	库尔勒市	125.00	39.30	318.06	98.90	52.7	187.59
	阿克苏市	65.00	28.73	226.24	65.00	51.6	125.92
	阿图什市	20.30	7.09	286.32	15.00	28.7	52.26
	喀什市	91.00	31.17	291.95	91.00	66.0	137.96
	和田市	80.21	19.88	403.47	38.50	41.0	93.86
	伊宁市	55.45	35.64	155.58	42.40	57.1	74.24
	奎屯市	59.51	13.13	453.24	30.18	13.3	226.92
	霍尔果斯市	20.00	0.30	6666.67	6.84	5.2	131.54

续表

省（自治区）	城市（地区）	城区面积/km²	城区人口/万人	人均城区面积/（m²/人）	建成区面积/km²	市区人口/万人	人均建成区面积/（m²/人）
新疆	塔城市	21.29	5.39	394.99	17.15	14.6	117.22
	乌苏市	24.95	7.93	314.63	23.35	22.5	103.96
	阿勒泰市	24.59	7.01	350.78	18.00	15.9	113.21
	石河子市	150.00	31.65	473.93	57.57	36.1	159.39
	阿拉尔市	34.32	6.43	533.74	19.72	37.4	52.67
	图木舒克市	92.70	1.30	7130.77	21.18	17.1	123.86
	五家渠市	58.43	13.66	427.75	33.22	13.7	243.19
	北屯市	21.42	7.08	302.54	21.42	7.1	302.54
	铁门关市	18.90	2.40	787.50	6.40	2.4	266.67
	双河市	22.50	2.40	937.50	22.50	5.9	378.78
	可克达拉市	26.04	0.26	10015.38	18.96	0.3	7292.31
	昆玉市	64.39	1.77	3637.85	11.09	1.8	626.55

注：资料来自中华人民共和国住房和城乡建设部官网《2019 年城市建设统计年鉴》；宁东能源化工基地是我国重要的大型煤炭生产基地；人均城区面积(m²/人)=城区面积/城区人口；人均建成区面积(m²/人)=建成区面积/市区人口。

参 考 文 献

车通，李成，罗云建，2020. 城市扩张过程中建设用地景观格局演变特征及其驱动力[J]. 生态学报，40(5): 3283-3294.

陈雯，陈晓键，2015. 酒泉—嘉峪关中心城区空间演变与居民日常出行行为关系研究[J]. 规划师，31(11): 116-121.

陈晓键，谭潇玟，樊先祺，2017. 中小城市空间扩展实体边界区域动态变化研究[J]. 西北大学学报(自然科学版)，47(2): 289-295.

党学亚，张俊，常亮，等，2022. 西北地区水文地质调查与水资源安全[J]. 西北地质，55(3): 81-95.

段德罡，芦守义，田涛，2009. 城市空间增长边界(UGB)体系构建初探[J]. 规划师，25(8): 11-14, 25.

冯科，吴次芳，2008. 城市增长边界的理论探讨与应用[J]. 经济地理，28(3): 425-429.

高晓路，吴丹贤，周侃，等，2019. 国土空间规划中城镇空间和城镇开发边界的划定[J]. 地理研究，38(10): 2458-2472.

韩昊英，2014. 城市增长边界的理论与应用[M]. 北京: 中国建筑工业出版社.

黄焕春，运迎霞，王振宇，2013. 基于 GIS 的舞钢市城市空间增长边界划分研究[J]. 实践探索，(9): 69-74.

黄慧明，2007. 美国"精明增长"的策略、案例及在中国的应用思考[J]. 现代城市研究，(5): 19-28.

黄明华，张然，贺琦，等，2017. 回归本源——对城市增长边界"永久性"与"阶段性"的探讨[J]. 城市规划，41(2): 9-17, 26.

蒋伶，陈定荣，2010. 南京增长管理导向的城市总体规划实践——以南京市城市总体规划为例[J]. 国际城市规划，25(2): 39-42.

李秀花，吴纯渊，2022. 中国西北五省区水资源利用的协调性分析[J]. 干旱区地理，45(1): 9-16.

李雪铭，丛雪萍，同丽嘎，等，2017. 城市边界的划分方法及其应用[J]. 城市问题，(2): 46-51.

李咏华，2011. 生态视角下的城市增长边界划定方法——以杭州市为例[J]. 城市规划，35(12): 83-90.

林坚，刘乌兰，2014. 如何划好用好城市开发边界[J]. 中国土地，(8): 19-20.

林坚，乔治洋，叶子君，2017. 城市开发边界的"划"与"用"——我国 14 个大城市开发边界划定试点进展分析与思考[J].

城市规划学刊, (2): 37-43.

刘海龙, 2005. 从无序蔓延到精明增长——美国"城市增长边界"概念述评[J]. 城市问题, (3): 67-72.

刘荣增, 陈浩然, 2021. 基于 ANN-CA 的杭州城市空间拓展与增长边界研究[J]. 长江流域资源与环境, 30(6): 1298-1307.

龙瀛, 韩昊英, 赖世刚, 2015. 城市增长边界实施评估: 分析框架及其在北京的应用[J]. 城市规划学刊, (1): 93-100.

龙瀛, 韩昊英, 毛其智, 2009. 利用约束性 CA 制定城市增长边界[J]. 地理学报, 64(8): 999-1008.

吕斌, 徐勤政, 2010. 我国应用城市增长边界(UGB)的技术与制度问题探讨[C]// 中国城市规划学会. 规划创新: 2010 中国城市规划年会论文集. 重庆: 重庆出版社.

吕拉昌, 李文翎, 2022. 中国地理[M]. 3 版. 北京: 科学出版社.

马世发, 裴新生, 姚凯, 等, 2017. 基于生态空间胁迫的大都市区增长情景模拟[J]. 地球信息科学, 19(1): 20-27.

宁越敏, 2015. 城市增长边界: 历史溯源与内在规律[J]. 探索与争鸣, (6): 21-23.

孙伟, 刘崇刚, 闫东升, 2019. 乡村精明增长——起源与实践[J]. 地理科学进展, 38(2): 320-331.

谭荣辉, 刘耀林, 刘艳芳, 等, 2020. 城市增长边界研究进展: 理论模型、划定方法与实效评价[J]. 地理科学进展, 39(2): 327-338.

王国恩, 张媛媛, 2012. 城市增长边界的效能及对行政区划调整的影响[J]. 规划师, 28(3): 21-27.

吴箐, 钟式玉, 2011. 城市增长边界研究进展及其中国化探析[J]. 热带地理, 31(4): 409-415.

许宏福, 宁昱西, 林若晨, 2020. 基于空间活力模拟的城镇开发边界划定研究——以北海市国土空间规划为例[J]. 规划师, 36(12): 83-89.

杨保军, 陈鹏, 2012. 制度情境下的总体规划演变[J]. 城市规划学刊, (1): 54-62.

曾俊伟, 石生钿, 钱勇生, 等, 2022. "列车流"视角下西北地区城市网络结构演变研究[J]. 地域研究与开发, 41(4): 78-83.

张兵, 林永新, 刘宛, 等, 2018. 城镇开发边界与国家空间治理——划定城镇开发边界的思想基础[J]. 城市规划学刊, (4): 16-23.

张潇, 陆林, 任以胜, 等, 2021. 中国城市蔓延的时空演变格局及其影响因素[J]. 经济地理, 41(3): 77-85.

张小平, 杨雪杰, 苏凝娜, 2022. 西北地区城镇化与生态环境耦合协调时空演变分析[J]. 开发研究, (2): 59-69.

张晓军, 2005. 国外城市边缘区研究发展的回顾及启示[J]. 国外城市规划, 20(4): 72-75.

张振广, 张尚武, 2013. 空间结构导向下城市增长边界划定理念与方法探索——基于杭州市的案例研究[J]. 城市规划学刊, (4): 33-41.

赵济, 陈传康, 2001. 中国地理[M]. 北京: 高等教育出版社.

赵济, 王静爱, 朱华晟, 2020. 中国地理[M]. 2 版. 北京: 高等教育出版社.

赵民, 程遥, 潘海霞, 2019. 论"城镇开发边界"的概念与运作策略——国土空间规划体系下的再探讨[J]. 城市规划, 43(11): 31-36.

周春山, 金万富, 张国俊, 等, 2019. 中国国有建设用地供应规模时空特征及影响因素[J]. 地理学报, 74(1): 16-31.

朱振国, 姚士谋, 许刚, 2003. 南京城市扩展与其空间增长管理的研究[J]. 人文地理, 18(5): 11-16.

ALHATHLOUL S, MUGHAL M, 2004. Urban growth management—the Saudi experience[J]. Habitat International, 28(4): 609-623.

BURROWS L B, 1978. Growth Management: Issues, Techniques and Policy Implications[M]. New York: Routledge.

CHO S H, POUDYAL N, LAMBERT D M, 2008. Estimating spatially varying effects of urban growth boundaries on land development and land value[J]. Land Use Policy, 25(3): 320-329.

JUN M, 2006. The effects of Portland's urban growth boundary on housing prices[J]. Journal of the American Planning Association, 72: 239-243.

KNAAP G J, HOPKINS L D, 2001. The inventory approach to urban growth boundaries[J]. Journal of the American Planning Association, 67(3): 314-326.

LEO C, 1998. Regional growth management regime: The case of Portland, Oregon[J]. Journal of Urban Affairs, 20(4): 363-394.

MAITHANI S, 2010. Cellular automata based model of urban spatial growth[J]. Journal of the Indian Society of Remote

Sensing, 38: 604-610.

NELSON A C, MOORE T, 1993. Assessing urban growth management: The case of Portland, Oregon, the USA's largest urban growth boundary[J]. Land Use Policy, 10(4): 293-302.

PENDALL R, MARTIN J, FULTON W, 2002. Holding the line: Urban containment in the United States[R]. The Brookings Institution Center on Urban and Metropolitan Policy.

PENG J, HU Y, LIU Y, et al., 2018. A new approach for urban-rural fringe identification: Integrating impervious surface area and spatial continuous wavelet transform[J]. Landscape and Urban Planning, 175: 72-79.

PENG J, ZHAO S, LIU Y, et al., 2016. Identifying the urban-rural fringe using wavelet transform and kernel density estimation: A case study in Beijing City, China[J]. Environmental Modelling & Software, 83: 286-302.

PRYOR R J, 1968. Defining the rural-urban fringe[J]. Social Forces, 47(2): 202-215.

SHARP J S, CLARK J K, 2008. Between the country and the concrete: Rediscovering the rural-urban fringe[J]. City & Community, 7: 61-79.

TURNBULL G K, 2004. Urban growth controls: Transitional dynamics of development fees and growth boundaries[J]. Journal of Urban Economics, 55(2): 215-237.

WEITZ J, MOORE T, 1998. Development inside urban growth boundaries: Oregon's empirical evidence of contiguous urban form[J]. Journal of the American Planning Association, 64(4): 424-440.

第 2 章　城市建设用地边界区域演变解析

城市建设用地扩展是用地增长在地理空间上的反映。城市发展过程同时伴随着城市空间水平方向的扩展和垂直方向的改变。在此过程中，建设用地边界区域在功能、用途、开发强度等方面会形成有别于城市核心区的实体表征。对多个城市的实地调研和研究表明，从城市建设用地边界区域与核心区互动演进的视角考察，不同城市建设用地边界区域的用地变化多具有相似特征，呈现两种不同的增长情景。一种是以有计划、滚动式、混合型方式进行的人口密度与土地密度相协调的开发；另一种则是伴随城市用地需求增加呈现的规模、结构失控与无序发展。前者属于良性的城市增长，后者则会导致过度增长和蔓延（车通等，2019；葛晓卿，2019；史守正等，2017；Schneider et al.，2008）。城市建设用地增长特征和规律是建设用地边界划定及调控的依据，调控的目的是用地有序、良性变动。

2.1　城市建设用地边界区域演变与调控

2.1.1　建设用地边界区域演变的基本情况

由于地租和地价理论的存在，人类在空间中的经济与社会活动是根据自身对地租的承受能力，按照趋利的本质特征在不同区位开展的，呈现出一系列的空间景观形态和空间关联。通常而言，接近区域中心区的土地为高价用地区，如商业用地，随着与中心区距离的拉长，地价逐渐降低，远离中心区的土地更为廉价，适用于大规模开发利用的市郊地区农业用地布局。

城市建设用地边界区域可以存在非连续性的土地利用密度变化，存在较高密度的土地利用。在城市经济动态模型里，城市空间增长是一个渐进过程，随着收入增加和交通通勤费用降低，土地租金或价格、人口密度会发生相应的变化（顾杰，2010）。土地利用密度取决于城市土地开发时的经济状况（丁成日，2002），土地利用密度并不一定随距离的增加而降低，也可以随距离的增加而增加，这与城市经济静态模型（单一的城市中心模型）强调人口和土地密度随距离的增加而降低不同（顾杰，2010）。

城市原有自然要素和环境空间秩序与人类空间建构行为叠加，会导致空间效能变化。随城镇化水平提高，规模不断扩大的城市人口和产业活动使得空间建构行为不断增强。城市基本活动和非基本活动部门规模随外部需求和内部需求增大也不断增加，从而产生新的城市建设用地需求，使得居住用地、公共管理与公共服务设施用地、商业服务业设施用地、工业用地、物流仓储用地、道路与交通设施用地、公用设施用地、绿地与广场用地等城市用地的需求大幅增加。用地需求增加在地理空间上表现为城市地域扩张，表现出一定自组织特征的城市原有自然要素与环境空间秩序在人类一系列空间建构行动叠加下，产生相应的增益或损益效应变化。为了保持城市经济社会可持续发展的空间载体有序变动，城市需要通过建构效能空间来约束空间活动和行为。这些效能通过城市群、市域（城市区域）、中心城区、社区或开发单元、建筑物、家庭居住单元（最基本单元）等不同层次的空间反映出来。建设用地边界区域动态变化迅速，极易产生无序蔓延，有效的规划管理可使空间增益，对扩展边界及边界内区域规划设计引导，同样可提高建设用地的增益效应。

2.1.2　建设用地边界区域演变过程和影响因素

西北地区中小城市劳动力市场与城市建成区基本吻合，就业和居住平衡也基本是在城市的实体地域范围内进行。城市空间要素在地域空间的生长与扩展使城市空间的外延扩大，如建设用地面积和人口增加（带来城市发展内涵的变化），土地利用性质与强度变化，用地布局、空间结构变化等，这些变化是在多种因素的作用下产生的。

1.　建设用地演变过程

城市建设用地边界区域呈现不同的增长方式。在城市空间扩展过程中，或采用从老城区边缘向外连续蔓延式扩展，或采用在与老城区不连续的外围区域建立新区、开发区（高新技术、经济技术）、工业园区等跳跃式、组团式扩展。前一种扩展方式由于城市新扩展的部分与原有建成区能保持较强的连贯性，所形成的城市形态具有较高的紧凑度，城市建设用地边界区域土地利用率相对较高。这种扩展方式新"生成"的城市建设用地逐渐成为"触角"，城市后续建设以其为依托不断延伸或拓建新的道路、街区，进而使中心城区在规模上完成成片扩张，基础设施的完善也较为容易。后一种扩展方式城市新扩展的部分与原有建成区连贯性不强，所形成的城市形态在一定时期内较为松散，城市建设用地边界区域土地利用率相对低下。这种扩展方式对于大城市或特大城市而言，土地利用的暂时低效可能会被长期的结构绩效增益所抵消。当这种跳跃式、组团式扩展被一些西北地区中小城市采用时，由于中小城市在经济增长速度、城市空间增长速度或城市建设密度等多方面通常并没有达到跳跃式扩展的能力，因此多数情况表现为政府主导的新区、工业区建设，若缺乏行之有效的规划引导和管理，这一空间扩展过程往往伴随城市建设用地无序扩张、产生城市低效用地等问题。西北地区中小城市的空间扩展多属于前一种方式，也有一些城市在不同的发展阶段呈现出不同的扩展方式。已有研究表明，已建成的城区对未来的土地开发区位有影响，即靠近建城区的土地在下一个城市发展期间比远离建城区的土地更有可能被开发（丁成日等，2004）。同时，由于规模经济效益，土地成片开发的可能性远大于分散开发的可能性（丁成日，2007）。

城市空间扩展与自然演进呈现反向发展特征。城市空间扩展导致生物栖息地损失和破碎化，从而导致生物多样性减少，重要生态走廊分割与破坏。表征自然特征的生态格局是城市增长及其边界区域变化的基底要素，也是城市特色资源和重要的景观内涵。城市空间规模的快速扩展会不断影响城市的自然山水、生态景观格局，导致农业土地覆盖减少，并对生物栖息地环境的生态格局、过程和稳定性产生巨大压力。在这一过程中，城市的物质空间环境会在合理的引导下表现为从无到有、从小到大、从简单到复杂、从无序到有序的发展过程。与此同时，人口密度和产业活动的增加会促进景观破碎化、抑制景观集聚，人口数量的增加会促进景观集聚、降低景观破碎化程度（车通等，2020；梁发超等，2015），土地自然环境会表现为从有序到无序、从复杂到简单、从自然稳定到人为稳定、从自然演进到人为演进的发展历程（杨冬辉，2006）。从扩展过程看，伴随着城市扩展过程中建设用地集聚和扩散的交替变化，景观格局出现景观破碎化程度下降、聚合度增加的现象（车通等，2020）。从地域范围看，随着城市建设用地向外推进，近郊地区的破碎化程度逐渐降低，由半城市化地区转变为城市地区；多数远郊地区的破碎化程度逐渐升高，由农业地区转变为半城市化地区；个别远郊新城周边地区的破碎化程度呈现下降或先上升后下降的趋势（陈晨等，2020）。从环境约束机制来看，城市的空间扩展伴随着相应的环境管理约束，引导城市与自然共同进化（表2.1）。

表2.1 不同发展阶段城市空间系统演进

发展阶段	人口特征	产业空间	生态环境	社会利益	土地资源	系统状态
农业社会	人口出生率高，死亡率高，自然增长率低，数量少	农耕生产与土地相生相伴	自然力长期作用	物质与能量有效流动，利益系统协调有序	空间状态不断向期望的最优方向发展	自然要素与环境的空间秩序和社会活动与联系的空间秩序，两类秩序协调统一
工业社会	规模扩大（人口增加）	人类对自我价值实现的不懈追求使得产业密度不断加大	人工力与自然力并存，生态环境易处于失序状态	土地利用性质与强度变化+地域扩大（用地面积增加）	土地利用性质与强度变化，城市内部布局、空间结构及产业结构发生变化	自然要素与环境的空间秩序和社会活动与联系的空间秩序一定时期、一定程度上存在失调

续表

发展阶段	人口特征	产业空间	生态环境	社会利益	土地资源	系统状态
生态文明社会	人口出生率低，死亡率低，自然增长率低	追求与外部自然环境和谐共处的产业布局与结构	摒弃工业文明时代形成的纯粹以利润和财富增长为目的的发展模式，向追求与外部自然环境和谐共处转向	良好的生态环境，公平的公共产品	空间状态不断发生调整，再次向期望的最优方向发展	人类对生存空间有效控制及对经济社会活动进行空间有序性安排，自然要素与环境的空间秩序和社会活动与联系的空间秩序协调统一

城市建设用地边界区域正向、反向力量相互交织。正向力量为城市需求产生的正常扩展，反向力量为半城市化地区转变为城市地区的行为。城市建设用地边界区域在演变过程中，基础设施、社会公益设施及软件条件明显滞后于核心区，使得该区域从核心区到边界区域就业人员通勤、设施缺失与使用不足并存，低水平供给与高水平需求错位等现象在一段时期内会持续存在。同时，该区域是城镇建设用地和农业生产用地高度重叠的地区，多与农村地区在经济、社会和空间上逐渐向城市转化的过渡性区域交织，具有过渡性、动态性和不稳定性。居住用地与工业用地混杂交错，相互影响；工业、农业、居住等各种用地交错分布。随着城市和农村人口的双向不断涌入，该地区住宅和商业用地的矛盾争夺加剧，物质空间形态被逐步改变。由于规划管理和建设中对边界区域空间调控和引导不足，目前我国城市建设用地向外扩展呈现人口的低密度和新区建设的低密度状态，这种扩展方式也直接导致了土地资源的大量消耗和城市发展过度依赖"土地经济"的状况（陈晨等，2020；史守正等，2017），这一现象在西北地区中小城市也表现得相对明显。

2. 建设用地演变的影响因素

城市空间演化是不同时期社会经济、政治文化等相结合的产物，具有历史层叠性及连续性。城市建设用地时空演变受到自然、经济、社会、政策、技术、规划、文化心理或行为等诸多因素的作用和影响。这些因素对城市扩张既有起促进作用的，也有起约束作用的，且具有街区、区县、城市等不同层级尺度上的差异，即各因素不同程度或不同阶段对不同尺度城市空间演化产生影响。

自然条件是城市建设用地扩张的重要影响因素之一，不利的自然条件在一定程度上是城市建设用地边界区域演变的阻力。城市所在地域原有建成环境和自然条件，如生态格局、山水格局、地形地貌、水文气象等，都会对空间增长的延伸方向、空间结构和布局等产生影响。地形地貌是承载城市空间扩展的物质基础，也是制约条件，特别是在山地区，其约束力比一般平原区或生态良好地区城市的约束力更强，在一定程度上对城市建设具有决定性作用，成为城市空间扩展的"门槛"。虽然随着技术的进步，城市发展跨越自然门槛的能力日益增强，但是对地处生态脆弱地区的西北城市而言，脆弱的自然条件使得城市空间增长跨越这一门槛时面临的风险增加。城市空间扩展不仅追求城市经济发展的实体承载扩展，而且伴随生活态度变迁、经济机制生态化和满足环境安全需要，生态机制作用将显现（杨培峰，2003）。城市的山水格局成为城市最初形态演变和边界增长的关照因素，其约束作用与城市地理条件和规模大小相关。当城市二维形态规模较小，与周边山水生态要素未发生扩展和演变的关联时，城市建设用地边界区域的发展受其约束作用较小，城市建设对山水环境的影响也相对较小；当中心城区的空间扩展逐渐逼近周围生态环境的限制边界时，建设用地边界区域受到景观格局的约束将越来越大。因此，将城市空间扩展与自然的连续过程相结合，将保护与发展相结合，将城市空间与自然空间相结合，将自然演进调查结果、自然过程及自然的价值通过一定的方法反映在城市空间之中，才能实现城市与自然的共同发展。

经济发展水平和速度推动城市空间扩张，是城市空间变化的主要动力之一。经济发展会带来城市基本和非基本活动增强，吸引产业集聚和投资，直接推动城市土地不断向外扩展。地理空间的约束作用随着城市发展而减弱，社会经济的影响则逐渐增强，特别在城市发展后期，经济的作用更加明显（车通等，2019）。在工业化阶段，城市经济的增长速度一定程度上决定着城市用地扩展速度。第一产业发展对建设用地扩张起着约束作用，这种约束作用会随着第一产业转型升级发生变化。在工业化的前期，第二产业增加值占比较低，资金相对匮乏，产业多为劳动密集型，扩大再生产能力弱，对建设用地扩张的促进作用较小，甚至在出现亏损和困境后会抑制新建设用地的形成（陈可嘉等，2012）。随着第二产业的持续发展，扩大再生产能力增强，生产规模逐渐扩大，促进了工业区、开发区的形成，从而对建设用地扩张表现出明显的促进作用（车通等，2019）。我国城市增长多与人均 GDP 直接相关，除 GDP 之外，外商直接投资（foreign direct investment，FDI）对城市用地面积增长也有直接的推动作用。工业园区和高新技术产业开发区的建设在我国城市建设用地边界区域产生了大量的城乡土地利用转换，外商对工业发展的大规模投资是城市空间增长的主因（谭荣辉等，2020）。并非经济发展水平越高、速度越快，城市蔓延程度越大，也并非建成区扩展面积越大，对城市经济支撑作用越强。有学者认为，我国城市蔓延与经济发展基本符合 Logistic 曲线趋势，即经济发展对城市蔓延扩展的需求程度是由强变弱的，建设用地扩展对经济增长的贡献是随着发展阶段演进逐渐减小的。单纯扩展城市建成区面积或是延伸城市基础设施，并不能给一个城市或地区带来实质性的经济发展。城市建成区扩展应当与经济发展保持协调（陈晓红等，2016）。

人口增长是影响城市建设用地扩张的重要因素。随城镇化进程加快，大量的乡村人口向城市转移，且逐步市民化，对城市住房、基础设施和公共服务设施产生较大需求，使得城市居住、公共服务设施、绿地与广场等用地剧增。加之居民收入水平和交通可达性提高，居民对住宅、设施质量等的要求越来越高，人口的离心化也逐步加快，从而使得城市建设用地的空间扩张。

政府、开发商与农村居民、村集体间的博弈机制也在一定程度上制约着城市建设用地边界区域土地利用的转换。城市土地利用变化是不同组群的主体之间共同作用的结果，主体之间的相互作用行为及主体的决策选择行为都会对土地利用变化产生重要的影响，这些主体间的博弈结果决定了城市土地利用的转变（谭荣辉等，2020）。政府、开发商及农村居民、村集体在土地市场中的博弈也会触发城市建设用地扩展。城市开发中，各级政府、普通市民、相关专家团体等以各自的方式扮演着不同的角色。政府通过制定实施支持某种类型住宅建设及鼓励投资的政策法规，促进郊区的房地产开发、厂房及基础设施建设。地方政府作为推动城市扩展的重要力量，在城市土地开发建设中发挥着决定性作用（Ehrlich et al.，2018）。特别是在城市工业用地发展中，政府力起主导作用。行政权力推动下的城市空间扩张，更易导致蔓延现象。社会力在与政府力相互作用过程中，主动权随地域发生变化，社会力的地方性和共同体，形成了反作用于自上而下的政府力的力量（张潇等，2021；王家庭等，2018；杨忍等，2018）。与此同时，建设用地边界区域政府、城市居民、农村居民的三方博弈会直接影响社会环境的好坏，社会运转情况的好坏也会直接影响到城市的进一步扩张。

规划、交通、信息技术等因素也会带来建设用地边界区域的变动。城市各类规划、建设、规定等空间政策对建设用地演变方向起引导作用。各类规划在空间上对土地利用类型进行布局，直接影响建设用地边界区域的演变方向。高速公路网络的建设和私人小汽车的普及，成为城市空间扩展的重要驱动力量。未来高速铁路网络的建设，将再次拉动城市空间扩展。信息技术的巨大进步对城市发展产生了显著影响，生产和消费的空间一体化与空间分离互动演进态势，重组了城市网络体系，进而形成了集聚与分散有机结合的新型空间形态（史守正等，2017）。技术因素——交通技术和信息技术的飞速发展，极大地改变了社会经济结构和人们的生活方式，也使得城市建设用地边界区域产生相应的变化。

除宏观上影响城市建设用地空间扩展的因素外，还有诸多因素影响着微观地域上的建设用地演变。在影响建设用地演变的驱动力中，建设用地邻域密度、工业产值密度等属于正相关因子，即这些因子数值越大，地块越易从非建设用地转化为建设用地；距一般道路的距离、距城市道路的距离、坡度、高程属于负相关因子，即这些因子数值越小地块越易发生转化（杨明等，2009）。在区位因子中，城市道路网络的建设对建设用地边界区域演变也会产生重要影响，路网的建设会在很大程度上决定建设用地扩展发生的空间位置和数量（杨明等，2009）。此外，中产阶级对城市远郊区宜居度和归属感的需求、土地使用者对可达性的偏好、土地所有者的投机行为和偏好差异，以及一些根植性不强的企业基于外部功能联系的便捷性选择"飞点式"布局在城市边缘区等，会造成城市空间不连续扩展和边缘区用地变动（钟睿等，2019）。周围建设用地的多寡也对新建设用地的扩展产生一定影响。

2.1.3　建设用地边界区域调控

2000 年以来，我国人均城市建设用地快速上升，人口城镇化与土地城镇化存在脱轨和时间错位的特征。西部地区城市建设用地增长后发优势明显，2000~2015 年，西部地区城市建设用地面积年均增量为 $314km^2/a$，高于中部地区的 $309km^2/a$ 和东北部地区的 $122km^2/a$（瞿诗进等，2020）。

建设用地理性增长需要有序的调控来引导，建设用地调控面临诸多难题。一是面临的不确定性加大。随城市人口的增多及经济活动的增强，开发区建设和空港、高铁站点等交通枢纽建设等"大事件"不断显现，正向驱动城市空间的不连续扩展，由此产生城市建成区边缘向外扩展态势，以及城市建设用地扩展边界区域土地使用功能转变（钟睿等，2019）。由于"大事件"的触媒效应何时发生、在什么程度上发生具有不确定性，土地使用功能转变、土地价格曲线凸起及驱动的城市空间不连续扩展也具有不确定性。二是面临的对象复杂。城市更新与城市扩张是紧密相连的，市区居民向郊区的大规模动迁是联结城市更新与城市扩张的重要环节（陈映芳，2009），且由于建设用地边界区域具有城市边缘地带特征，新的城区建设与旧的村庄更新紧密相连。三是面临的主体多元。边界区域是政府、开发商与农村居民、村集体博弈集中的地方。集体土地所有制的产权具有不完整和模糊性，在一些地区特别是经济相对发达的地区，村集体通过大规模廉价出租建设用地边界区域存在的大量农村集体土地的方式，引进大量企业入驻各村，利用收取租金的方式提高村民的收入，经常出现建立在集体土地基础之上的以村镇为主导的农村工业化，导致农地违规转用、工业用地利用效率低下、布局分散等问题，从反向不断推进半建成区和建成区的密实化（杨忍等，2018；李玉红，2015），这种植根于集体土地中的自下而上的分散工业布局，由于与个体村民、集体利益产生了千丝万缕的联系，外力很难介入进行调整。这种现象在半城市化工业强区尤为普遍，也成为建设用地边界区域用地调整过程中的一道难题（梁印龙，2014）。

建设用地指标配置是我国的主要调控手段。城市建设用地规模的增加与土地供应关系密切。土地作为一切经济活动和人们居住生活的空间载体，不仅是重要的生产要素，更是供给侧中最基本的要素（冯吉光，2018）。土地供应策略会影响城市自身及周边城市的用地增长，也影响城市空间边界内的用地规模。建设用地指标作为国家调控土地资源的工具，是国家从宏观角度对建设用地进行管理的综合性手段。市场力量在城市空间扩展过程中也起着重要作用。用地主体通过市场竞争机制实现土地资源的配置（冯吉光，2018）。建设用地指标配置具有行政配置和市场配置相结合的特点。政府通过制定科学合理的供地计划进行数量管控、用途管制、市场监管等，弥补"市场失灵"（钱文荣等，2021）。我国城市土地国家所有、农村土地集体所有的制度，以及政府拥有土地征用权的土地制度和土地利益支配制度，使得地方政府/城市政府掌握着土地的使用权、开发权。国家利用规划调节手段，在考量用地供需潜力的基础上，系统设计划拨土地与出让土地结构比例区间，确定划拨土地供给数量和具体用途，从空间层面对建设用地开发强度和开发容量进行行政干预（李新仓，2017）。

土地价格既影响用地调控又受调控影响。建成区外围的土地价格曲线在一定程度上是城市建成区部分的延续，开发商的利润随着与中心城区距离的增大而逐渐下降（钟睿等，2019）。不同用途土地价格会影响用地扩张的规模。工业用地与商住用地价格波动均会产生空间溢出效应，从而影响用地扩张规模和速度。工业用地产生的空间溢出效应相对更强，工业用地供应中存在着明显的"竞次式"互动关系，工业用地价格增长会显著抑制本城市的用地扩张增长，同时会显著促进周边城市的用地增长；商住用地价格的提升，不仅会促进本城市用地扩张增长，还会显著抑制周边城市的用地扩张增长（张耀宇等，2020）。与此同时，工业用地、居住用地的地价"剪刀差"容易导致房价上涨，并将低价出让甚至零地价出让的工业用地成本转嫁到普通城市购房者身上（梁印龙，2014）。若用地规模供给与需求产生较大缺口，也会引起控制区域内土地价格上升。

建设用地调控非局限于一城一地，城市之间的竞合关系也会影响用地扩张的规模。城市用地规模在城市之间存在着互动影响，且同时存在同省城市之间"彼此促进"和异省城市之间"此消彼长"两种互动模式（张耀宇等，2020）。因此，城市建设用地的调控也需要进行系统性考虑。

2.2　城市建设用地边界区域演变秩序与效率

自然要素与环境的空间秩序和社会活动与联系的空间秩序是地表空间存在的两类最主要的秩序，两类秩序的协调统一是维持自然-社会复合系统健康发展的基础，建设用地演变的秩序也是建构在此基础上的。自然要素与环境的空间秩序形成是自然力长期作用的结果，多为自组织的结果；社会活动与联系的空间秩序来源于人类对自我价值的不懈追求，多为他组织的结果。空间秩序决定着效率的发挥，效率的高低反过来又会影响空间秩序的变革。对空间的有效控制及对经济社会活动的有序安排，是人类对地表空间进行利用和组织的两大活动，科学的空间组织是营造和谐空间秩序和结构的基础，也是保证空间利用效率的基础（金凤君，2013）。

2.2.1　建设用地边界区域演变秩序

城市空间增长方式可分为紧凑型、保持型和蔓延型。21 世纪之前，我国大部分城市为紧凑城市，由于工业化和城镇化水平较低，大部分城市空间增长方式为紧凑型。2000 年以来，我国进入工业化中高级阶段，快速的经济增长和城镇化促使土地需求增大，大部分城市空间增长方式演变为蔓延型（赵睿等，2020）。

建设缺乏时序性会导致城市空间无序蔓延。在城市空间扩展过程中，中小城市由于用地规模相对较小，常会采取从已有城区边缘向外连续式形态演变方式；在较强外力作用下，也会在与已有城区不连续的外围区域建立新区、开发区、工业区等，形成跳跃式、组团式扩展方式。前一种方式形成的城市形态具有较高的紧凑度和连贯性，易较快形成连片区域，也易于基础设施的完善，边界区域形成较强的开发秩序。若中小城市在经济增长速度、城市空间增长速度或城市建设密度等多方面没有达到跳跃式扩展的能力，后一种方式的空间扩展过程往往会产生城市用地盲目扩展、失序等问题。

自然要素与环境的空间秩序和社会活动与联系的空间秩序在中小城市空间演变中不断被打破。人类的经济与社会活动存在于城市空间中，并在空间中演进，形成一系列物质空间景观形态和作用关系表征的空间关联模式。在城市化初期，各类经济活动规模和影响范围较小，自然要素与环境的空间秩序相对稳定，各类建设用地景观处于低水平的均衡状态，空间分布相对均一，景观之间的交互作用较弱，形态较为规则（梁发超等，2015），社会活动与联系的空间秩序也相对有序发展。快速城市化时期，各类资源要素向中心城区集聚，城区成为增长极或经济发展极（梁发超等，2015），自然要素与环境的空间秩序和社会活动与联系的空间秩序逐渐被破坏，各类建设用地景观渐次展现扩张特征，景观之间的联系加深，互动增强，其他类型景观逐渐被城镇景观侵占替代。除景观变化外，城市建设用地边界与其社会融合边界也在用地演变中保持动态稳定和平衡。由于社会融合的时间相对较长，进程相对缓慢，因此其相对慢于建设用地边界扩张。随着城市化进程的不断深入，多轮土地扩张后，社会融合的边界与城市实际用地边缘之间的广度差距逐渐缩小（葛晓卿，2019），这也是城市建设用地边界区域社会发展相对滞缓于物质空间发展的原因之一。

2.2.2　建设用地边界区域演变效率

空间层面的效率考量是在多层次空间尺度下进行的，城市空间演化效率涉及多个尺度。宏观尺度上，区域城市空间演化可体现在区域发展的土地要素投入与产出结构上；中观尺度上，体现在城市用地结构与空间功能结构上；微观尺度上，主要体现在不同城市用地的组合模式、开发强度、功能特征等方面。城市资源配置、治理结构和制度环境，共同作用于不同尺度城市空间演化效率（吴一洲，2013）。

　　城市建设用地边界区域演变效率是一个多维和复杂的命题，同样具有多个表现维度。建设用地边界区域演变效率除反映在不同空间尺度上，还反映在土地资源效率、资本资源效率、劳动力资源效率，以及有效的城市基础设施投资和城市基础设施的最有效利用等方面。土地资源总体配置效率，在政府和市场的资源配置效率趋向背离时降低，而在政府和市场的资源配置效率趋于均衡时提高，并在政府与市场两者的资源配置效率相等时达到最高（邓志雄，2020）。土地管理的规范化和法治化可促使土地市场的成熟与完善，增加土地价值，提高土地利用效率，减少博弈损失。资本资源的利用效率与是否根据土地价值进行最优配置有关，依据"最高最好"原则，与地租竞标曲线相对应的土地利用空间分布就是有效的，其他任何形式的分布都是低效率的。劳动力集聚带来创新、技术推广、商业机会等的增加，劳动力市场破碎会造成劳动力资源的低效率。土地成片较高密度开发可提高基础设施的承载力，促使基础设施效率发挥。工作和居住地之间距离的不必要增加可导致交易成本上升，增加城市基础设施的规模，进而提高城市基础设施的投资和运营成本。

　　城市空间结构影响效率，有效的空间组织是保证空间利用效率的基础。城市建设用地边界区域演变除表现为形态的演化外，还表现为功能和结构的演化。一个理想的城市空间结构应该满足适宜的密度、合理的布局、理想的形态，应具有足够的弹性、较大的应变能力和多样性，能发挥土地的区位效益，优地优用，利于产生组合效益，具有能够根据功能变化的需要进行自我调节更新的能力（陈鹏，2009）。空间结构对城市效率的影响既体现在对劳动力资源、土地资源、资本资源、城市基础设施充分利用等的直接影响，又体现在通过影响成本间接地影响效率。城市结构、规模界定城市建设用地扩展的速度和规模量，土地利用强度、土地利用类型是衡量城市空间结构的重要指标，也一定程度上反映出结构的绩效。建设用地边界区域人口分布、就业分布、建筑分布（高度、密度、容积率）等均反映出土地利用强度。结构影响着城市人口、就业中心分布，进而影响土地利用效率。不同中心分布模式的城市，产生不同的土地利用效率。人口密度和就业密度从城市经济活动强度反映土地利用强度，建筑密度是人口和就业活动的物质载体，从物质形态反映土地利用强度（丁成日，2007）。通常来讲，若其他因素不变，人口密度越大，城市活动强度越集聚，土地利用强度越高；反之，人口密度越小，城市经济活动越弱，土地利用强度越低。但是，土地利用强度与土地利用效率之间的关系并不是线性的。学者研究发现，高的土地利用强度并不一定意味着高的土地利用效率。同样，低土地利用强度也并不意味着土地利用效率低下。当高土地利用强度发生在高土地价值的土地上或低土地利用强度发生在低土地价值的土地上时，土地利用都是有效率的。如果高的土地利用强度发生在低土地价值的土地上或低土地利用强度发生在高土地价值的土地上时，土地利用都是低效率的。另外，城市空间的不同开发方式在空间上的组合模式，体现了城市的特征，决定了城市内部各个要素的空间组织关系，带来了交通、环境、基础设施等方面不同的成本，进而决定了城市的整体运行效率。

2.3　城市建设用地边界区域演变解析框架

我国学者已有研究表明，城市边缘区的空间扩展随着经济发展的周期性波动而变化，经济的扩张—过热—收缩—再扩张，会引起城市建设周期性的涨缩，以及近郊地带工业、乡镇企业投资和非农业活动的周期性变化（崔功豪等，1990），存在着加速期、减速期和稳定期三种变化状态。城市建设用地边界区域也在城市边缘区的外扩过程中发生着相应的变化。在城市经济动态模型中，城市空间增长是一个渐进过程，土地利用强度取决于城市土地开发时的经济状况。当开发商的利润随着与中心城区距离增大而逐渐下降时，开发商会选择从紧邻建成区边缘开始逐步向外开发，但土地利用强度并不一定随距离的增加而降低，也会随距离的增加而增加（顾杰，2010），因此合理的管控和约束必不可少。

在我国，土地利用规划与城市规划都曾一定程度上起到了约束城市用地行为的作用。这两项规划原本是控制城市建设用地规模无序扩展和保护耕地免受蚕食的有效手段，但是种种原因常导致规划失控或规划失效，难以发挥规划本身的约束作用，造成实际建设缺乏时序性及城市框架过于拉大等问题，进而导致城市空间的无序、低效蔓延，导致高昂的经济、社会、环境成本。处于规划建设用地范围内的城市边缘区用地开发的高效与结构合理，与边界管控的力度和弹性有关。总量的刚性和布局可调整的弹性，在某一阶段内都是必要的。从城市发展的整个生命周期看，对于收缩城市及超载城市之外的城市，开发边界应是可以动态调整的，应是对城市发展路径进行阶段性引导的边界。在规划期内或者开发强度未达到标准时，开发边界具有不可突破的约束刚性，倒逼边界内部进行结构性调整与高效开发（王晨跃等，2021），避免产生用地碎片化和土地利用效率低下等问题。开发边界划定后的存量用地布局弹性设计与边界刚性约束的协调，有利于实现结构匹配与有序高效开发。

城市建设用地边界区域包含演化—管控—调整三个既连续递进又相互交织的环节，需要从动态演化、规划管控和用地调整进行研究。①动态演化：通过人口规模预测、产业发展与布局等研究，城市进行住宅建设、工业建设、基础设施建设等一系列工程行动；通过整合供给结构，明确各级各类设施配建内容、标准、形式及建设主体，进行居住、工业、基础设施、公共服务设施等的统筹配置和建设安排；在用地供需潜力分析基础上，根据总体规模和各类用地规划，确定不同类型用地规模和开发强度；在各种工程行动作用下，城市建设用地边界区域不断发生变化。②边界管控：以土地供给管控、土地用途管控为主要内容，有效发挥土地管控制度体系作用；在规划编制、审批、建设过程中，协同政府、市场和社会力量，动态调适规划控制作用；制定科学合理的供地计划，总量控制和存量激活作用，降低城市化进程中非农建设对农业用地的刚性需求。③动态调整：面向二元土地利用，探究存量用地的布局弹性设计与边界刚性约束的协调。

本书从建设用地边界区域动态变化与开发（增长）边界之间的关系分析框架出发，从演化—管控—调整三个连续递进环节展开研究。

参 考 文 献

车通，李成，罗云建，2020. 城市扩张过程中建设用地景观格局演变特征及其驱动力[J]. 生态学报，40(10): 3283-3294.

车通，罗云建，李成，2019. 扬州城市建设用地扩张的时空演变特征及其驱动机制[J]. 生态学杂志，38(6): 1872-1880.

陈晨，刘爽，颜文涛，2020. "时空过程"视角下上海郊区半城市化地区的格局演变及其对地区发展的作用[J]. 上海城市规划，(3): 84-92.

陈可嘉，臧永生，李成，2012. 福建省产业结构演进对城市化的动态影响[J]. 城市问题，(12): 58-62.

陈鹏，2009. 中国土地制度下的城市空间演变[M]. 北京：中国建筑工业出版社.

陈晓红，张文忠，张海峰，2016. 中国城市空间拓展与经济增长关系研究——以261个地级市为例[J]. 地理科学，36(8): 1141-1147.

陈映芳，2009. 都市大开发：空间生产的政治经济学[M]. 上海：上海古籍出版社.

崔功豪，武进，1990. 中国城市边缘区空间结构特征及其发展——以南京等城市为例[J]. 地理学报，45(4): 399-410.

邓志雄，2020. 国家资源总体配置效率定律[J]. 产权导刊，(12): 28-31.

丁成日，2002. 土地价值与城市增长[J]. 城市发展研究，9(6): 48-53.

丁成日，2007. 城市空间规划：理论、方法与实践[M]. 北京：高等教育出版社.

丁成日，宋彦，黄艳，2004. 市场经济体系下城市总体规划的理论基础——规模和空间形态[J]. 城市规划，28(11): 71-77.

冯吉光，2018. 资源配置、市场传导与划拨土地供给的政府作为[J]. 改革，(2): 100-108.

葛晓卿，2019. 社会融合视角下城市扩张边界时空演变研究[D]. 哈尔滨：哈尔滨工业大学.

顾杰，2010. 城市空间增长与城市土地、住宅价格空间结构演变：理论分析与杭州经验[M]. 北京：经济科学出版社.

金凤君，2013. 功效空间组织机理与空间福利研究[M]. 北京：科学出版社.

李新仓，2017. 建设用地指标市场配置法律制度研究[D]. 沈阳：辽宁大学.

李玉红，2015. 中国乡村半城市化地区的识别——基于第一二次全国经济普查企业数据的估算[J]. 城市与环境研究，(4): 60-74.

梁发超，刘诗苑，刘黎明，2015. 近30年厦门城市建设用地景观格局演变过程及驱动机制分析[J]. 经济地理，35(11): 159-165.

梁印龙，2014. 半城市化地区土地利用困境及其破解之道——以江阴、顺德为例[J]. 城市规划，38(1): 85-90.

钱文荣，朱嘉晔，钱龙，等，2021. 中国农村土地要素市场化改革探源[J]. 农业经济问题，(2): 4-13.

瞿诗进，胡守庚，李全峰，2020. 中国城市建设用地转型阶段及其空间格局[J]. 地理学报，75(7): 1539-1553.

史стр正，石忆邵，2017. 城市蔓延的多维度思考[J]. 人文地理，(4): 54-59.

谭荣辉，刘耀林，刘艳芳，等，2020. 城市增长边界研究进展：理论模型、划定方法与实效评价[J]. 地理科学进展，

39(2): 327-338.

王晨跃, 叶裕民, 范梦雪, 2021. 论城镇开发边界划定与管理的三大关系——基于"城市人"理论的理念辨析[J]. 城市规划学刊, (1): 28-35.

王家庭, 臧家新, 卢星辰, 等, 2018. 城市私人交通和公共交通对城市蔓延的不同影响——基于我国 65 个大中城市面板数据的实证检验[J]. 经济地理, 38(2): 74-81.

吴一洲, 2013. 转型时代城市空间演化绩效的多维视角研究[M]. 北京: 中国建筑工业出版社.

杨冬辉, 2006. 城市空间扩展与土地自然演进: 城市发展的自然演进规划研究[M]. 南京: 东南大学出版社.

杨明, 郭仁忠, 李全, 2009. 快速城市化地区建设用地演变驱动力研究——以深圳市龙岗区为例[J]. 武汉大学学报(信息科学版), 34(2): 170-173.

杨培峰, 2003. 重庆城市创建山水园林城市的自然生态建设对策[J]. 重庆环境科学, 25(3): 9-11.

杨忍, 陈燕纯, 徐茜, 2018. 基于政府力和社会力交互作用视角的半城市化地区工业用地演化特征及其机制研究——以佛山市顺德区为例[J]. 地理科学, 38(4): 511-521.

张潇, 陆林, 任以胜, 等, 2021. 中国城市蔓延的时空演变格局及其影响因素[J]. 经济地理, 41(3): 77-85.

张耀宇, 王博, 王誉霖, 2020. 发展竞争、土地供应策略互动与城市用地增长——基于 252 个城市数据的空间面板模型实证检验[J]. 中国土地科学, 34(10): 49-57.

赵睿, 焦利民, 许刚, 等, 2020. 城市空间增长与人口密度变化之间的关联关系[J]. 地理学报, 75(4): 695-707.

钟睿, 国子健, 2019. 边缘城市: 城市空间不连续拓展的经济学释义及延伸思考[J]. 规划师, 35(13): 76-81.

EHRLICH M V, HILBER C A L, SCHÖNI O, 2018. Institutional settings and urban sprawl: Evidence from Europe[J]. Journal of Housing Economics, 42: 4-18.

SCHNEIDER A, WOODCOCK C E, 2008. Compact, dispersed, fragmented, extensive? A comparison of urban growth in twenty-five global cities using remotely sensed data, pattern metrics and census information[J]. Urban Studies, 45(3): 659-692.

第3章 西北地区城市建设用地边界区域演化特征

随城市建设用地规模扩大，建设用地实体边界不断向外扩展，边界区域呈现出独特的时空特征、形态特征、产业特征、人口特征、用地特征和活力特征。本章在对西北地区部分城市深入调研的基础上，对其建设用地边界区域演化特征进行归纳总结，以期为城市建设用地边界区域管控提供依据。

3.1 建设用地边界区域演化时空特征

西北地区城市中心城区在 2000 年以后，城市空间均有明显扩展，边界长度不断增长，扩展量和扩展速度呈现阶段性起伏。

3.1.1 阶段性和非均衡性增长特征

西北地区中小城市建设用地大多呈现阶段性和非均衡性增长特征，一方面表现出单一城市某一时期扩展量及扩展速度远高于其他时期的特征，另一方面表现为各城市扩展量和扩展速度增大或减小的时间节点各有不同。

（1）扩展量和扩展速度波动较大。总体上讲，西北地区中小城市增长的阶段性和波动性变化特征明显，不同城市扩展速度波动较大。扩展量与城市规模、经济增速关系密切。规模较大、经济增速较快的城市扩展量较大，如宝鸡市、榆林市。从宝鸡市中心城区的边界长度增量及建设用地的扩展量来看，2000～2007 年、2009～2015 年的建设用地长度及建设用地面积都在快速增长。榆林市研究期建设用地长度及面积均在增长，特别是 2013～2017 年增长较快。波动性在各扩展量特征的城市中均有表现。在研究期内，城市建设用地扩展量和扩展速度呈现"增—降—增—降"的有宝鸡市、商洛市等，呈现持续增长的有榆林市，呈现"增—降—增"的有延安市、张掖市、平凉市等，其他城市如武威市、昌吉市、石河子市等也都有明显的"增—降"特征。

（2）扩展量和扩展速度变化峰值时间呈现差异。在西北地区 2000 年以后整体呈现增长态势的大背景下，各城市周期性增、降峰值出现的时间节点不同，增降持续的时间周期也不同。西北地区城市建设用地扩展量和扩展速度增长最快的时间节点多出现在"十二五"和"十三五"期间，宝鸡市 2009～2015 年建设用地平均扩展速度最快，延安市 2014～2017 年扩展量和建设用地平均扩展速度最快，榆林市 2013～2017 年建设用地平均扩展速度最快，商洛市 2013～2015 年建设用地平均扩展速度最快，乌苏市 2012～2016 年建设用地平均扩展量最大，格尔木市 2013～2017 年建设用地平均扩展量最大，敦煌市 2012～2017 年的建设用地平均扩展量最大。也有一些城市"十一五"期间呈现较快增长，白银市 2006～2010 年建设用地平均扩展量最大，随后逐渐下降；酒泉市、张掖市 2004～2009 年建设用地平均扩展量最大，随后下降，张掖市 2012 年以后扩展速度又逐渐加快（表 3.1）。

表 3.1　西北地区典型中小城市边界长度增量及建设用地扩展量

省（自治区）	城市（城区）	年份	边界长度增量/km	建设用地扩展量/km²
陕西	宝鸡	2000～2007	38.99	12.06
		2007～2009	5.81	2.01
		2009～2015	66.48	28.78
		2015～2018	3.74	1.42
	延安	2005～2009	44.17	6.34
		2009～2012	9.99	1.85
		2012～2014	13.85	2.15
		2014～2017	35.34	7.41
	榆林	1988～1994	7.34	2.21
		1994～2006	71.93	24.3
		2006～2013	154.19	26.97
		2013～2017	166.15	39.06
	商洛	2006～2010	11.27	2.39
		2010～2013	6.18	1.11
		2013～2015	38.64	5.58
		2015～2018	3.99	1.13
青海	德令哈	2003～2006	11.72	2.30
		2006～2010	12.46	3.56
		2010～2014	19.56	3.71
		2014～2017	-0.68	1.03
	格尔木	2003～2006	2.15	0.94
		2006～2010	12.96	3.55
		2010～2013	10.41	2.14
		2013～2017	9.65	4.64
	海东乐都区	2007～2011	5.50	0.72
		2011～2015	31.00	2.76
		2015～2017	3.14	1.43
	海东平安区	2005～2010	9.95	1.26
		2010～2015	28.20	8.95
		2015～2017	1.34	0.37

续表

省（自治区）	城市（城区）	年份	边界长度增量/km	建设用地扩展量/km²
甘肃	白银	2006～2010	4.75	7.82
		2010～2014	21.28	5.61
		2014～2018	−7.16	4.11
	敦煌	2003～2007	1.27	2.97
		2007～2012	16.24	2.15
		2012～2017	10.50	4.54
	嘉峪关	2004～2009	3.19	11.25
		2010～2014	20.13	26.58
		2014～2016	46.37	12.08
	金昌	2004～2009	3.19	11.25
		2009～2014	20.13	26.58
		2014～2016	46.37	12.08
	酒泉	2004～2009	18.17	13.10
		2009～2014	18.13	9.92
		2014～2016	9.66	3.42
	张掖	2004～2009	9.72	9.78
		2009～2012	1.89	0.33
		2012～2014	15.76	2.28
		2014～2018	11.71	5.54
	平凉	2000～2006	14.57	0.40
		2006～2009	1.78	32.32
		2009～2013	9.39	13.38
		2013～2018	13.75	18.50
	武威	2003～2009	3.72	4.21
		2009～2015	71.68	20.95
		2015～2017	−1.54	1.73
宁夏	石嘴山惠农区	2003～2005	14.12	6.43
		2005～2009	32.91	15.25
		2009～2013	17.53	11.41
		2013～2017	0.82	2.78
	石嘴山大武口区	2003～2005	−6.80	1.82
		2005～2009	17.77	9.36
		2009～2013	21.25	10.73
		2013～2017	5.62	4.24
	中卫	2009～2011	10.42	3.05
		2011～2015	3.58	2.13
	固原	2000～2005	12.77	3.97
		2005～2010	5.49	14.15
		2010～2015	9.05	10.18
		2015～2018	1.46	2.11

续表

省（自治区）	城市（城区）	年份	边界长度增量/km	建设用地扩展量/km²
新疆	石河子	2007～2009	15.25	3.67
		2009～2011	21.24	8.23
		2011～2013	8.07	15.47
		2013～2017	-1.41	6.61
	昌吉	2006～2009	-3.69	1.5
		2009～2013	11.55	11.25
		2013～2017	4.43	6.01
	乌苏	2004～2007	5.28	0.65
		2007～2012	17.63	11.29
		2012～2016	26.07	9.89

注：未特指某区的表示该市中心城区，特指某区的表示该市中心城区分散位于几个区中。

3.1.2　外延为主的扩展方式特征

　　城市空间扩展一般表现为外延式、内涵式和跳跃式三种方式。西北地区城市由于规模相对较小，加之正处于城镇化和工业化的加速阶段，因此在研究期内的不同阶段多呈现外延式扩展，一些时间段呈现外延式+跳跃式扩展为主的方式，较少内涵式扩展，由此产生较大的边界区域变动（表3.2）。

表 3.2　西北地区典型城市中心城区扩展方式及扩展区位

省（自治区）	城市（城区）	年份	扩展方式	扩展区位
陕西	宝鸡	2000～2007	以外延式扩展为主	主要向东部、南部扩展
		2007～2009	以外延式扩展为主	主要向南部、北部扩展，南部扩展面积最多
		2009～2015	以外延式扩展为主	四周均有扩展，东部、南部扩展面积最多
		2015～2018	以外延式扩展为主	主要向北部扩展
	延安	2005～2009	以外延式扩展为主	主要向西部、东北部及南部扩展，西部、东北部扩展面积最多
		2009～2012	以外延式扩展为主	主要向东北部、南部扩展，东北部扩展面积最多
		2012～2014	以外延式+跳跃式扩展为主	主要向西南部、北部扩展
		2014～2017	以延安新区跳跃式扩展为主	主要向北部扩展
	榆林	1988～1994	以外延式扩展为主	主要向北部、南部扩展
		1994～2006	以外延式扩展为主	主要向南部扩展
		2006～2013	以外延式+跳跃式扩展为主	主要向东北部、西北部及西南部扩展
		2013～2017	以外延式+跳跃式扩展为主	主要向西南部、北部及西部扩展
	商洛	2006～2010	以外延式扩展为主	主要向南部、西北部及西南部扩展
		2010～2013	以外延式扩展为主	主要向西部、南部扩展
		2013～2015	以跳跃式扩展为主	主要向东南部扩展
		2015～2018	以外延式扩展为主	主要向西部、东南部扩展

省（自治区）	城市（城区）	年份	扩展方式	扩展区位
陕西	汉中	2001～2005	以外延式扩展为主	四周均有扩展
		2005～2010	以外延式扩展为主	主要向南部、北部扩展
		2010～2013	以外延式扩展为主	主要向东南部、西部扩展
		2013～2017	以外延式扩展为主	主要向北部扩展
青海	德令哈	2003～2006	以外延式+跳跃式扩展为主	主要向东北部、东部和南部扩展
		2006～2010	以外延式+跳跃式扩展为主	主要向东南部扩展
		2010～2014	以外延式扩展为主	主要向南部、西部扩展
		2014～2017	以内部填充+外延式扩展为主	以东北部内部填充及向西部扩展为主
	格尔木	2003～2006	以外延式+跳跃式扩展为主	主要向东南部扩展
		2006～2010	以外延式+跳跃式扩展为主	主要向北部、东南部扩展
		2010～2013	以外延式+跳跃式扩展为主	主要向西北部、东南部扩展
		2013～2017	以外延式+跳跃式扩展为主	主要向西北部、东南部扩展
	海东乐都区	2007～2011	以外延式扩展为主	主要向东部、西部及南部扩展
		2011～2015	以外延式+跳跃式扩展为主	主要向西部、北部扩展
		2015～2017	以外延式扩展为主	主要向北部扩展
	海东平安区	2005～2010	以外延式+跳跃式扩展为主	主要向东部、西部扩展
		2010～2015	以外延式+跳跃式扩展为主	主要向西部、北部扩展
		2015～2017	以外延式扩展为主	主要向西部扩展
甘肃	白银	2006～2010	以内部填充+跳跃式扩展为主	以西部、北部内部填充及西南部跳跃式扩展为主
		2010～2014	以内部填充+外延式扩展为主	以西南部内部填充及南部外延式扩展为主
		2014～2018	以外延式扩展为主	主要向南部、西南部扩展
	敦煌	2003～2007	以外延式扩展为主	主要向西南部扩展
		2007～2012	以外延式扩展为主	主要向南部扩展
		2012～2017	以外延式扩展为主	主要向东部、南部及东部扩展
	嘉峪关	2004～2009	以外延式扩展为主	主要向北部、南部扩展
		2009～2014	以外延式+跳跃式扩展为主	主要向北部、南部扩展
		2014～2018	以外延式+跳跃式扩展为主	主要向北部、东部扩展
	金昌	2004～2009	以外延式+跳跃式扩展为主	向东部、西部、北部方向扩展
		2009～2014	以外延式扩展为主	向西部、东部扩展
		2014～2016	以内部填充+跳跃式扩展为主	以北部内部填充及东南部跳跃式扩展为主
	酒泉	2004～2009	以外延式扩展为主	主要向西北部、西南部扩展
		2009～2014	以外延式扩展为主	主要向西部、南部扩展
		2014～2016	以外延式扩展为主	主要向西部、东部扩展
	张掖	2004～2009	以内部填充+外延式扩展为主	以东部内部填充及西部、南部外延式扩展为主
		2009～2012	以外延式扩展为主	主要向北部、南部扩展
		2012～2014	以外延式扩展为主	主要向西部扩展
		2014～2018	以内部填充+外延式扩展为主	以北部内部填充及西部外延式扩展为主

续表

省（自治区）	城市（城区）	年份	扩展方式	扩展区位
甘肃	平凉	2000～2006	以外延式扩展为主	主要向东南方向扩展
		2006～2009	以外延式扩展为主	主要向北部、西部扩展
		2009～2013	以外延式+跳跃式扩展为主	主要向北部、东南部扩展
		2013～2018	以外延式+跳跃式扩展为主	主要向北部、东南部扩展
	武威	2003～2009	以外延式扩展为主	主要向西部、东南部扩展
		2009～2015	以外延式+跳跃式扩展为主	主要向西部、北部及东南部扩展
		2015～2017	以外延式扩展为主	主要向东部、西南部扩展
宁夏	石嘴山惠农区	2003～2005	以外延式+跳跃式扩展为主	主要向北部、西南部扩展
		2005～2009	以内部填充+外延式扩展为主	以北部内部填充及南部外延式扩展为主
		2009～2013	以外延式+跳跃式扩展为主	主要向南部、西南部扩展
		2013～2017	以用地更新+外延式扩展为主	以中部区域用地更新及南部扩展为主
	石嘴山大武口区	2003～2005	以外延式扩展为主	主要向西部扩展
		2005～2009	以外延式+跳跃式扩展为主	主要向西南部、南部、东南部扩展
		2009～2013	以用地更新+外延式扩展为主	以中部区域用地更新及向西南、东南部外延式扩展为主
		2013～2017	以内部填充式扩展为主	以西南区域填充式扩展为主
	中卫	2009～2014	以外延式扩展为主	主要向东部、西部扩展
		2014～2018	以外延式扩展为主	主要向东部、西部扩展
	固原	2000～2005	以外延式扩展为主	主要向西部、南部、北部扩展
		2005～2010	以外延式+跳跃式扩展为主	主要向西北、西南方向扩展
		2010～2015	以外延式扩展为主	向西南方向大面积扩展，部分向北部扩展
		2015～2018	以外延式扩展为主	向北部、西部、西南部和东部小范围扩展
新疆	石河子	2007～2009	以内部填充+外延式扩展为主	以东南部及西北部内部填充及向北部外延式扩展为主
		2009～2011	以内部填充+跳跃式扩展为主	主要向北部扩展
		2011～2013	以内部填充式扩展为主	以北部、南部及东部区域的内部填充式扩展为主
		2013～2017	以外延式扩展为主	主要向北部、南部扩展
	昌吉	2006～2009	以外延式扩展为主	主要向东南部扩展
		2009～2013	以外延式+跳跃式扩展为主	主要向西部、东部扩展
		2013～2017	以外延式扩展为主	主要向东部、西部扩展
	乌苏	2004～2007	以外延式扩展为主	主要向东北部扩展
		2007～2012	以外延式+内部填充扩展为主	以中部区域内部填充及东部外延式扩展为主
		2012～2016	以跳跃式+内部填充扩展为主	以中部及东部区域内部填充、南部跳跃式扩展为主

（1）以外延式为主的多种模式交替扩展方式。通过案例城市不同时期空间扩展实体边界的叠合分析，发现案例城市空间扩展并非完全呈现圈层式特征。不同于特大城市空间扩展过程，呈现集中连片式、轴向扩展、独立发展模式三种典型的扩展形式相互交错的特点（吴铮争等，2008）。中小城市研究案例表明，零散扩

展、填充式扩展和连片扩展是案例城市研究期主要的扩展方式，各时期既有单一扩展方式，也有复合扩展方式。填充式扩展多发生在老城区和早先跳出发展的组团区域和城市；连片扩展多发生在没有自然条件制约的区域或跨越制约形成新组团的区域和城市。多种扩展模式交替是案例城市表现出的最大特征。中心城区在各时期主要扩展方式和扩展区位也不尽相同。扩展方式主要分外延式扩展和外延式+跳跃式扩展两种类型。以外延式扩展为主，跳跃式扩展发生在各种规模等级的城市。不同城市呈现不同的特征：21 世纪以来，有的城市以外延式+跳跃式扩展为主，如格尔木市等；有的城市如商洛市、汉中市，呈现以外延式为主的特征；还有的城市阶段性特征明显，如武威市 2003～2009 年和 2015～2017 年、白银市 2014～2018 年都以外延式扩展为主，德令哈市、乌苏市等呈现阶段性的内涵式发展特点。

（2）多向性的扩展。不同时期扩展方向变动性较大，城市扩展的多向性特征明显。例如，乌苏市 2007～2012 年向东部以外延式+内部填充扩展为主，2012～2016 年以中部及东部区域内部填充、南部跳跃式扩展为主；商洛市 2006～2010 年及 2010～2013 年主要向西部、西南部外延式扩展，2013～2015 年主要向东南部跳跃式扩展，2015～2018 年主要向西部、东南部外延式扩展；汉中市 2005～2010 年主要是在现状的基础上向外围扩展，以南部、北部为主，2010～2013 年主要向东南、西两个方向扩展，2013～2017 年也主要是在现状基础上向外围扩展，以北部为主；昌吉市边界区域以外延式扩展为主，2006～2009 年主要是在现状的基础上向东南部扩展，2009～2013 年主要是向东、西两个方向扩展，2013～2017 年主要在现状基础上向外围扩展，以东部、西部为主。外延式扩展表现出多向性的边界区域变化。

3.1.3 阶段稳定性扩展区位特征

西北地区城市在多向扩展的大背景下，也会表现出某几个阶段持续向一个方向扩展的特征，呈现阶段的稳定性。例如，宝鸡市持续向北部和南部扩展，延安市持续向北部扩展，榆林市持续向南部和西南部扩展，格尔木市持续向东南部扩展，白银市持续向西南部扩展，昌吉市持续向东部扩展，张掖市持续向西部扩展等。同时，边界区域空间要素有着基因传承的演变特征。案例城市规划政策引导对城市空间扩展方式和强度的影响显著，产业发展、人口聚集顺应产业演替规律或顺应服务半径覆盖规律，具有由核心区向外的传承性（陈晓键等，2017）。以德令哈市为例，从 2003～2017 年德令哈市中心城区空间扩展相关指标来看，2003～2014 年都以较高的扩展速度迅速增长，2014 年之后速度放慢（表 3.1）。从重心变化来看，其主要向南部移动，2003～2010 年向东南方向扩展（表 3.2）。南部占地面积较大的工业园区在拉动建设用地扩张中起到很大的作用。从格尔木市城市空间扩展的各项特征来看，研究期各阶段城市用地都向东南方向扩展，主要分布于东南部的工业用地建设也起到很大的拉动作用。

3.1.4　多元要素影响的建设用地边界变量特征

（1）非完全圈层式多方式交替的城市空间扩展影响扩展规模。西北地区调研的案例城市不同程度上存在实体扩展边界突破规划期末建设用地边界的情况。将城市上一轮已完成的总规中的中心城区建设用地边界与调研时的边界进行比对，发现许多城市出现中心城区扩展边界超出同时段（近期或远期）规划建设用地边界的现象。研究发现，连片扩展地域更易产生连续性扩展，使得新扩展区域易超出规划建设用地边界，但也有一些城市受一些因素影响，超出规划建设用地边界的地域位于非主要扩展区域。研究还揭示，城市实体边界区域在优势区位逐层推进现象明显，而在非优势区位呈现出小规模或零推进。由此可以判断，当优势区域呈现连片扩展方式时，城市实体边界大规模推进，且超出控制界限的可能性增强；当处于非优势区域填充式扩展时，城市实体边界大规模推进，且超出控制界限的可能性大大降低（陈晓键等，2017）。

（2）实体边界区域外围继续扩展与否影响扩展用地构成变化。案例城市实体边界区域用地构成表现出较强的工业化阶段城市发展的特征。对比各期实体边界区域发展现状可反映出：当某一时期扩展边界的外围存在下一个时期新的扩展用地时，上一时期扩展边界区域就逐渐演化为城市核心区，用地构成发生变化；当某一时期扩展边界的外围没有下一个时期新的扩展用地时，上一时期边界区域的边界特征继续保持。另外，在实体边界区域变化过程中，存在城边村变为城中村的情况（陈晓键等，2017）。例如，渭南市 2002～2008 年和 2008～2011 年两个时期的实体边界区域，以及华阴市 2006～2011 年实体边界区域，三类居住用地占总增长用地的比例达到了 20%。

（3）城区空间扩展方式影响扩展边界形态。空间扩展方式不同，边界区域扩展形态、与核心区的关系等也随之发生变化。中心城区空间多方向上的外延零散状扩展使得边界扩展的趋向性多变。内部填充式扩展在用地形态得到整合的同时，边界线形也得到局部调整，边界趋向规整；空间连片扩展方式使得空间扩展方向明晰，扩展易形成一定规模，边界扩展的方向和强度在这一区域有较为明显的变化；跳跃式扩展生成新组团，边界随之形成新的围合区域，原边界整体连续性被打破。不同时期城区用地边界线之间的实体地域变化量，随着城区空间扩展方式和扩展区位的变化而发生相应的变化。

3.2 建设用地边界区域演化形态特征

中心城区建设用地在不断扩展中形成的轮廓线，是城市形态的一个基础。西北地区城市中心城区空间扩展边界复杂曲折，符合分形特征，且呈现用地破碎、犬牙交错等特征。

3.2.1 分形的边界特征

城市空间形态分形维数能较好地反映城市建设用地边界作为分形线的复杂曲折程度、用地破碎程度及城市内部空隙（毛蒋兴等，2008）。分形维数越大，城市轮廓边界线不规则的复杂程度越大，城市内部存在空隙越多；相反，分形维数越小，城市轮廓边界线不规则的复杂程度越小，城市内部空隙相对较少（余瑞林等，2007）。西北地区城市分形维数与紧凑度的变化均呈现波动扩展的态势，整体来看，边界经历了由复杂到规整再到复杂的过程，变化幅度相对较大。边界复杂程度增大、减弱的情况均有发生。

西北地区典型中小城市的紧凑度及分形维数见表3.3。通过对西北地区城市中心城区分形维数变化情况的研究发现，西北地区中小城市在2011年后，空间形态的分形维数多呈上升的趋势，反映出城市边界区域变化较大，城区边缘复杂性增大。城市间分形维数也存在差异。榆林市、延安市等中心城区的分形维数较高，说明中心城区边缘日趋复杂，不规则程度高；格尔木市、中卫市、固原市等城市中心城区的分形维数较低，说明空隙得到逐步填充，整个边界较为规整，空间的破碎程度较小。

表3.3 西北地区典型中小城市的紧凑度及分形维数

省（自治区）	城市（城区）	年份	紧凑度	分形维数
陕西	宝鸡	2000	0.17	1.18
		2007	0.15	1.19
		2009	0.15	1.19
		2015	0.13	1.20
		2018	0.13	1.20
	延安	2005	0.07	1.31
		2009	0.06	1.31
		2012	0.06	1.31
		2014	0.06	1.31
		2017	0.06	1.30

续表

省（自治区）	城市（城区）	年份	紧凑度	分形维数
陕西	榆林	1988	0.22	1.17
		1994	0.21	1.17
		2006	0.39	1.19
		2013	0.20	1.24
		2017	0.08	1.26
	商洛	2006	0.23	1.17
		2010	0.21	1.18
		2013	0.20	1.19
		2015	0.15	1.22
		2018	0.15	1.22
	汉中	2001	0.20	1.16
		2005	0.19	1.16
		2010	0.16	1.15
		2013	0.19	1.16
		2017	0.21	1.17
青海	德令哈	2003	0.28	1.14
		2006	0.24	1.16
		2010	0.22	1.17
		2014	0.19	1.18
		2017	0.19	1.18
	格尔木	2003	0.25	1.15
		2006	0.25	1.15
		2010	0.22	1.16
		2013	0.21	1.17
		2017	0.20	1.17
	海东乐都区	2007	0.17	1.21
		2011	0.16	1.21
		2015	0.12	1.24
		2017	0.13	1.24
	海东平安区	2005	0.26	1.16
		2010	0.22	1.18
		2015	0.20	1.18
		2017	0.20	1.18
甘肃	白银	2006	0.25	1.15
		2010	0.26	1.13
		2014	0.22	1.11
		2016	0.25	1.14

续表

省（自治区）	城市（城区）	年份	紧凑度	分形维数
甘肃	敦煌	2003	0.19	1.19
		2007	0.21	1.17
		2012	0.19	1.19
		2017	0.19	1.19
	嘉峪关	2004	0.44	1.11
		2009	0.43	1.10
		2014	0.35	1.10
		2018	0.25	1.14
	金昌	2004	0.34	1.11
		2009	0.27	1.14
		2014	0.26	1.14
		2016	0.25	1.14
	酒泉	2004	0.24	1.15
		2009	0.23	1.15
		2014	0.22	1.16
		2016	0.21	1.16
	张掖	2004	0.21	1.17
		2009	0.22	1.16
		2012	0.21	1.16
		2014	0.19	1.18
		2018	0.18	1.18
	平凉	2000	0.22	1.15
		2006	0.20	1.17
		2009	0.24	1.14
		2013	0.25	1.14
		2018	0.25	1.14
	武威	2003	0.09	1.26
		2009	0.10	1.25
		2015	0.09	1.25
		2017	0.09	1.24
宁夏	石嘴山惠农区	2003	0.11	1.25
		2005	0.11	1.24
		2009	0.11	1.23
		2013	0.12	1.23
		2017	0.12	1.22
	石嘴山大武口区	2003	0.18	1.19
		2005	0.20	1.18
		2009	0.19	1.18
		2013	0.18	1.18
		2017	0.18	1.18

续表

省（自治区）	城市（城区）	年份	紧凑度	分形维数
宁夏	中卫	2009	0.38	1.11
		2014	0.32	1.12
		2018	0.32	1.12
	固原	2000	0.43	1.09
		2005	0.34	1.11
		2010	0.40	1.09
		2015	0.39	1.09
		2018	0.39	1.09
新疆	石河子	2007	0.16	1.19
		2009	0.15	1.20
		2011	0.15	1.20
		2013	0.16	1.19
		2017	0.16	1.18
	昌吉	2006	0.23	1.15
		2009	0.25	1.14
		2013	0.25	1.14
		2017	0.25	1.14
	乌苏	2004	0.25	1.15
		2007	0.24	1.15
		2012	0.23	1.15
		2016	0.21	1.17

注：紧凑度越大表示越紧凑，反之越不紧凑；分形维数越大表示边界的复杂程度越大。受数据源和边界绘制精度的影响，表中相关指标结果与既有研究成果可能略有差异。

城市紧凑度是城市空间扩展的表征，城市蔓延的同时，内部及城市边缘填充，实现了周期性的紧凑度回升。西北地区在研究期除少数城市持续增强外，紧凑度多呈现持续减弱现象。

紧凑度的大小与边界复杂程度的增减并非均呈现一致性，而是呈现多样的组合关系。一些城市紧凑度逐渐变小或基本维持不变，复杂程度变小，分形维数逐渐降低，如武威市等；一些城市紧凑度越来越小，分形维数有一定程度增大，复杂程度增大，如格尔木市、宝鸡市等；一些城市紧凑度有一定增加，分形维数越来越小，即城市紧凑程度逐渐增加，边界的复杂程度逐渐降低，如石嘴山惠农区；一些城市的紧凑度基本呈现增加态势，边界的复杂程度先升高后降低，如平凉市；一些城市的紧凑度基本维持不变，边界的复杂程度先升高后降低，如石河子市等；21 世纪以来一些城市的紧凑度逐渐降低，边界的复杂程度变动较大，如榆林市（表 3.3）。

3.2.2　线形的边界特征

据调研，西北地区中小城市中心城区的边界既存在较为规整的边界线，又存在一些不甚规整的犬牙交错的边界线。这种犬牙交错的边界线形多发生在新增用地与城边村，以及建立在集体土地基础之上的以村镇为主导布局分散的工业用地相连接区域，这种连接引发城边村和中心城区新增用地之间频繁的物质和能量渗透，这些区域更多表现出一种无机对接，呈现不协调的现状，同时这种紧密对接无形中拉大了中心城区的空间扩展边界，边界处的空间形态变得犬牙交错。在这些边界犬牙交错的地区，农村居民和城区居民、流动人口和常住人口交织，不同人口类型的不同需求矛盾在这些区域表现得更加突出（表 3.4）。

表 3.4　西北地区典型城市中心城区边界演变

省（自治区）	城市（城区）	中心城区边界演变			
陕西	宝鸡	2000 年	2007 年	2015 年	2018 年
	延安	2005 年	2009 年	2014 年	2017 年
	榆林	1994 年	2006 年	2013 年	2017 年
	商洛	2006 年	2010 年	2015 年	2018 年
	汉中	2001 年	2005 年	2010 年	2017 年

续表

省（自 治区）	城市 （城区）	中心城区边界演变			
青海	德令哈	2003 年	2006 年	2014 年	2017 年
	格尔木	2003 年	2006 年	2010 年	2017 年
	海东乐都区	2007 年	2011 年	2015 年	2017 年
	海东平安区	2005 年	2010 年	2015 年	2017 年
甘肃	白银	2006 年	2010 年	2014 年	2016 年
	敦煌	2003 年	2007 年	2012 年	2017 年
	嘉峪关	2004 年	2009 年	2014 年	2018 年
	金昌	2004 年	2009 年	2014 年	2016 年
	酒泉	2004 年	2009 年	2014 年	2016 年

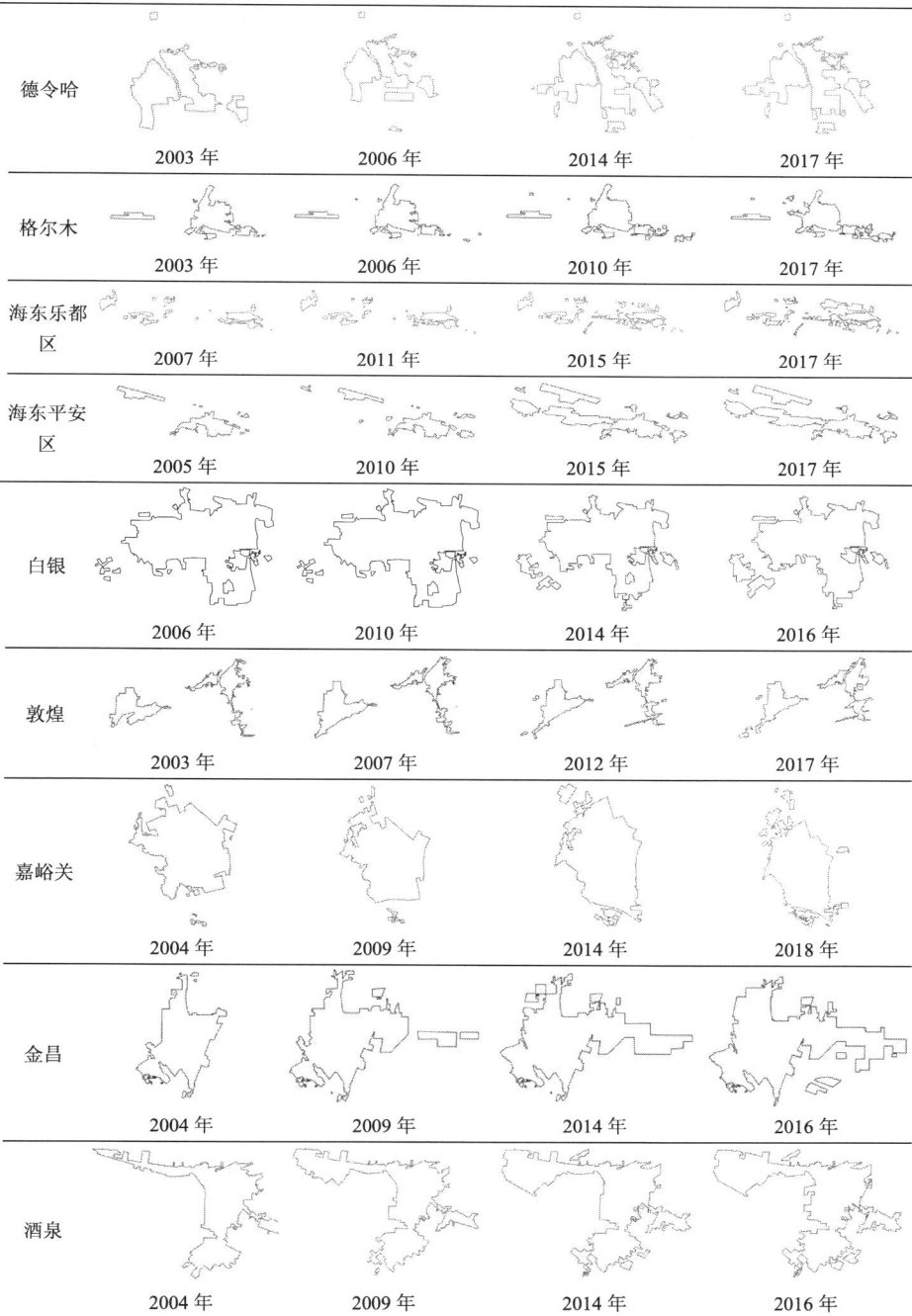

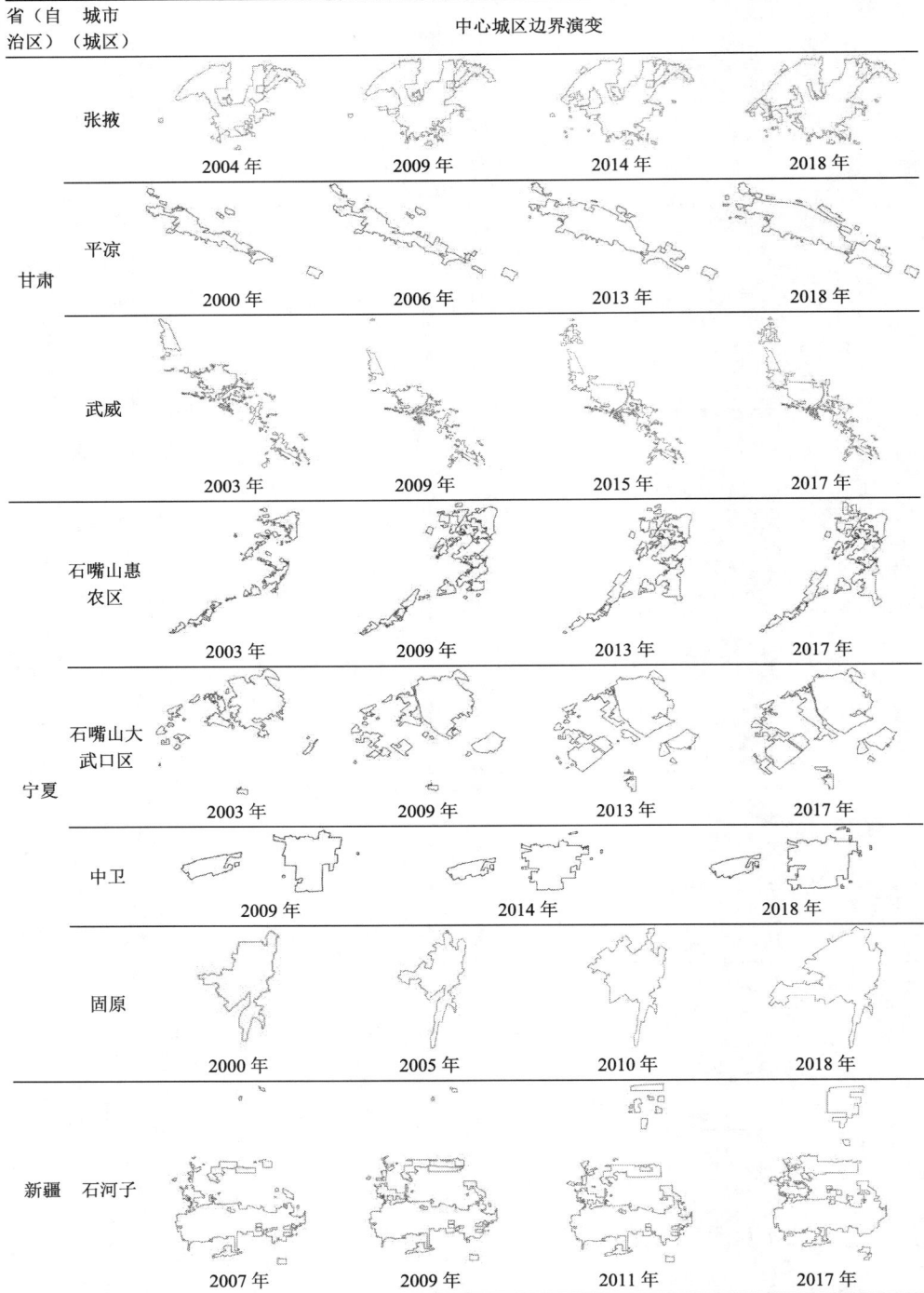

省（自治区）	城市（城区）	中心城区边界演变			
甘肃	张掖	2004 年	2009 年	2014 年	2018 年
	平凉	2000 年	2006 年	2013 年	2018 年
	武威	2003 年	2009 年	2015 年	2017 年
宁夏	石嘴山惠农区	2003 年	2009 年	2013 年	2017 年
	石嘴山大武口区	2003 年	2009 年	2013 年	2017 年
	中卫	2009 年	2014 年	2018 年	
	固原	2000 年	2005 年	2010 年	2018 年
新疆	石河子	2007 年	2009 年	2011 年	2017 年

续表

省（自 治区）	城市 （城区）	中心城区边界演变			
新疆	昌吉	2006 年	2009 年	2013 年	2017 年
	乌苏	2004 年	2007 年	2012 年	2016 年

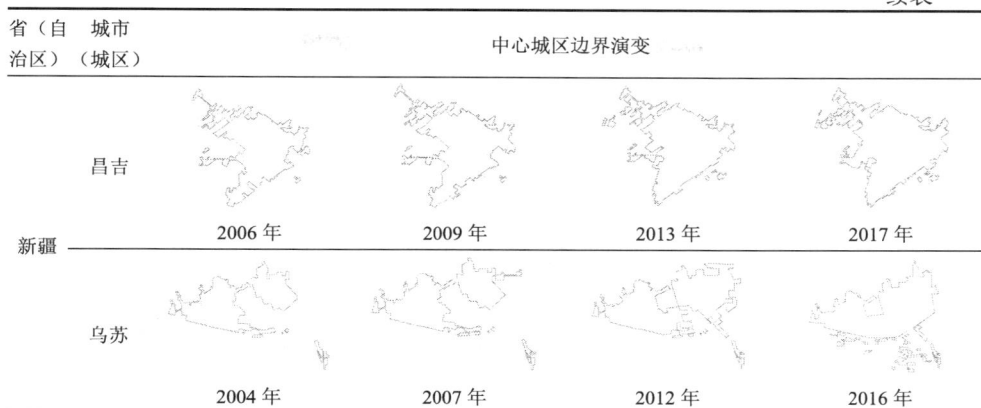

3.3　建设用地边界区域演化产业特征

城市边界区域产业特征与城市职能类型息息相关，城市职能规模和企业数量的扩大引发了不同类型用地数量的变化，从而使得城市功能扩展和结构变化，拉大整个中心城区的框架。

3.3.1　相似度高的产业类型特征

西北地区城市中心城区空间扩展各时期边界区域的产业发展以机械、建材、化工、金属冶炼等第二产业和商贸、物流、房地产等第三产业为主，产业发展类型的相似度高。从单一城市纵向发展看，不同阶段边界区域产业有所调整，产业类型有从较单一工业类型逐步向多元化方向发展的态势（表 3.5）。单一城市不同阶段产业发展类型既表现出延续性，又呈现出结构演替的特征。从产业的空间分布来看，第二产业向园区集中的特征明显，园区增长成为推动空间扩展的主要力量之一。以宝鸡市为例，2015 年建设用地范围内形成了福临堡工业区（以特种车辆制造、机械和加工制造等产业为主）、渭滨工业区（以石油机械设备、数控机床及工具、特种车辆制造等产业为主）、高新技术开发区（以电子信息及机电一体化、食品与生物制药、新型材料加工、精细设备制造等高新技术产业为主）及陈仓工业区（重点发展装备制造、机械加工等产业，东部科技园区位重点发展电子仪器制造、食品加工等产业）等几大工业园区；在 2015 年之前的一段时间，宝鸡市建设用地扩展量较大。总体上讲，边界区域的产业类型特征与西北地区所处的工业化发展阶段相吻合。

表3.5　西北地区典型中小城市边界区域产业类型

省（自治区）	城市（城区）	年份	第二产业	第三产业
陕西	宝鸡	2000～2007	石油机械制造、金属制造、塑料制造	物流、商贸
		2007～2009	金属加工、装备制造	商业
		2009～2015	加工制造、食品与生物制药、新型材料加工、电子仪器制造	物流、商贸、房地产
		2015～2018	电子仪器制造、装备制造、新型材料加工	商业
	延安	2005～2009	装备制造、建材业等	房地产、影视城、批发市场、教育设施、公园
		2009～2012	建材业	物流、汽修、商业、房地产
		2012～2014	建材业	物流、房地产、商业
		2014～2017	建材业	房地产、旅游等
	榆林	1988～1994	毛纺厂、服装加工等轻工业	商业
		1994～2006	装备、煤化工等	房地产、商业
		2006～2013	煤化工、煤电、装备制造等	房地产、商业
		2013～2017	能源化工、新能源、装备制造等	商务办公、金融、商业、房地产
	商洛	2006～2010	制药、造纸、化工等	房地产、商业
		2010～2013		房地产
		2013～2015	建材业、新能源汽车生产、新材料等	房地产、仓储物流
		2015～2018	建材、塑胶等	房地产等
	汉中	2001～2005	化工、金属冶炼、建材加工	商业、医疗、仓储物流、房地产
		2005～2010	烟草、非金属矿物制品业、食品加工、农副产品加工、医药制造、建材业、精密机械制造	房地产、商业、仓储物流
		2010～2013	化学原料和化学制品制造业、非金属矿物制品业、医药制造	房地产、商业、仓储物流
		2013～2017	玻璃制造、金属制品加工	房地产、商贸
青海	德令哈	2003～2006	金属冶炼、化工	房地产、居民服务
		2006～2010	制碱化工、金属冶炼、塑料制造	房地产、商业
		2010～2014	金属制品加工、建材制造、金属冶炼	房地产、批发零售
		2014～2017	能源化工、电气机械制造	房地产、商业
	格尔木	2003～2006	建材加工	房地产、商业
		2006～2010	建材、化工	房地产、物流、商业
		2010～2013	化工业、建材加工、能源工业	物流、房地产、商业
		2013～2017	化工业、建材加工、镁金属加工业	汽车销售、商业

续表

省（自治区）	城市（城区）	年份	第二产业	第三产业
青海	海东乐都区	2007～2011	无明显第二产业	房地产、商业
		2011～2015	玻璃制造、金属冶炼、非金属制品加工	房地产、商业，仓储物流
		2015～2017	机械制造	房地产、商业
	海东平安区	2005～2010	木材加工、金属冶炼以及化工业	房地产、仓储物流、商业
		2010～2015	农副产品加工业、能源化工、金属冶炼、水泥加工	房地产、商业、商务办公
		2015～2017	水泥加工	商业
甘肃	白银	2006～2010	玻璃、机械制造、化学试剂、碱业、化肥、机械制造、生物科技	房地产、商业
		2010～2014	医药制造、食品加工、化学试剂、塑料加工、电机制造、电缆制造	房地产、商业
		2014～2018	食品制造	房地产、商业
	敦煌	2003～2007	建材业	房地产、商业餐饮业、旅游业
		2007～2012	轻化工业、建材业	房地产、创意产业、商业、旅游业、商务服务业
		2012～2017	新能源开发	房地产、商业、旅游业
	嘉峪关	2004～2009	金属冶炼、新材料、机械制造	物流业、房地产、商业
		2009～2014	铁合金冶炼、金属制造业、新材料、非金属矿物制品业、食品制造业	房地产、商业
		2014～2018	有色金属压延加工业、机械制造业、建材业、酒制造业	汽修、物流业、房地产、商业
	金昌	2004～2009	化工业、建材业、制药业、食品加工业、新材料	物流业、房地产、商业
		2009～2014	电子设备制造业	房地产、物流业、商业
		2014～2016	再生资源产业、化工业、新能源、电子设备制造业	物流业、房地产、商业
	酒泉	2004～2009	建材业	房地产、物流业、商业
		2009～2014	新能源、新材料、机械制造、酒制造业	物流业、房地产、汽修、商业
		2014～2018	橡胶制品、食品加工、新材料、酒制造业、新能源、建材业	物流业、汽修、房地产、商业
	张掖	2004～2009	酒制造业、食品制造、机械加工、生物科技、木材批发、汽修	商业、房地产、建材商贸
		2009～2012	木业加工、面业加工、汽修	商贸、房地产
		2012～2014	木业加工、面业加工	农副产品批发、商贸
		2014～2018	木材加工、汽车制造	商贸

续表

省（自治区）	城市（城区）	年份	第二产业	第三产业
甘肃	平凉	2000~2006	无明显第二产业	商业
		2006~2009	制药业、建材业、食品加工业、制造业	汽车销售、房地产、物流业、商业
		2009~2015	器械制造业、建材业、化工制造业、食品加工业	汽车销售、房地产、物流业、商业
		2015~2017	车辆改装	石油仓储、商业
	武威	2003~2009	无明显第二产业	房地产、商业
		2009~2015	啤酒制造、轻化工业、建材业	房地产、物流业、汽贸、商业
		2015~2017	新能源开发	物流业、房地产、商业
宁夏	石嘴山惠农区	2003~2005	非金属冶炼、煤化工、机械制造、化学原料制造、金属冶炼	房地产、仓储物流
		2005~2009	金属冶炼、建材加工、煤化工、金属制品加工	商业、房地产、交通运输、物流
		2009~2013	金属冶炼、煤化工、新能源	房地产、物流、商业
		2013~2017	金属冶炼、新能源	商业
	石嘴山大武口区	2003~2005	非金属冶炼	房地产、交通运输、商业
		2005~2009	金属冶炼、机械制造	房地产、商业
		2009~2013	金属冶炼、机械制造、纺织业、新能源	房地产、商业
		2013~2017	塑料制造业、非金属矿物制品、饮料加工、纺织业	房地产、商业
	中卫	2009~2014	建材加工	房地产
		2014~2018	生物制品、食品制造	房地产
	固原	2000~2005	金属冶炼、机械制造、医药制造、采矿	房地产、商业、住宿餐饮
		2005~2010	食品制造业、纺织业、纸制品业、金属冶炼、建筑业、建材	房地产、物流仓储
		2010~2015	食品制造业、金属制品加工、建材	房地产、物流仓储、批发零售
		2015~2018	建材加工	房地产、批发零售、交通运输
新疆	石河子	2007~2009	纺织印染、食品加工、化工业	房地产、物流
		2009~2011	食品制造、化工及塑料制造	物流、商业
		2011~2013	化工、农副产品制造、酒制造业	房地产、商务办公、商业
		2013~2017	农副产品加工	房地产、商业、批发零售、商务办公、物流仓储
	昌吉	2006~2009	煤化工、饲料加工	房地产、商业
		2009~2013	电器、制药、金属加工、塑料制品、沙场、建材、钢构	房地产、商业
		2013~2017	机械制造、建材、金属加工制造	商务金融、商业、房地产
	乌苏	2004~2007	生物科技、纺织、建材、石化等	无明显新增第三产业
		2007~2012	化工、物流仓储、装备制造、农产品加工（棉花）	房地产
		2012~2016	物流仓储、金属制品、化工	房地产、商贸

3.3.2　职能性强的产业用地特征

城市职能结构不同,城市边界区域产业用地特征也存在差异。西北地区城市从职能上分,可分为工矿型城市、旅游型城市和综合型城市等。工业城市随工业化阶段演替,建设用地类型和结构也发生变化。对西北地区中小城市而言,建设用地边界区域动态推进的主要决定因素是一定产业结构下的工业用地扩展,这种特征在工矿型城市中表现得尤为明显,综合型城市和旅游型城市建设用地边界区域的动态推进,除受工业用地布局拉动外,还呈现出人口增加、服务设施增加及完善的拉动作用。

工矿型城市中工业用地是城市扩展的主要用地类型,随西北地区中小城市经济总量不断增加,厂(园)城联动,用地呈现出持续、快速的扩展特征。20 世纪90 年代,宝鸡市边界区域工业空间呈现分散分布、相互独立的点状发展格局。2000年以来,宝鸡市经济增长速度不断加快,工业用地所需空间增多,布局上开始出现城郊工业飞地;逐渐地,飞地周边用地类型增多,工业片区与其相邻区域开始呈现边缘的彼此融合,形成新的"工业生长点";从城市整体上看,生长点发生明显的位置变迁。近年来,宝鸡市园区式发展逐渐成为建设用地边界区域产业的集聚模式。金昌市产业活动在空间上集聚,推动着城市在空间上向工业集聚区所在片区扩张。2004～2014 年,工矿型城市金昌市边界区域工业用地面积占扩展总用地面积的比例达到 35.33%,且工业用地扩展主要集中在金昌市新材料工业园区。居住用地扩展比例与河西走廊的旅游型城市敦煌市和综合型城市张掖市相比偏低,居住用地增长速度快于建设用地边界区域人口增长速度,且边界区域居住区配套公共服务设施建设相对滞后。

旅游型城市空间扩展与旅游产业发展的融合度高,且随着旅游产业发展力度加大,空间扩展规模和速度增大。调研显示,旅游型城市建设用地边界区域公共管理与公共服务设施用地、商业服务业设施用地比例较大,城市居住职能提升明显。例如,甘肃省敦煌市 2004～2014 年城市居住用地、公共管理与公共服务设施用地、商业服务业设施用地数量增长快,扩展用地中居住用地扩展比例达到44.02%,为旅游业服务的城市公共服务体系逐渐完善。敦煌市城市建设用地边界区域以文化旅游产业用地、房地产业用地为主,城市南部文化旅游区文化旅游、休闲度假、文化创意产业等伴随鸣沙山月牙泉景区快速发展。陕西省华阴市具有旅游城市的性质,边界区域的工业用地基本无外扩现象,产业发展主要转向以旅游业为主的第三产业,建设用地边界区域的文化产业发展逐渐增强。华阴市 2011～2014 年建设用地边界间二类居住用地扩展面积占总增长用地面积的比例,虽然从

2006～2011 年的 41%下降到 25%，但从整体来看，居住用地依然是影响华阴市中心城区建设用地边界区域规模的主要用地类型。

综合型城市为当地居民服务的功能明显，城市绿化与广场用地比例较大，工业用地占扩展总用地的比例明显低于其他城市，城市建设用地边界区域以房地产业、绿化与广场等用地为主。例如，甘肃省张掖市建设用地边界区域绿化与广场用地面积占扩展总用地面积比例明显高于河西走廊其他城市，达到24.30%。随着生态城市、国家湿地公园及滨河新区大型公园的建设，张掖市绿化与广场用地占比较大，城市为当地居民服务的功能明显。张掖市在发展过程中将东北部工业园区内的企业逐步搬迁到城郊的工业园区，对内部工业企业进行产业升级，保留以高新技术产业为代表的工业，工业用地面积占扩展总用地面积比例明显低于其他城市，仅为 4.54%。

案例城市的研究结果表明，工矿型城市经济联系带来产业空间上的集聚，进而推动城市在空间上向工业集聚区扩张。旅游型城市空间发展受旅游产业发展的影响大，旅游产业发展规模大小、速度快慢都在城市空间上有所体现。综合型城市随着城市发展，非基本活动部分日益加强，为当地居民服务的用地增加明显。

3.3.3　延续性及演替性并存的产业结构特征

边界区域产业类型的变化反映出城市产业结构的调整，呈现出延续性与演替性并存的特征。以陕西关中地区渭南市、铜川市、华阴市、韩城市和兴平市五个中小城市为例，五个城市中心城区在扩展的 2～3 个时期，边界处的产业类型和结构相似性较大，2002 年以来，以机械工业、化工工业和房地产开发为主。除华阴市外，医药、化工、机械、食品等工业是其他案例城市中心城区空间扩展各时期建设用地边界区域发展的主要工业类型。从单一城市纵向发展看，产业结构有所调整，在延续前一阶段产业发展的基础上，随着城市产业升级出现新的行业和企业。华阴市由于华山风景名胜区保护要求，产业结构不断调整，城区内第三产业占比不断提高，新扩用地内已无传统工业用地。渭南市、铜川市和兴平市的中心城区第二产业分布空间不断向外扩展。产业类型有从较单一工业类型逐步向医药制造、新能源和新材料生产、电子工业、装备制造业等多元化发展的态势。从第三产业发展看，案例城市最新的建设用地边界区域仓储物流用地增加，空间黏滞性较强的旅游、体育等用地也逐渐增多（图 3.1）（陈晓键等，2017）。

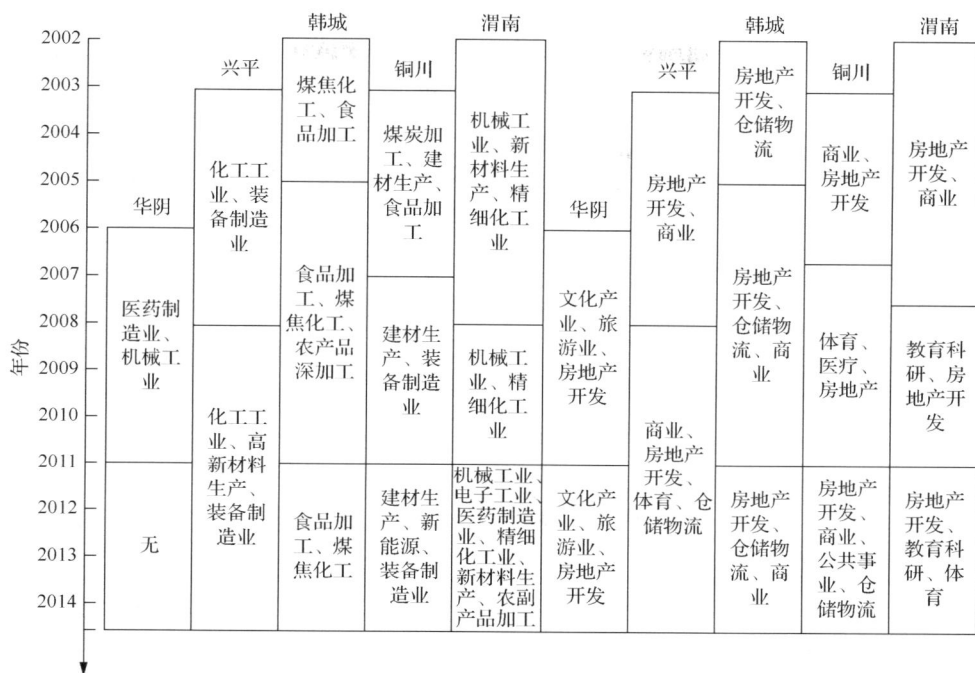

图 3.1　关中地区中小城市中心城区边界区域产业演变时间轴（陈晓键等，2017）

3.4　建设用地边界区域演化人口特征

总体上讲，西北地区中小城市建设用地边界区域人口密度较中心城区核心区要低。不同时期建设用地边界间新增建设用地的许多项目处于新建和在建状态，会产生建设期居住人口增长的滞后性，使建设期实际居住人口规模比理论值更低，且这种滞后性在建成一段时间内仍然存在。

3.4.1　从内到外逐渐递减的人口密度

西北地区中小城市市域人口流入的低强度及市区人口迁移的低速度，使得人口呈现从内到外逐渐递减的密度特征。调研城市中心城区建设用地边界区域的居住人口密度除局部表现出簇团式增长外，基本呈现出从内到外逐渐递减的特征。华阴市中心城区 2006～2011 年空间增长边界间人口密度已经达到约 7331 人/km²，是 2011～2014 年 4 月边界间人口密度的 2 倍。兴平市中心城区 2003～2008 年空间增长边界间新增建设用地上的人口密度约为 5537 人/km²，高于 2008～2014 年 4 月边界间的人口密度。渭南市中心城区 2008～2011 年和铜川市中心城区 2007～

2011 年边界间的人口密度有所增大，总体特征也是从中心城区的中心向外围逐渐减小。宝鸡市中心城区同样具有较强的人口集聚特征，呈现老城密度高、向外围逐渐递减的格局。榆林市青山路街道、新明楼街道人口密度一直相对较高，流动人口也相对较多。随着城市建设用地外扩，崇文路街道办管辖区逐渐成为常住人口与流动人口的高密度聚集区域，青山路街道人口密度有所降低，新明楼街道常住人口密度仍保持较高。总体上讲，建设用地边界区域新建住宅区常住人口与流动人口密度均相对较低。

　　建设期居住人口增长的滞后性进一步影响了边界区域人口的聚集。调研城市中心城区在外扩的过程中，由于种种原因，或是边界间新增建设用地的居住项目部分在建，还未竣工交房；或是一些保障性住房项目地处城区边缘，生活、交通及小孩上学均不便，入住率并不高；或是部分建成的商业住宅项目销售和入住情况不佳，该时段整体入住率不高，人口密度从中心城区的中心向外围逐渐递减的特征更加明显。金昌市中心城区 2004～2009 年空间扩展边界区域调研时人口密度为 6012 人/km^2，是 2009～2014 年边界区域人口密度的 3 倍，主要是因为 2009～2014 年在建的楼盘较多，还未竣工交房。张掖市中心城区 2004～2009 年空间扩展边界区域调研时人口密度为 5139 人/km^2，是 2009～2014 年边界区域人口密度的 2.5 倍，主要是因为 2009～2014 年西部滨河新区建设，在建楼盘较多，仅 2014 年在建的楼盘就超过 30 个，但已建的楼盘入住率相对较低，所以 2009～2014 年空间建设用地扩展边界区域调研时人口密度较低。也有例外情况，敦煌市中心城区 2004～2009 年建设用地扩展边界区域调研时人口密度为 6018 人/km^2，而 2009～2014 年空间扩展边界区域调研时人口密度为 8060 人/km^2。敦煌市中心城区 2004～2009 年建设用地扩展边界区域有大量拆迁安置房、公租房、廉租房等项目建设，调研时正在建设中并未入住，从而出现 2009～2014 年空间扩展边界区域调研时人口密度大于前一阶段的情况。

　　在中心城区不断向外扩展的过程中，建设用地边界区域的突进问题也时常存在。商品房、拆迁安置房及保障性住房同期建设，城中村及城边村无序并置等，形成了一个个功能空间无机联系的簇团，使得中心城区外围人口在不断增长的同时分布更显不均衡性，也使得人口密度在这些片区表现出局部的簇团式分布。

3.4.2　与住房供给不同步的人口增长

　　人口持续增长是支撑住房需求的重要因素之一，城镇化的效应也会拉动中小城市住房刚性需求。同全国其他地区一样，西北地区城市中心城区人口的增长对房屋需求的拉动效应，促使大量居住项目的建设，密集开发直接导致短时期内房屋供大于求，偏离了实际人口增长的需求。同时，人口增长与住房配套服务设施建设关系密切。据调研，配套服务设施滞后影响人口入住，而入住人口少又会反过来影响服务设施的配套。在城市建设用地边界区域，大量的楼盘已经建设或正在开发中，但小区的配套服务设施整体滞后于住宅开发，中小学等教育设施建设与小区开发不同步，医疗设施配套不足，缺乏综合型商业设施，多为沿街商业等。配套服务设施不足导致居民入住意愿不高，没有一定规模人口，使得服务设施的建设和运营受到影响，这也导致中心城区空间扩展边界在不断拉大的过程中位于不同时期建设用地边界间住房的入住率从内向外不断降低。

在增值潜力较大的区域密集开发，直接导致短时期内房屋供大于求；或由于增值潜力较小，区位优势相对薄弱的地区住房建设、配套设施不完善，房屋阶段性空置现象在调研城市普遍存在，反映出人口增长与住房供求的不同步。敦煌市中心城区 2004~2009 年建设用地扩展边界区域建设有大量拆迁安置房、公租房、廉租房等项目，入住率不高。张掖市中心城区 2004~2009 年建设用地扩展边界区域人口密度为 5139 人/km^2，是 2009~2014 年边界区域人口密度的 2.5倍，但张掖市建设用地边界区域的居住用地量增加。2009~2014 年，随着西部滨河新区的建设，在建楼盘不断增加，但边界区域人口增长较为缓慢，使得已建的楼盘入住率较低。

3.5　建设用地边界区域演化用地特征

西北地区城市新增用地多呈现规则的块状。21 世纪以来，中心城区建设用地边界区域新增的主要用地类型为工业用地和二类居住用地。许多城市工业用地扩展引发的中心城区建设用地边界区域扩展最为明显。

3.5.1　多规则块状的新增用地空间形态

工业用地、居住用地和公共服务设施用地是西北地区中小城市建设用地边界新增的主要用地类型，特别是工业用地增加明显，且多以园区形式呈现，如石河子市北部工业园区、格尔木市东南部园区、兴平市中心城区的装备产业园区、铜川市中心城区南部工业园区及韩城市中心城区北部的园区等。园区具有规模较大、位置相对固定的特点，使得城市建设用地边界区域用地扩展并没有随着经济发展的周期性波动呈现出加速期、减速期和稳定期的周期性特征，而是表现出持续强劲增长的态势，人口的变化呈现出空间不匹配现象（陈晓键等，2017）。

从地块规模尺度来看，新增用地多呈较规则块状的空间形态。中小城市中心城区各期建设用地边界间绝大多数新增用地的空间形态呈较规则的块状，新增用地初期通常呈现用地散落的块状，通过一定时间在一定范围内的块状用地积聚，逐渐连片增长，形成更大面积的团块状，特别是新区或工业园区用地的快速扩展，会引发建设用地边界处大面积用地片状凸起。在团块状用地不断积聚的过程中，地块与地块之间的土地利用类型和方式相互影响，建设用地边界处土地利用邻域效应从不明显到明显。从用地类型看，工业用地和居住用地的土地利用邻域效应最为明显。根据调研情况可知，西北地区中小城市产业集聚方式会对城市空间结构产生较大影响，进而形成不同的城市空间形态。单一用地性质的地块面积在空间上呈现分异，小地块主要在城市中心区生活片区集聚，大地块主要分布在工业园区。以河西走廊城市为例，除高等学校用地外，最大地块多为二类工业用地。酒钢集团厂区（嘉峪关市）和金川有色金属公司厂区（金昌市）空间整体连片。酒泉市大面积地块以城西酒泉工业园区西区和城南酒泉工业园区南区工业用地为主，与风电设备制造、种子加工和金属冶炼工业相关。张掖市除河西学院地块用地面积较大外，大面积地块在城市新扩展区域集聚，主要分布在城市西北方向的滨河新区；小面积地块在城市内城区域集聚，城市一环内为典型集聚区，最小地块多为零售商业用地和其他商务设施用地。初步估算，单一用地性质的地块平均面积在 $2.5 \sim 7.0 \mathrm{hm}^2$。

3.5.2　扩展规模不一的新增用地类型

空间扩展是城市功能扩展的体现，不同用地数量的变化体现城市职能的烙印。居住、工业、道路与交通设施用地是不同阶段建设用地边界区域的主要用地类型。不同类型城市建设用地边界区域各类用地增长规模存在差异，同一城市不同阶段用地类型和规模也存在差异。河西走廊城市敦煌市、金昌市、张掖市在持续扩展的背景下，不同发展阶段的中心城区边界区域各类用地扩展面积存在较大差异（图3.2）。

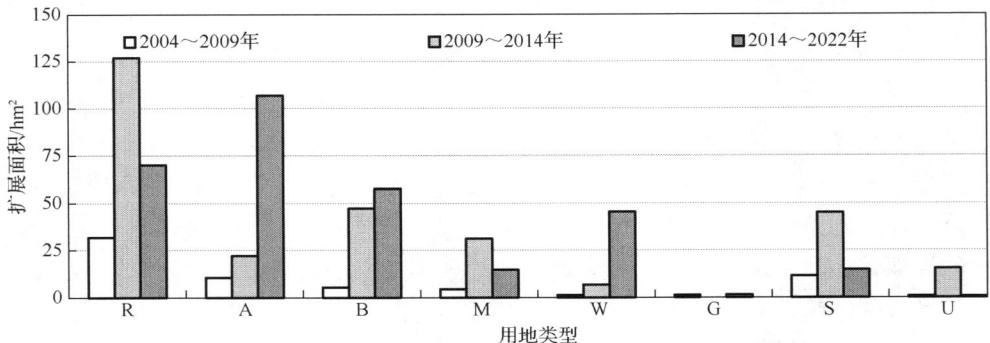

（a）敦煌市中心城区边界区域扩展用地变化分析图

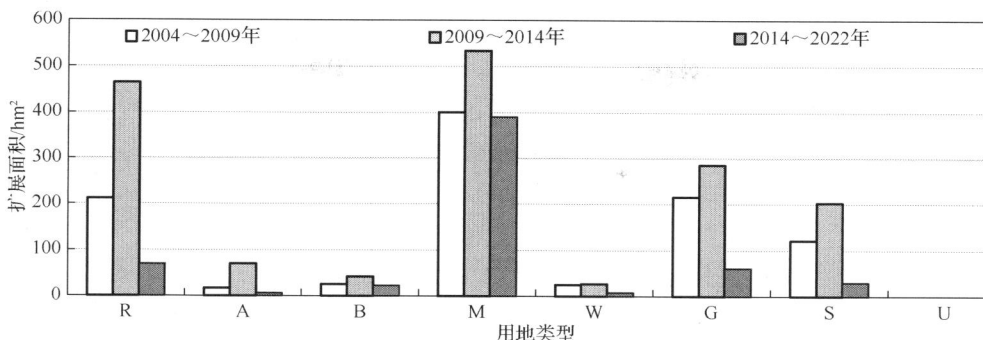

（b）金昌市中心城区边界区域扩展用地变化分析图

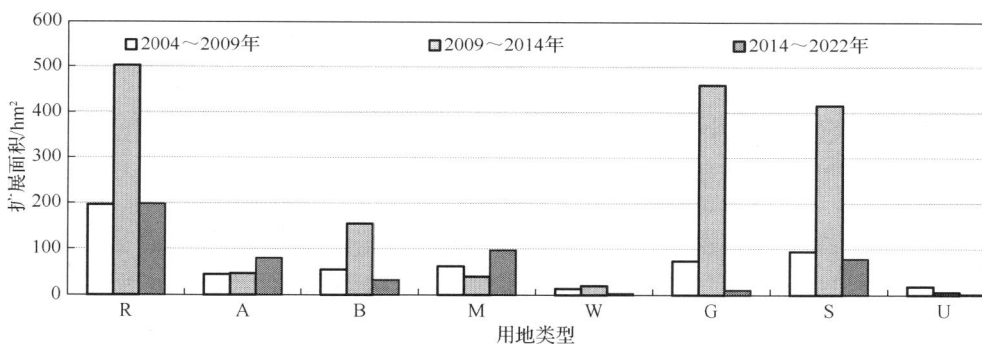

（c）张掖市中心城区边界区域扩展用地变化分析图

图 3.2　河西走廊城市中心城区边界区域扩展用地变化分析图

R-居住用地；A-公共管理与公共服务用地；B-商业服务业设施用地；M-工业用地；W-物流仓储用地；
G-绿地与广场用地；S-道路与交通设施用地；U-公共设施用地

　　陕西关中地区也呈现相似的特征。兴平市工业用地在建设用地边界区域的增长已经超过了其他所有用地增长的总和，2008～2014 年 4 月，边界间的工业用地占总增长用地的比例从 2003～2008 年的 53%上升到 71%。渭南市 2002～2008 年、2008～2011 年、2011～2014 年 4 月三个边界区域的新增工业用地分别占当期总增长用地的 38%、27%、53%，总体保持上升的趋势。韩城市中心城区二类居住用地扩展成为拉大建设用地边界的主要力量。铜川市工业用地和二类居住用地均对城市空间扩展起着主要作用。总体上讲，关中地区中小城市建设用地边界区域经历二类居住用地+公共服务设施用地→工业用地+二类居住用地→二类居住用地起主导作用的变化过程。同时，三类居住用地（自建住房）的扩展也或多或少对城市中心城区实体边界区域的变化产生一定影响。特别是渭南市 2002～2008 年和2008～2011 年两个时期的实体边界区域，华阴市 2006～2011 年实体边界区域，三类居住用地占总增长用地的比例达到了 20%。宝鸡市 2000～2009 年主要是工业用地增长，工业用地扩展占比很高，其次是居住用地；2009 年以后，工业用地增速下降较快。

陕北、陕南中小城市综合型中心城市的特征明显，居住用地占扩展用地的比例在多个时期相对较高。2000 年以后，延安市中心城区扩展中居住用地一直占比较高；2014 年以后，公共管理与公共服务设施用地、道路与交通设施用地占比相应增加。20 世纪 90 年代中后期以来，榆林市中心城区用地增长中居住用地一直占比较大，反映出地方中心城市吸引人口的特性；工业用地、道路与交通设施用地有所增长，但占比不到 20%。商洛市居住用地增长占比较大，占比大于 30%；2013 年以后工业用地占比增加，尤其是 2013～2015 年，占比超过 40%；道路与交通设施用地一直呈现小幅增长趋势。2000 年以后，汉中市居住用地一直占比较高，高于 45%，其他用地少量增长。

西北地区其他省份中小城市中心城区建设用地边界区域也呈现出一定的特征。①城市职能和性质与扩展的用地类型紧密相关。德令哈市中心城区边界扩展和用地变化、中心城区扩展用地以工业用地为主，占比呈现逐渐下降趋势，其他用地均少量增长。嘉峪关市中心城区边界扩展和用地变化、中心城区扩展用地以工业用地为主，其他用地如居住用地、道路与交通设施用地少量增长，且随时间演进，增幅有下降的趋势。②同一城市不同阶段用地类型发生变化。2010～2014 年，白银市中心城区边界扩展和用地变化、中心城区扩展用地以工业用地为主，其他时段居住用地、工业用地有所增长，但增幅不大。敦煌市中心城区边界扩展和用地变化、中心城区扩展用地中居住用地、商业服务业设施用地占比均较大，工业用地在 2007～2012 年占比有所增加，其他时间段和公共管理与公共服务用地、物流仓储用地、道路与交通设施用地一样，呈现少量的增加。③单一类型扩展用地的主导性较强。张掖市中心城区边界扩展和用地变化、中心城区扩展用地以居住用地为主，各阶段占比均超过 30%，其他用地有少量增加。平凉市中心城区边界扩展和用地变化、中心城区扩展用地以居住用地为主，多数时段占比超过 30%。武威市中心城区边界扩展和用地变化、中心城区扩展用地主要是工业用地，占比超过 30%，其次是居住用地，占比接近 20%。其他用地呈现少量增加。中卫市中心城区边界扩展和用地变化、中心城区扩展用地主要是居住用地，2010 年以来占比超过 40%。石河子市中心城区边界扩展和用地变化、中心城区扩展用地以工业用地为主，占比超过 50%，其他用地占比小幅增长。乌苏市近年来中心城区边界扩展和用地变化、中心城区扩展用地中各类用地相对均衡，2004～2012 年工业用地占比较大，随后有所下降。格尔木市中心城区边界扩展和用地变化、中心城区扩展用地中各时期工业用地和居住用地占比较大，占比均超过 30%，其他用地有少量增加。

3.6　建设用地边界区域演化活力特征

城市活力体现着城市旺盛的生命力。本节活力源指能间接或直接聚集人气、资金和文化活动的各类设施，使得城市在物质空间扩展的同时，精神空间也能得到丰富，从而使城市呈现出更旺盛的生命力。

3.6.1　类型多样的边界区域活力源

西北地区中小城市建设用地边界区域活力源类型多样。陕西关中地区华阴市2011 年建设用地边界处的活力源是高铁站及其站前广场，中部边界处是集超市、酒店、餐饮、百货等业态为一体的商业中心；2014 年，南部和西部分别是位于边界处的华山景区服务中心和集文化展示、旅游休闲、科普教育等功能于一体的城市文化公园。2011 年，兴平市建设用地边界处的活力源是以超市、餐饮为核心的商业中心；2014 年 4 月，建设用地边界处活力源是位于中心城区东北部的室内游泳馆。韩城市活力源类型以公园和体育场为主。渭南市活力源主要类型是商业综合体、公园、体育馆、行政中心、建材市场等。

总体上讲，西北地区中小城市中心城区活力源空间分布不均衡。将西北地区中小城市商业服务设施空间分布密度与不同阶段城市空间建设用地边界区域叠加分析可知，商业服务设施呈现由传统中心区向市郊密度递减的分布规律，新开发的城区相比成熟的旧城区，商业设施覆盖度较低、密度较小。甘肃河西走廊城市居民活动具有高强度单中心和多个片区中等活动中心的特征，高强度活动区域为传统城市中心（如钟鼓楼、主干道交叉口等），低强度活动区域为起步阶段的新城区和工业园区等区域；活力分布沿主要干道呈触角式延伸，并逐渐衰减。嘉峪关市在新华北路与新华南路、兰新东路与兰新西路一带呈现典型的高活动强度，在火车站和市政府一带呈现中等活动强度。酒泉市在四条大街交汇的酒泉钟鼓楼一带具有高强度活力集聚特征，相比酒泉新城区域，老城区活动强度较高。张掖市以钟鼓楼为核心的区域呈现高活动强度，并由四条大街向外延伸，火车站、甘州大道和金城路交汇处为中等活动强度集聚区。金昌市在天水路步行街呈现高活动强度，在各个片区的十字交叉路口区域呈现次级强度。武威市围绕城市步行街、东西大街一带呈现高活动强度，中心性明显。

3.6.2　差异明显的边界区域活力源效应

在城区建设用地边界向外扩展的同时，边界区域活力源效应呈现出不同的状态。城市实体边界区域的活力并非随城市空间扩展逐步提升，而是表现出小空间叠加，强老城区联系的活力源效应大于大空间尺度中分散的活力源效应（陈晓键等，2017）。华阴市位于 2014 年边界处的南部广场和位于 2011 年边界处集超市、酒店、餐饮、百货等业态为一体的商业中心，其活力大于位于 2011 年边界处的高铁站前广场。兴平市位于 2011 年边界处以超市、餐饮为核心的商业中心，由于位于连接老城区和装备工业园区的中心节点，区位优势明显，对中心城区的人气聚集能力强，而有较大扩展的南部和西部均没有设施能有效聚集人气。在调研中发现，越往城区西端，活力越低。韩城市位于 2002 年边界处的体育场和位于体育场东侧 2005 年边界处的公园起步较早，二者地块毗邻，活力效应较明显。2012 年，体育场进行了升级改建，活力效应得到进一步提升，调研时此处是中心城区在空间扩展阶段中集聚人气和文化效果较为显著的活力源片区。2012 年地处建设用地边界处的桢州公园开园以来，韩城市中心城区东部的活力得到了明显提升；2014 年边界处的留芳公园开园以来，整个片区增添了不少活力，活力效应逐步显现。

　　从田野调研结果分析，中小城市建设用地边界区域整体存在活力营造不足、活力不均衡的现象，同时也有活力效应显著的情况产生。建设用地边界区域活力空间与内城的活力空间缺乏联系，零散的活力空间不利于整个区域活力的提升。外围空间活力缺失，导致对人流的吸引力不足，对住房的入住率也造成不小的影响。案例中小城市中心城区在用地从块状增长向团块状增长再到连片增长不断向外扩展的过程中，实体边界区域形成了大量的功能较为单一的区域，或为住宅建设，或为工业园或高新区开发，或为商业购物中心。除商业购物中心外，这种大尺度空间区域往往缺乏活力。相比而言，小空间功能复合、与发展成熟区联系较为紧密的区域有较大活力。由此可见，开发尺度对活力的影响明显，要想保持城市和区域的活力，应对其扩展地域开发尺度有所控制和要求，以实现城市空间和活力共同增长的图景（陈晓键等，2017）。

3.6.3　与日常出行行为关联的活力空间

　　人的日常出行行为是促成活力空间不断发生与发展的本质力量，从活力空间最初的培育、生长再到萎缩的整个成长过程，可透视城市空间演变的全过程。活力空间得益于日益增强的乘数效应，进一步带动自身及其周边地区发展，以此推动城市空间的不断演变（赵蔚等，2013）。以酒嘉中心城区为例，在位于嘉峪关市和酒泉市老城之间的讨赖河新区未开发的 2010 年以前，嘉峪关市老城各大公园和酒泉市鼓楼商业中心是整个酒嘉中心城区居民日常休闲的主要活力空间；2010 年之后，讨赖河公园和明珠文化生态园建成，凭借优美的自然环境成功聚集人气，成为酒嘉中心城区的新生活力空间。随后，周边居住、学校、娱乐康体等建设纷纷跟进。2014 年底，讨赖河新区大型游乐园、龙王滩遗址公园、行政办公项目及较多高档住区竣工，人气越来越旺，已成为酒嘉两市居民日常休闲的"常去地"。与此同时，嘉峪关市老城的其他公园对酒泉市居民的吸引力下降，空间活力度随之降低。由此说明，当空间魅力与行为动机彼此契合时，日常出行行为流便开始在该空间累积，空间活力开始发酵，活力空间初步形成（陈雯等，2015）。随着时间的推移，该活力空间作为整个城市的一部分，成功嵌入城市整体空间结构中。

参 考 文 献

陈雯, 陈晓键, 2015. 酒泉—嘉峪关中心城区空间演变与居民日常出行行为关系研究[J]. 规划师, 31(11): 116-121.

陈晓键, 谭潇玟, 樊先祺, 2017. 中小城市空间扩展实体边界区域动态变化研究[J]. 西北大学学报(自然科学版), 47(2): 289-295.

毛蒋兴, 徐文丽, 2008. 南宁城市土地利用空间形态分形特征研究[J]. 规划师, 24(8): 78-83.

吴铮争, 宋金平, 王晓霞, 等, 2008. 北京城市边缘区城市化过程与空间扩展——以大兴区为例[J]. 地理研究, 27(2): 285-292.

余瑞林, 王新生, 孙艳玲, 等, 2007. 中国城市空间形态分形维及时空演变[J]. 地域研究与开发, 26(2): 43-47.

赵蔚, 赵民, 汪军, 等, 2013. 城市重点地区空间发展的规划实施评估[M]. 南京: 东南大学出版社.

第4章　西北地区城市建设用地边界区域演变的影响因素

4.1　宏观影响因素

城市边界区域扩展与城市建设用地演化特征密切相关,其形态、规模、速度、方向等,除受自然条件、社会、经济等因素影响外,还受规划政策、道路交通等多维因素综合作用的影响。

4.1.1　自然条件因素

自然条件是城市建设的基础,其作用力在城市特别是山地城市的发展过程中十分突出。西北地区总体干旱缺水,特别是受山体影响较大的城市,其形成与早期发展受自然地形和河流水体的影响十分显著,山麓、河谷地带成为西北山地城市的起源地。西北地区的地表结构为山地与盆地相间分布,许多城市在发展过程中受地形地貌的影响较大。有些城市如华阴市、石嘴山市、乌鲁木齐市等,受到周围山地的影响,城市的山水格局、城市边界、发展轴线等都与山地密切相关;有些城市如延安市、兰州市、西宁市、阿勒泰市,受周围山地或丘陵等地理环境的直接影响,城市空间沿河谷阶地或周围山体发展,整体空间形态呈 Y 形、V 形或 U 形等;有些城市建设避开了山体的影响,集中在山地区域中比较平坦的地区或缓坡地带上发展,大型的山体作为城市发展建设的关照要素出现,城市内部的小型山体多作为城市中的绿化空间使用,产生一定的绿化景观效果。

城市起空间承载、塑造作用的环境,对空间扩展方向、布局结构产生较大的影响,甚至成为扩展中的"门槛"。随着技术的进步,城市跨越自然门槛的能力日益强大,但自然环境仍是影响空间扩展的载体基础,建设用地边界区域演变仍然留有自然环境影响的痕迹,如平凉市(图 4.1)、宝鸡市(图 4.2)、商洛市、固原市等。地处陕南秦巴山地的商洛市外围被多个山体、高丘围合,最初的城市选址在丹江北岸、金凤山正南方的谷地,随着城市规模逐渐扩大,城市北面的金凤山、西北方向的松道山、东北方向的龙山限制了城市在丹江以北地区继续向北扩张。城市跨越丹江向西、向南增长,在经历了新一轮的增长过后,又面临着城市西面老虎岭、南面龟山的限制,城市在进一步的空间扩展过程中势必要跨越山体限制或寻求其他发展方向。固原市五山两河的城市自然格局,使得城市空间扩展具有明确的方向性和形态结构的复杂化。早期的古城建设分布在古雁岭和清水河之间,

20 世纪末扩展至清水河和东岳山之间，2000 年以后又扩展至古雁岭和秦长城遗址之间，城市空间呈"蛙跳式"生长（任晓娟等，2017）。

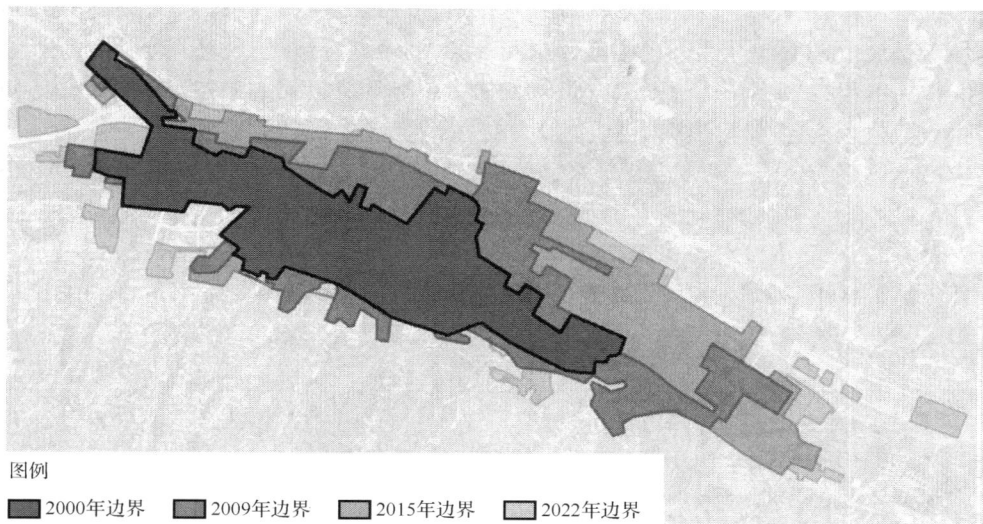

图例

■ 2000 年边界　■ 2009 年边界　■ 2015 年边界　□ 2022 年边界

图 4.1　平凉市不同时期扩展边界

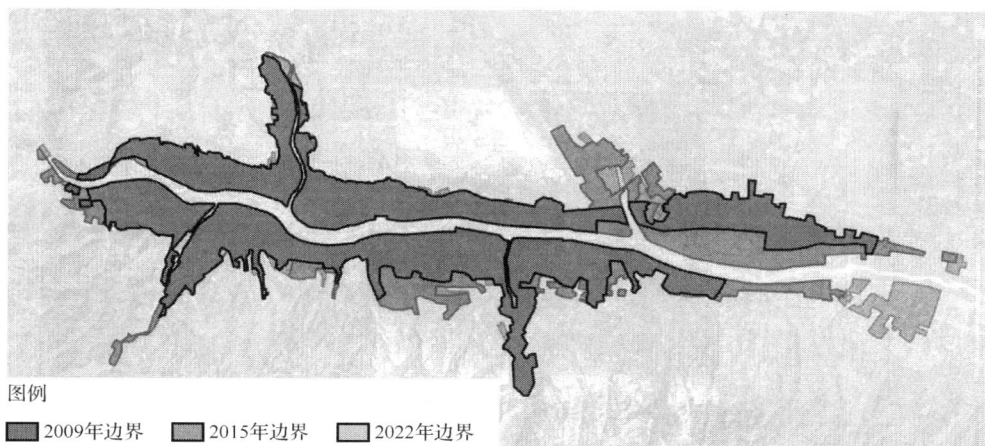

图例

■ 2009 年边界　■ 2015 年边界　□ 2022 年边界

图 4.2　宝鸡市不同时期扩展边界

　　除地形地貌的影响外，河流水系也对城市边界区域用地演变起着重要作用。近代以来，城市沿河流、山体向城区近旁较平坦的区域缓慢扩展，也有一些城市出现了城市建设跨河流发展的趋势。西北地区许多城市有河流穿城而过，河西走廊和天山北坡经济带上的城市多为绿洲型城市，城市更是随河流的变迁而出现兴衰更替。河西走廊的敦煌市中心城区位于党河冲积扇平原，地形开阔，地势平缓，城市主要沿穿城而过的党河向北扩展，地形地貌条件对城市空间扩展的阻碍相对较小。党河东岸更靠近城市中心，往北发展相对较快；近年来党河西岸也沿党河向北发展，依托党河优美的环境，主要以居住用地为主。张掖市中心城区范围内地势平坦，中心城区西部地区紧邻黑河，景观条件良好，自然环境条件对城市空间扩展的阻碍较小，腹地开阔平坦。张掖市充分利用黑河的自然环境条件，近年来重点建设西部滨河新区，黑河成为引导城市向西扩展的重要因素之一。新疆天山南北麓、昆仑山—阿尔金山北麓、伊犁谷地和额尔齐斯河流域分布有许多绿洲，绿洲中心分布有克拉玛依、石河子、奎屯、塔城、乌苏等绿洲城市（刘雅轩等，2011）。除绿洲型城市外，西北地区其他城市发展也与河流水系密切相关。陕西榆林市地处毛乌素沙漠南缘、黄土高原北端，地势东北高、中南低。从地貌单元上可分为西北部地形平缓的风沙滩地，东南部地形复杂、支离破碎的丘陵沟壑，中南部地势较平坦的河川区。河川区内发育有河漫滩和Ⅰ级、Ⅱ级河流阶地，阶地类型以堆积型为主。榆林市中心城区包含中部榆溪河两岸的Ⅰ级和Ⅱ级阶地、西北部和西南部的波状沙丘地带、东部的黄土高原沟壑地带，目前城市基本形成沿榆溪河带状发展形态。渭南市位于陕西省关中平原东部，属陕甘宁盆缘区，南北隆起，中部断陷，是典型的阶梯状地堑构造，南部为秦岭山区，山前为冲洪积扇裙和黄土台源，中部为渭河冲积平原，北部为黄土台塬和石质山区。市区位于市域的西南部，渭河的Ⅱ级、Ⅲ级阶地上，地势由南向北倾斜。受河流和地形的影响，城市现已形成依托渭河发展的格局。汉中市地处陕西省南部，地形南北高、中间低，北部是秦岭山脉，南部是巴山西段的米仓山，中抱汉中、西乡盆地，形成个性鲜明的三大自然景观区。汉中市是依汉江而兴的盆地城市，市区位于汉江高漫滩和Ⅰ级、Ⅱ级阶地上。由于汉江对汉中市区的阻隔作用，汉中市形成轴向组团发展格局。

4.1.2　社会发展因素

1. 城市人口

人口数量增长和空间迁移是城市空间扩展边界变化的直接动力之一。分析西北地区中小城市人口规模与建设用地规模发现，人口增长一定程度上拉动了建设用地的增长，也带动了建设用地边界区域的动态变化。

西北地区整体上城镇化进程相对滞后，除西安市、兰州市、乌鲁木齐市、银川市等省会城市外，其余城市人口规模相对较小。2010 年第六次人口普查以来，西北地区中心城市人口集聚速度逐步加快，人口变化在地区间和城市间呈现出较大差异。根据陕西省 2010 年第六次人口普查和 2020 年第七次人口普查数据计算可知，陕西省 10 年间有 28 个县（区）人口有所增加，人口增加的 28 个县（区）

中，只有 4 个为县（志丹县、吴起县、靖边县、定边县），2 个为县级市（子长市、神木市），其余 22 个为市辖区；有 79 个县（区）人口数量有所减少，人口减少的 79 个县（区）中，只有 8 个为市辖区（王益区、印台区、陈仓区、华州区、安塞区、南郑区、横山区、商州区），4 个为县级市（兴平市、彬州市、韩城市、华阴市），其余 67 个为县。总体呈现出驱大、驱就业和教育机会的人口流动特征，市辖区人口普遍增长而县人口普遍减少。从前面章节可知，同期西北地区各中小城市建设用地呈现较快速增长的局面。以陕西省榆林市为例，与 2010 年第六次人口普查相比，2020 年全市 12 个市（区、县）中，有 4 个市（区、县）常住人口增加，常住人口增加较多的市（区、县）依次是：中心城区所在地榆阳区，增加 33 万人；全国百强县（市）神木市，增加 11.6 万人；陕北能源化工基地重要组成部分的靖边县和定边县，分别增加 3 万人和 2 万人。榆林市中心城区是人口集聚的重点，随着人口向中心城区集聚，中心城区建设用地面积不断增加。

由于流动人口市民化程度相对较低，西北地区中小城市中心城区人口增长受流动人口流动的影响，呈现阶段性波动的特征。新疆维吾尔自治区的乌苏市城区人口多年来处于波动式增长变化中。从历年变化来看，乌苏市城区人口 2005 年之前变动较大，2006 年开始人口快速增加。根据 2008～2015 年城区人口统计情况，城区户籍人口数量多年来基本维持不变。城区的常住人口一直保持增长趋势，平均综合增长率超过 10%。常住人口的变化受到暂住时间较长的人口数量影响，2012 年、2015 年暂住人口增加的幅度较大，同期城区常住人口总量增加较多。随着西部大开发的深入实施，城市经济不断发展，农村剩余劳动力转移及区域间、城市间人口迁移，带来区域间人口的重构和一些中心城区人口的进一步集聚，一些城市随着人口的增长，城市建设用地的压力也加大，城市居民对居住用地、公共服务设施用地、交通用地等与居民生活密切相关的用地需求量急剧增加，引发建设用地边界区域的变动。与此同时，也会导致人口变动不大或人口逐步减少的城市中心城区建设用地边界区域出现空间失序及活力不足等问题。

对于西北地区各中小城市而言，随着建设用地边界区域住房的建设及公共服务设施的完善，为改善居住条件，人口逐渐向边界区域迁移。与此同时，处于城镇化加速发展阶段的西北地区中小城市新区及其扩展边界区域，成为问题相对多发地带。由于边界处建设用地的布局集聚质量不高，功能空间松散单一，城区边界处发展较为滞缓。居住空间在不断向外扩展中呈现出非均衡性和突进性特征，突进建设引发功能与空间无机联系、人口和经济等增长情况与整个建设开发的节奏不协调等问题。

2. 居民就业

西北地区中小城市虽然规模相对较小，但就业中心也呈现单核、双核、多核等不同的特征。单核意味着城市有一个空间上就业高度集聚的地方，一般位于城市的中心区。张掖市城市居民大多住在商业中心区之外，每天通勤到中心区上班，交通流呈放射线状。一些城市内存在两个就业密集区（老城区、新城区），如白银市；或一个就业密集区（主城区）、一个吸纳大量就业的典型单位，如嘉峪关市；就业交通流呈现放射式特征。还有一些城市存在多个规模类似的就业中心及吸纳较多就业人口的单位，有典型的就业密集区，如酒泉市、金昌市等，就业交通呈现以典型单位为中心的放射式及随机式相混合的状况。一些城市存在多个规模类似的就业中心，无典型的就业密集区，这类城市居住空间均匀散布，就业交通流呈随机式，如敦煌市（图 4.3）。

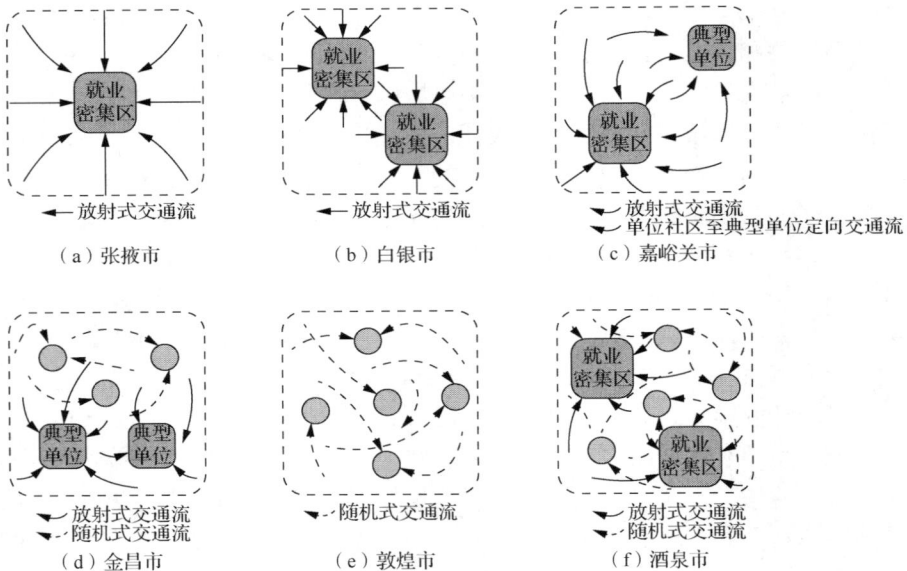

图 4.3　中小城市空间结构与交通流

西北地区中小城市整体上通勤距离较短。以陕西省关中地区为例，据现场调研，陕西省华阴市调研的 104 份有效问卷中，步行上班的人数占调查人数的 51.47%，92.65% 的人通勤耗时在 15min 以内。兴平市调研的 141 份有效问卷中，36.17% 的人步行上下班，32.98% 的人骑自行车，97.87% 的人通勤耗时在半小时以内。韩城市 219 份有效调研问卷中，步行上班的人数占调查人数的 23.29%，40% 的人通勤耗时在 15min 以内。韩城市步行上下班人数占比相对较小，是由于部分龙门镇职工选择住在金城区与新城区。龙门镇距市中心约 18km，一般职工选择搭公司班车或者乘坐小面包车，少量人开私家车通勤，通勤距离较长，使韩城市（含龙门镇）总体平均通勤距离相对较长。韩城市金城区与新城区内通勤距离平均为

1.31km，通勤时间普遍较短。

建设用地边界区域的演变与居民就业地的分布密切相关。对于就业地单核、双核分布的城市来说，边界区域变化相对较缓慢。一方面，由于西北地区中小城市边界区域就地城镇化，将周边的村镇用地直接纳入城区建设范围，虽然建设用地边界区域发生变化，但缺乏就业岗位，对居民的吸引力较小；另一方面，内聚力较强的单中心结构的居民迁居行为，由老城区向新开发地区渐进扩散，距离小，对可达性影响总体不大，建设用地边界区域居住及公共服务设施建设相对缓慢。对于有典型就业密集区的城市，特别是有较大规模单位的城市，单位搬迁对居民的通勤耗时、距离，甚至通勤方式都会产生很大影响。企事业单位搬迁对居民通勤可达性的影响远大于居民自主迁居行为对居民通勤可达性的影响（马冬梅等，2015），进而影响建设用地边界区域的演变速度和规模。

3. 公共服务设施

城市公共服务设施的内容设置与规模大小，在一定程度上反映出城市在区域中的功能定位，反映城市的物质生活和文化生活水平。西北地区城市中心城区现状活力较高的区域与公共服务设施集中的区域基本吻合，人口集聚度较高的三类区域依次是商业、教育、医疗覆盖度较高的区域。对西北地区中小城市进行调研发现，由于空间可达性较高，城市公共服务设施多在中心区集中。以商业设施使用为例，调研的许多城市外围区域的居民日常购物通常选择去中心区，主要的出行工具是自行车、电动车和公交车，时间在 15min 左右。总体上，调研城市居民认为购物出行比较方便。一些经济条件较好的人群还会选择去周边特大城市、大城市（如西安市、乌鲁木齐市、银川市）购物娱乐，并且频率较高。此外，公共服务设施建设促进了实体边界外扩。固原市随着城市经济发展速度加快，人们对精神文明建设的需求日益增强，已有新的城市图书馆在新区落成，在西南新区等区域逐步设置影视中心、文化馆、展览馆、科技馆、青少年活动中心等文化设施，对整个中心城区，尤其设施周边地块的发展产生极大的推动作用，最直观的表现就是北部新区和西南新区所在片区城市实体边界出现了大量的外扩。酒泉市 2014 年后公共管理和公共服务用地在酒泉经开区北园和南园区域呈现高度集聚特征。

4.1.3　经济发展因素

经济发展水平、产业发展及结构调整影响着城市空间扩展的周期性和建设用地边界区域的动态变化，使得城市空间扩展存在加速期、减速期和稳定期，呈现渐进与突进等不同状态和特征，而非逐步、均衡地向外推进。不同发展时期，城市空间扩展的速度、特征、方向和形式等不同。

1. 经济发展水平

按照康德拉季耶夫（Kondratieff）的长波理论，经济发展有周期性的长波产生，在此过程中长波会有上升和下降。受其影响，城镇发展也从具有明显工业区位优势的地方，逐步向具有明显技术、资金优势的城市群、大都市区持续强劲增长。原有工业区位因子优势明显的区域，则努力调整、解决传统工业优势下降产生的系列问题。我国西北地区城市发展受工业化发展阶段影响，中小城市发展及空间扩展并没有呈现出发达国家与经济特征关联性很强的城镇空间阶段化特征，而是区域内城市共同表现出对人口不同程度的吸引力，且空间扩展及形态分异现象明显（陈晓键等，2011）。

西北地区经济增速与建设用地增速没有显现出明确的正相关关系。一些城市经济增速较快，建设用地也持续增长，如榆林市、金昌市。榆林市21世纪以来，经济一直保持较高速度的增长，同期，城市建设用地增长速度也较快。2010年起金昌市采取"工业东进、生活北移"的发展思路，成立龙首新区，龙首新区与国家循环经济示范区以"两翼"形式展开，龙首新区和新材料工业园成为金昌市城市空间扩展的主要方向，这一时期GDP也一直持续增长。一些城市建设用地和经济增速发生阶段性的变化。2001年，渭南城市用地扩展经济弹性系数大于1，建设用地面积增长率大于经济增长率，反映出该阶段城市建设用地扩大对经济发展的促进作用不强，新增用地的经济效益不高。2001年之后的许多年份该值小于1，建设用地面积增长率小于经济增长率，反映出城市建设用地面积扩大对经济的发展促进作用大大增强，新增用地的经济效益提高。还有一些城市经济增速较缓慢，但建设用地增速相对较快。

2. 产业发展

对于西北地区处于工业化阶段的中小城市而言，在不同生命周期阶段，工业发展对城市空间演化的作用程度不同，表现出产业发展对城市空间的解构、重构的过程（杨显明，2014）。

不同产业类型的整合升级使城市空间和用地组合类型更加多样化，城市用地性质也随之变化。宝鸡城市功能经历了由传统的农业城市向工业城市过渡，进而向综合型城市转变的过程，电子信息产业、高档数控机床、石油装备制造等由于传统产业升级，纷纷在城市边缘另建新厂，加速了宝鸡边缘地域的发展，持续改变着城市形态。工业经济是宝鸡高新区发展的根本动力，宝鸡高新区以工业为触媒点，与主城区之间经历了"分化—集聚—外溢—带动—反哺"后，实现整个中心城区生产、生活空间的平衡，并在此基础上实现与其他城市功能空间的互补发展格局，通过工业用地增长拉动高新区用地扩展，成为宝鸡中心城区用地扩展的主要模式。20 世纪 90 年代，宝鸡高新区与城市核心区之间存在着明显的"产城分离"现象。高新技术园区建设初期以冶金、装备等重工业为主导，该阶段高新区生产性功能特征明显，建设用地边界区域多为工业用地。随着产业门类逐渐丰富，高新区与主城区之间逐渐实现了"边缘融合"，相关配套生产性服务设施大量建设，集聚和扩散效应下高新区对要素资源进行重组，创意研发等高新技术产业占比不断增加。同时，生活性配套设施建设满足了园区居民的生活性需求，边界区域形成生产+居住+创新等的多样化功能，商务办公、会议酒店、金融、信息咨询等生产性服务设施逐步聚集。2010 年之后，园区与主城区之间进入"产城融合"阶段，工业继续发展的同时，产业不断转型升级，并对其他产业及行业形成强有力的作用，一大批物流及商贸设施在园区布局，园区发展的效率及水平不断提升，生产、生活、生态、科研创新、新兴服务等功能逐步完善，早期的建设用地边界区域形成与主城区融合的新型城区，新的建设用地边界区域产生，形成集会展中心、商务中心、文化艺术中心、休闲基地为一体的空间载体。陕西省商洛市 21 世纪初期以来，中心城区产业用地布局发生了很大调整。城市实体边界在城区东南方向跳跃式增长，这与位于商州区和丹凤县之间的商丹循环工业经济园区建设密切相关。园区主要发展新材料产业、新能源及新能源汽车产业、生物医药产业、绿色食品产业、现代城市服务业五大产业。2006 年以来，园区入园企业逐步增多，仅 2015 年园区就实施超过 40 个重点项目。随着企业的不断入驻，位于中心城区建设用地边界区域的商丹园区快速成长起来，产业用地不断增长。除此之外，兴平市中心城区的装备产业园区、铜川市中心城区南部工业园区和韩城市中心城区北部园区，都在不同经济要素形成的磁力场下促使了城区离心力增强，工业用地向外扩展明显。

3. 产业结构调整

城市用地结构是产业结构在地域空间的物化表现，随产业结构不断调整，城市功能空间也会进行一系列的调整和重组，形成新的用地结构（成受明，2003）。敦煌市三次产业相对稳定，第三产业多年来一直保持主导地位，在国内生产总值中的占比维持在 50%以上，城市的旅游服务职能明显，在城市空间扩展中表现为旅游配套功能持续加强。金昌市三次产业结构由 2004 年的 6.9∶80.3∶12.8 调整为 2014 年的 7.1∶69.3∶23.6，再到 2017 年的 9.2∶50.3∶40.5。第二产业比例不断下降，第三产业比例明显上升。城市新增用地在以工业用地为主的同时，居民的配套服务设施逐步完善，居住用地、商业服务业设施用地、公共管理与公共服务设施用地不断增加。张掖市三次产业结构由 2004 年的 34.0∶35.0∶31.0 调整为 2014 年的 25.2∶33.7∶41.1，再到 2019 年的 25.6∶19.5∶54.9。第三产业比例明显上升，城市商贸服务功能加强，带动城市实体边界区域居住用地、公共服务设施用地的扩展。石嘴山是"一五"期间全国十个新建矿区之一，1960年1月7日，国务院批准设立石嘴山市。2008年，石嘴山市被确定为全国首批12个资源枯竭城市之一；2017年，石嘴山市被列为全国首批老工业城市和资源型城市产业转型升级示范区。随转型升级，三次产业结构由2005年的3.2∶68.0∶28.8调整为2019年的5.6∶48.7∶45.7。石嘴山市是国家"一五""二五"和"三线"时期重点布局建设的以发展煤炭、电力、钢铁、煤机、有色金属等产业为主的国家级老工业基地，也是宁夏回族自治区工业的摇篮。21世纪以来，石嘴山市经济技术开发区、石嘴山经济开发区、石嘴山生态经济开发区和宁夏精细化工基地四大园区的建设，有力地带动了城市经济社会发展，也带动了建设用地边界区域的扩展和规模变动。随产业升级和结构调整，承载产业发展的用地规模和布局也随之发生变化，城市建设用地边界区域增速逐步放缓。

4.1.4　规划政策因素

城市政策和城市规划调控着城市建设用地边界区域的用地演变。各层级规划在城市空间的落地，引导着城市中各类产业经济发展相关空间的演变，城市政策对城市空间扩展起到极大影响，也必然影响实体边界的外扩强度和外扩方向。政府在引导城市空间扩展的过程中作用明显。政府通过区域范围统一的制度建设，保证各种生产要素的合理流动，使城市区域经济保持常态运行，从而对城市区域空间结构演化产生重大影响（刘艳军等，2007，2006）。

1. 规划政策对城市区域发展的影响

规划政策在一定程度上影响着城市区域发展及空间扩展的过程。城市规划作为调控手段、政府行为和公共政策，本质上是对城市各种经济社会活动作出合理的空间安排，是国家及各级地方管理、指导城市建设的主要途径。基于城市发展需求形成的城市发展战略，影响城市的总体布局、功能定位、发展规模、城市发展方向等，通过调控相关优惠政策、完善基础设施建设、引导大型项目布局等，在很大程度上促进着城市空间扩展。从国家层面的西部大开发，到区域层面的"关中—天水经济区""关中平原城市群"区域发展政策，再到各中小城市的用地政策和城乡统筹政策，无不直接或间接地影响中心城区空间扩展的强度和速度。城市区域一体化、同城化发展的政策及单一城市行政中心搬迁或新区建设等政策，都会引起城市建设用地边界区域发生较大的变化。

从城市区域层面看，区域一体化发展政策的提出及相关规划的制定，会促使中心城区空间扩展速度进一步加快。以甘肃省酒泉和嘉峪关城市区域为例，2009年是酒嘉中心城区空间结构演变的重要时间分界点。2009年以前，酒嘉中心城区空间由2004年前双核双中心两区孤立发展，向2005～2009年双核双中心三区结构演变，城市结构演变逐步经历双核双中心三区联动到双核多中心三区联动加速发展。2009 年之后，各层面关于促进酒嘉区域一体化的政策纷纷出台。甘肃省人民政府办公厅发布《甘肃省国民经济和社会发展"十二五"规划编制工作安排意见》的通知（甘政办发〔2009〕193 号），提出"将兰白和酒嘉区域经济一体化发展规划作为全省'十二五'重大区域专项规划，由省发改委牵头，省直有关部门配合，会同兰州和白银、酒泉和嘉峪关等相关市州共同编制"；国务院办公厅《关于进一步支持甘肃经济社会发展的若干意见》（国办发〔2010〕29 号）提出，"着力推动平（凉）庆（阳）、酒（泉）嘉（峪关）经济区加快发展"，"加快酒泉、嘉峪关一体化进程"；2011 年发布的《酒嘉一体化城市总体规划纲要（2011—2030）》提出，"以酒泉、嘉峪关市经济和城市一体化为目标，统筹研究两市城镇发展的全局性、长远性、战略性重大问题，指导酒嘉一体化进程朝着科学、健康的方向发展"，"集酒嘉两市合力，于酒嘉两市之间，共同打造酒嘉新区的一体化空间发展策略"；《甘肃省城镇体系规划（2013—2030）》提出，推动酒泉、嘉峪关同城化发展，在城镇规模等级结构中确定酒嘉为中等城市（50 万～100 万人）；《酒泉—嘉峪关区域经济一体化发展规划（2010—2020）》提出，以酒泉市肃州区和嘉峪关市为核心区，构建西陇海兰新经济带兰州以西、乌鲁木齐以东最大的中心城市，到2020 年，酒嘉中心城区发展实现同城化，成为支撑西陇海兰新经济带发展的区域性中心城市，实现对玉门、金塔等"一小时经济圈"的辐射带动（齐新明，2013）。规划政策的实施，推动酒嘉中心城区空间结构进一步演变。

2. 规划政策对单一城市发展的影响

新区和工业园区是西北地区典型中小城市空间扩展边界区域的主要组成部分，新区和工业园区的建设受政策的影响较大。新区建设往往伴随政府行政办公、大型公共服务设施等的建设，带动周边地产发展，成为促进新区发展的引擎。陕南移民搬迁政策的实施，使得部分山区移民或城郊居民向中心城区集聚，中心城区人口的集聚产生中心城区用地规模扩张的需求，表现在空间上就是 2010 年以后陕南城市移民搬迁社区的建设，随之中心城区范围突破原有的实体地域范围。商洛市移民搬迁社区建设加速了城区向紧邻中心城区的沙河子镇和杨峪河镇发展，拉大了商洛市中心城市骨架。

政策对空间扩展的驱动作用不可忽视，政策与当地发展状况的融合更利于建设用地边界处用地的整合发展，对建设用地边界空间的有序扩展起到管制和协调作用。21 世纪以来，固原市受政策影响非常明显，相关政策对固原市中心城区实体边界变化的影响如表 4.1 所示。

表4.1　相关政策对固原市中心城区实体边界变化的影响

时期	相关规划、政策及政府指导意见	具体内容	城市发展及建设	边界扩展
2000～2005年	《中华人民共和国国民经济和社会发展第十个五年计划纲要》 大力发展城市交通，积极修编城市规划，扩大中心城区规划面积	对实施西部大开发再次进行了具体部署	①建设银川至武汉高速公路固原段、固原支线机场等项目； ②对市区总体规划进行了调整修编，扩大了市区总体规划面积，拉开了城市建设框架； ③2003年开始建设清水河产业园区； ④2004年围绕建设宁夏南部区域中心城市的总体要求，大力推进城市化进程，编制了城市总体规划； ⑤2005年福银高速公路固原段建成通车	①整体边界快速外扩； ②由于清水河产业园的建设，实体边界向南面扩展较大
2006～2010年	《西部大开发"十一五"规划》 建新区，打通新老区交通线；重视区域交通的建设	目标是努力实现西部地区经济又好又快发展，基础设施和生态环境建设取得新突破，重点区域和重点产业的发展达到新水平，教育、卫生等基本公共服务均等化取得新成效	①完成福银高速公路固原至六盘山段主体工程量； ②完成309国道固原过境段3.2km改造，彭阳过境段、马成河至硝口段建成通车； ③2006年开始着力在城西城北建设新区； ④2010年开辟连接新区与老城的新通道； ⑤六盘山机场建成通航	①清水河工业园区进一步建设，南面实体边界出现连续外扩； ②由于北部新区的建设完全跨越了古雁岭，因此在北部形成新的独立实体边界； ③西部试验区建设促使老城区实体边界向西南面扩展
2011～2015年	《关于深入实施西部大开发战略的若干意见》	提出支持呼（和浩特）包（头）银（川）、陕甘宁等经济区发展，形成西部地区新的经济增长带	①园区建设步伐加快，盐化工循环经济扶贫示范区10km²征地拆迁及主次干道等基础设施建设基本完成； ②原州区通用航空产业园的基础设施建设全面推进； ③2012年启动西南新区建设； ④建设西兰银交汇中心物流集散地； ⑤市农业科技园区被科技部批准为国家农业科技园区； ⑥福银高速固原南出口、固胡路、309国道河川至固原等公路开工建设； ⑦南雁路下穿福银高速公路桥、东环路、北环路、309国道改线等道路建成通车，形成首条市区环城路	①现有园区和新区建设加速，老城区实体边界南部和北部新区实体边界持续外扩； ②由于西兰银物流园和西南新区的建设，老城区城市实体边界进一步向西南面跳跃式外扩； ③城市建设逐渐填充了道路两侧的用地，实体边界日趋连绵
	《关于进一步促进宁夏经济社会发展的若干意见》	全面系统地提出了促进宁夏经济社会发展的一系列政策措施		
	《国家"十二五"规划纲要》	提出要加快发展宁夏沿黄经济区，培育新的经济增长极		
	《蒙陕甘宁金三角能源规划》	依托宁夏沿黄区，将区域建设成为国家能源安全保障区、西部大开发战略新高地、国家能源资源低碳利用技术示范区、生态文明先行区、内陆开放型经济示范区		

　　中心城区向外扩展的过程离不开规划的引导，其作用虽难以量化，但是对扩展中的空间结构引导、优化和管控有着积极作用。2002 年，张掖撒地区和张掖县级市，设立地级张掖市，提出"工业强市，产业富民，加快城镇化发展"的规划构想，规划定位张掖市为重要的商贸流通、能源基地和交通枢纽城市，河西走廊经济发展的战略通道区，投资力度不断加大，中心城区不断扩展。2008 年 12 月 31 日，张掖滨河新区开工建设，规划总占地面积 26.4km^2。随后，甘州区政府部分行政部门搬迁到滨河新区，行政中心周边良好的环境和集中的公共资源不断吸引人口聚集，成为居住用地的首选之地，形成滨河新区的活力点，也是张掖市中心城区扩展最快的地段之一。在这一过程中，规划发挥着重要的引领作用。2004 年，张掖市编制城市总体规划，将中心城区分为"一心三区"，即核心区、主城区、东北部产业园区、西部新城区。2008 年，张掖市对城市总体规划进行了调整，形成了新的三区，分别是东北部产业园区、西部滨河新区和北部湿地生态区，城市发展的远景目标以向西、向东北为主（李骞国等，2015）。2012 年，对 2008 年版城市总体规划又作了重新调整，确定城市近期强化中心、积极西进、适度东扩，远期积极西进、提升东部、向北抑制的引导策略。宁夏固原市规划对城市建设用地边界变动也起着重要的引导作用。2005 年版城市总体规划（2005～2020 年）提出扩展方向为西扩北移。2011 年版城市总体规划（2011～2030 年）提出规划期内中心城区以向西发展为主，适当向北和向南发展，同时强化了"四区、五园、多中心"的布局形态，影响着中心城区实体边界持续外扩及边界区域用地的变化。规划扩展方向与实际扩展方向基本一致，扩展方向在不同阶段表现出延续和多向的特征。因此，合理的规划有助于城市开发时序调控，规划也应注重开发时序的调控。城市规划冒进、发展过快会导致公共配套设施跟不上，会影响城市功能的发挥；规划过于保守、前瞻性不足，城市完全自发生长，城市空间也会出现混乱无序现象。

4.1.5　道路交通因素

　　城市发展离不开与外部世界的物质能量交换，物质联系主要通过城市与区域间的交通联系来实现。道路交通在城市不同区域的完善程度影响着投资和人口的聚集，进而影响着城市的发展速度和方向。

　　城市交通条件的变化对城市空间扩展的变化具有明显的指向性作用。交通的发展促进了城市空间扩展，并改变城市建设用地边界区域开发强度，是城市空间扩展和建设用地边界区域演变的重要动因。交通沿线往往成为城市空间扩展的先导区，形成城市空间扩展的延伸轴。敦煌市东向沿阳关大道、南向沿鸣山路、西向和北向沿 215 国道等主要交通线路扩展明显。同时，交通场站布局也影响着城市空间扩展，火车站、机场、汽车站等交通基础设施集中布置在敦煌市区的东部，是前来敦煌市旅游游客的必经之路，敦煌市区往东部扩展的趋势也较明显。在张掖市空间扩展过程中，城市道路网与城市建成区扩展方向一致，整体呈现西向和北向发展为主的状态。张掖市依托西部连霍高速及 312 国道经过的优越交通条件，以及黑河流域优越的自然条件，开发建设西部滨河新区。对张掖市 2004 年、2009 年、2014 年三个时期的城市建成区道路网轴线进行拓扑分析发现，原城市南大街和世纪大道为组织的核心，主城区以十字轴线组织，西部新城区的扩展和建设围绕世纪大道形成新的南北向城市轴线。在嘉峪关市空间扩展过程中，城市道路网与城市建成区扩展方向也具有一致的特征。20 世纪 80～90 年代，城北路网逐步向城南延伸，跨越兰新公路形成连续的道路网体系；20 世纪 90 年代至 2005 年，逐步完善中心城区与北部工业园区和南部讨赖河新区组团道路网；2009 年后，逐步以完善讨赖河新区和嘉东工业园区道路网为主。对嘉峪关市 2004 年、2009 年、2014 年三个时期的城市建成区道路网轴线进行拓扑分析发现，原城市过境路兰新公路（312 国道）和新华路为城市道路网组织的核心。随着市政府在南部片区的组织建设和中核四〇四生活区建设，南部片区城市组织能力逐步显现。商洛市地处秦岭山地区，丹江将商洛市中心城区分为南北两部分，丹江大桥、惠民路等跨江道路建成前，城区南北向（尤其是跨丹江）的交通联系不便，空间发展不均衡，城市用地布局受到很大影响。丹江大桥、惠民路等跨江道路建成后，丹江以南片区得到了较快发展。商洛市除交通线路带来的城市空间增长以外，交通发展带来的仓储、物流和第三产业发展及交通场站的位置迁移等也影响着城市用地扩展和边界变化。例如，商山物流园、商洛农副产品批发市场位于商洛老城区与商洛火车站所在地沙河子镇之间的国道两侧；商洛长途汽车站从老城区中心迁至丹江、龟山以南的南秦新区，城市对外交通重心南移。汽车站和火车站的区位很大程度上影响着城市建设用地边界向东、南方向扩展。渭南市空间扩展的方向受铁路、公路等多种交通方式的发展影响也较为强烈。1934 年，陇海铁路通车，因铁路场站位于沋河以西，城市开始跨越沋河向西发展。1949 年后，陇海铁路南移，城市不断向南、向西扩展，城市中心也西移到东风路和前进路交叉口处。陇海铁路、西南铁路和西郑高铁经过主城区并设置站点，既对城市经济发展有带动作用，又对城市空间扩展方向和方式起到了主导性作用，形成了渭南目前带状组团跨越式发展的空间格局。

　　道路交通因素既可成为牵引力，又可成为限制门槛。汉中市城市建设有三个发展方向，向东、向西北、向西南。考虑到向西北发展需跨越阳安铁路和西成铁路客运专线，向西南方向发展需跨越西汉高速公路，这三个方向发展的容易程度为向东＞向西北＞向西南，开发的难易程度也影响着城市实际的空间扩展力度和规模。

4.2　微观影响因素

宏观因素对整个城市建设用地边界区域发展变化起着重要影响，从具体边界区域来看，中心城区空间扩展边界和各期边界所对应边界区域的变动特征主要是受一些更微观的因素影响，边界处每增加一栋建筑、一块用地等，都会使边界不再呈现原有形态。微观因素对城区建设用地增长的类型、增速和增量等会产生巨大影响，甚至会引起整个城区空间发生结构性变化，进而使中心城区的实体扩展边界随着整个城市空间结构的调整产生多样性变动。不同微观因素对各区域的作用也会随着宏观因素的变化而产生增强或减弱等不同的作用效果。

4.2.1　邻域效应因素

城市在区域中良好的区位条件可以引导城市区域与周边形成发展合力，进而促进城市空间的整合发展。城市区域宏观上所处位置的重要与否，毗邻城市或区域的发展定位及发展水平高低，周边城市或区域在劳动力、资本、原料、能源等方面的竞争与合作力度等，都对城市区域自身的发展建设产生巨大影响。在城市建设用地边界区域，微观尺度毗邻区域已有的建设基础、基础设施和公共服务设施情况等都会影响边界区域用地和空间形态等演变。特别是西北地区过去一段时间新区建设引发的工业用地和居住用地扩展，使得新区建设中这一因素的作用还将会持续增强。

高新区、经开区和工业园区的建设对中心城区建设用地边界的扩张和边界的整体连续性有着显著的影响，边界区域用地中工业用地增长驱动性明显。城市建成环境，特别是园区用地及场站用地，是拉动西北地区建设用地边界区域变化的主要邻域用地。河西走廊中小城市空间扩展的方向在不同时期内具有显著的延续性和变化性特征，空间扩展在方向选择上保持连续，在特定年份的特定方向上持续扩展，但不同时期增长速度具有差异性。嘉峪关市很长一段时期扩展方向主要集中在南向和西北偏北向，持续以嘉北工业园区和讨赖河新城建设为主；酒泉市主要集中在西北向和西南向，以酒泉工业园北区和南区工业用地为主，西向、西北向趋势较为明显；张掖市主要集中在西南向、西向和北向三个方向，以西北部滨河新区建设为主，滨河新区建设滨临湿地公园，西北偏北方向扩展趋势显现；金昌市主要集中在东向，以东部金昌技术产业园工业用地扩展为主；武威市主要集中在西部方向扩展，以新城建设为主。

城区公园、广场等活力源设施建设对边界区域的影响作用会随着建设规模的增加不断显现，在提高入住率、基础设施和服务设施外扩等方面的活力源驱动作用方面，效果会更加明显。边界区域活力营造是驱动边界区域人气不断提升的重要因素，活力源在优化边界区域环境的同时，激发周边区域的整体发展潜力，使得新增用地特别是居住用地在活力源区域不断集聚。此外，有些邻域用地会使建设用地边界区域用地扩展远离此区域，特别是铁路线、工业废渣堆放区（尾矿）等用地，有时也会成为城市建设的有形制约因素。

我国 21 世纪快速城镇化发展以来，大量耕地（特别是城镇周边的高质量耕地）不断被建设用地占用。由于城市周边的耕地质量较高，城市建设用地边界区域变动与耕地保护在空间上存在显著的冲突，这给国家粮食安全带来巨大的挑战（胡飞等，2019）。城市建设用地与周边乡村农业用地是相互影响的，城市建设用地的增加势必会侵占耕地资源。在规划中，基本农田用地一直是作为制约因素限制着建设用地的扩展。位于天山北坡的乌苏市中心城区建设用地总体平坦，除东侧奎屯河限制外，其余方向仅有少量沟、坑阻碍，建设用地制约条件较少。由于乌苏市实施高标准农田建设，市区北部为乌苏市农用地整理潜力规模和集中连片的农用地分布区，在规划和城市建设中一直控制北部城市边界的外扩。张掖市南部和东部基本农田较多，成为城市发展的"门槛"。

4.2.2　内渗外迁因素

城市建设用地扩展过程中，一些原有的村庄逐渐被城市建设用地包围，一些位于内城区的企业也由于城市产业结构调整或规模扩大限制，逐渐向外搬迁，这些内渗和外迁对中小城市空间结构产生较大影响。

1）城边村内渗

中小城市建设用地边界区域在外扩的过程中，原来的城边村逐渐内渗，内渗形式主要有与边界新增用地直接相连或半围合，这是建设用地边界被动变化的主要因素之一。城边村与不断外扩的城市建设用地相接，城边村内渗而被拉大，边界的形态局部呈触角状凸起变化。中心城区建设用地边界区域往往是管理疏忽地带，有的城边村受到城市扩张的影响和冲击，耕地被征用，随着与城市社会经济联系的加强，村庄面貌逐步发生改变；也有一些村庄虽紧挨城市建设用地，但乡村建设用地完成城镇化转变的难度远高于农田和其他非建设用地的开发难度，很难在短期内完成向城市建设用地的转化过程，致使城市绕过一些村庄继续开发，形成城区、村庄、农田相互交织、嵌套的状况，也不时出现居民违章自建房屋的行为，引发建设用地边界无规律变动。已有研究表明，大部分西北地区中小城市为低速度弱方向+外延式非规整增长，如陕南地区的汉中市、安康市和商洛市，甘肃东部的定西市、天水市、平凉市、临夏市，河西走廊东部的武威市和金昌市，新疆的塔城市、博乐市、阿勒泰市、北屯市、阿克苏市、阿拉尔市及中部地区的五家渠市、石河子市、昌吉市和库尔勒市等。这些城市增长速度缓慢，发展方向不断更换，新增的建设用地基本分散在城市边缘区域，与城边村逐步相邻，受土地权属影响，边界形态趋于不规整（冯斌等，2019）。

2）城内企业外迁

一些企业在内城发展需扩大规模时，受到用地的限制而搬迁至城区边缘，或是由于其发展与内城的环境卫生要求相悖而搬迁至城区边缘，城区建设用地边界扩展。虽然老城区内的企业外迁至新区的现象会随着老城区内对城区环境有影响的企业数量减少而减少，但在西北地区仍是城市建设用地边界区域变动的主要影响因素。

除以上因素外，新区建设、政府搬迁或新建、旧城改造等因素也影响着城市建设用地边界区域的变化。西北地区中小城市中心城区空间扩展边界变化，是不同驱动因素发挥相应驱动作用的结果。以关中地区中小城市为例，影响中心城区空间扩展边界变化的主要驱动因素包括新区建设、政府搬迁、城边村内渗、活力源驱动、旧城改造、企业外迁、新建道路、居民自建，其具体作用效应见表4.2。

表 4.2　关中案例城市中心城区空间边界变化的主要驱动因素作用效应（陈晓键等，2017）

驱动因素	华阴	兴平	韩城	铜川	渭南
新区建设	△	▲	△	▲	▲
政府搬迁	△	△	△	▲	▲
城边村内渗	△	▲	△	▲	▲
活力源驱动	▲	△	▲	▲	▲
旧城改造	▲	△	▲	▲	▲
企业外迁	△	△	△	△	▲
新建道路	▲	▲	▲	▲	▲
居民自建	▲	▲	△	▲	▲

注：▲表示作用效应强；△表示作用效应弱。

4.3　驱动因素综合作用下的建设用地边界区域变化

西北地区中小城市中心城区建设用地边界区域的变化，受到多种因素的协同作用。不同因素的作用层面与作用效应结合，并与区域战略、毗邻城市辐射等因素发生交互作用，从而影响边界区域增长模式和功能组织。

1）用地增长模式变化

在人口增长形成一定规模效应之前，城市空间保持相对紧凑结构格局，随人口规模逐渐增大和项目布局增多，西北地区中小城市紧凑结构格局被打破，或呈现出空隙逐渐增多的边缘地带松散扩展模式，或呈现出块状建设的新区整体推进模式。

2）工业用地变化

西北地区城市产业空间扩展，一般遵循从计划经济时期的工业点到改革开放后的工业园区郊区化集聚，再到 21 世纪以后开发区集聚整合的规律。产业空间在生产要素集聚和生产关系整合的基础上连续发展演化，呈现出"单点—集群—整合"的驱动模式，工业园区和经济技术开发区成为产业空间扩展的主要形式。一些主导产业或创新产业在中心城区集聚和优先发展，形成一定引力场，这一引力场在促进自身发展的同时，以其推进效应及吸引和扩散作用进一步推动周边地域发展。西北地区中小城市发展初期，传统农业城市城郊带的工业点分散布局，各类工业厂区用地规模小、分布零散。该区域工矿城市在偶发性的资源开发和重点项目布局影响下逐步形成、成长。例如，嘉峪关市酒泉钢铁厂于 1958 年投资建设，在城市东北部组织工业生产，工业用地持续扩展；1959 年，金昌市围绕城市西南部的龙首矿组织生产，经过多年建设，城市南部片区成为工业生产的核心功能区。20 世纪 90 年代后，随着土地有偿使用制度的逐渐完善，西北地区许多工业城市获得新的发展契机。城市中心区"退二进三"土地置换政策加速了工业空间的置换和郊区化。在各类特殊优惠政策下，不同等级规模、产业功能和形制组织的开发区成为城市发展的方向。也有一些城市开发区初期同城市已有城区空间位置关系相对偏离，产生地块尺度过大、出让土地闲置、土地利用不集约、人居环境建设滞后、职住分离明显等问题。

3）公共服务设施用地变化

城市人口聚集推动了公共服务设施阶段性服务等级提升和服务门槛升级，在公共服务设施外溢和跃迁过程中，公共服务设施的新区重点配套和升级，新城新区建设的集聚逐利行为，提升了公共服务设施郊区化效应。一方面，公共服务设施承载城市建设的新形象，成为新城新区地块内建设的起步建设行为；另一方面，公共服务设施作为新区重点配套和品质提升的抓手，有力促进要素集聚。调研发现，河西走廊城市公共服务设施的空间分布与城市空间扩展同步，且呈现出一定程度的外延趋势。20 世纪 90 年代，河西走廊嘉峪关市、酒泉市、张掖市、金昌市、武威市等城市公共服务设施布局紧凑且集中在城市建成区内，21 世纪以来，这五个城市新区新建部分公共服务设施，公共服务设施集聚特征逐渐显现。嘉峪关市公共服务设施向城南片区集聚；酒泉市市级公共服务设施向城西集聚，形成行政中心片区设施集中区；张掖市城市内市级公共管理与公共服务用地仍以南环路为集聚区，甘州区区级公共管理与公共服务用地向滨河新区中央商务广场区域集聚；金昌市城市内行政办公用地仍以新华大道和延安路分布为主，龙首新区和金水新区形成区级和管委会级公共管理与公共服务用地集聚；武威市城西新区在主城区西北角组织，形成公共服务的新组团片区，呈现新的热点，拉动公共服务主导的空间增长。

4）居住用地变化

西北地区许多中小城市居住空间以企业自建或职工自建的公房、城中村和城边村、城市公共住房（保障性住房、廉租房和公租房）、企事业单位生活居住区、异地企事业单位生活居住区（部队家属生活区、石油局生活基地等）、商品房、非正规住房（经营性和生产性建筑内住房等）等多种形式并存，不同的形式以不同的居住条件、区位和建筑实体形态嵌入城市空间。在调研过程中发现，城市商品房21世纪以来激增，一方面在城市边缘带形成居住空间扩展，另一方面驱动新城新区片区的居住集中。城市居民对高质量生活的需求行为对城市空间扩展有着特殊的影响，居民的行为也在潜移默化地影响城市空间扩展。人口增长规模效应驱动的作用方式，主要表现为居住用地的扩展与集中。随着居民收入增长，居民对教育医疗、文化体育及商业等公共服务设施可达性、便民性的要求大大提升，对缩短通勤距离的职住平衡需求也很突出，产生居住用地的空间重构。西北地区中小城市中心城区不像大城市的中心城区那样人口规模较大，逐渐向郊区转移，其人口增长在很多城市还不具备主导用地增长的规模效应，而是表现为多种方式的用地整合。建设用地规模增大，一方面对城中村、城边村等集体土地住区通过土地征迁、集中拆迁安置等进行更新，另一方面采取新城新区的住区扩展建设及城市内部工业、企事业单位置换用地方式进行有效更新。

参 考 文 献

陈晓健, 秦川, 2011. 西北地区中小城市空间扩展及其动力机制研究[J]. 国际城市规划, 26(1): 37-40.

陈晓健, 谭漪玟, 樊先祺, 2017. 中小城市空间扩展实体边界区域动态变化研究[J]. 西北大学学报(自然科学版), 47(2): 289-295.

成受明, 2003. 山地城市空间扩展动力机制及扩展模式研究[D]. 重庆: 重庆大学.

冯斌, 陈晓健, 2019. 西北中小城市建设用地增长的特征、动因及其分类引导[J]. 干旱区地理, 42(2): 376-384.

胡飞, 柯新利, 柴明, 等, 2019. 权衡城市扩张与永久基本农田保护的城市增长边界划定——以武汉市为例[J]. 地理与地理信息科学, 35(3): 72-77.

李骞国, 石培基, 魏伟, 2015. 干旱区绿洲城市扩展及驱动机制——以张掖市为例[J]. 干旱区研究, 32(3): 598-605.

刘雅轩, 张小雷, 雷军, 等, 2011. 新疆绿洲城市空间扩展特征及其驱动力分析[J]. 中国沙漠, 31(7): 1015-1021.

刘艳军, 李诚固, 孙迪, 2006. 城市区域空间结构系统演化及驱动机制研究[J]. 城市规划学刊, (6): 73-78.

刘艳军, 李诚固, 徐一伟, 2007. 城市产业结构升级与空间结构形态演变研究——以长春市为例[J]. 人文地理, 22(4): 41-45.

马冬梅, 陈晓健, 冯嘉, 等, 2015. 城市空间扩展背景下的宁夏吴忠市中心城区交通可达性分析[J]. 现代城市研究, 29(9): 87-94.

齐新明, 2013. 酒泉嘉峪关一体化城市总体规划方法与实施[J]. 规划师, 29(s2): 105-109.

任晓娟, 陈晓健, 马泉, 2017. 西北地区城市空间扩展及动因分析——以宁夏固原市为例[J]. 遥感信息, 32(3): 155-161.

杨显明, 2014. 煤炭资源型城市产业结构演替与空间形态演化的过程、机理及耦合关系研究[D]. 芜湖: 安徽师范大学.

第5章　西北地区城市中心城区建设用地边界区域推演

建设用地边界区域变动和设定与边界的动态变化和管控息息相关。无论是原城市总体规划中确定的城市建设用地边界、增长边界，还是国土空间规划中划定的城市开发边界，都会对边界区域的土地功能和用途变动产生很大影响。因此，从已有建设用地边界区域演变及影响因素的认知出发，推演未来建设用地边界区域的变化及增长边界，并将推演结果与发展实际进行比对，逐步掌握不同地域、不同类型中小城市建设用地边界区域演变特征和规律，对于解析城市增长的复杂性和不确定性具有重要意义。本章借鉴情景分析方法，建立机理和空间明确的城市模拟模型，对西北地区城市中心城区建设用地的演化、触媒事件及其综合作用进行描述刻画，对建设用地边界进行推演，以清晰把握和合理预判西北地区中小城市建设用地在不同情景下的演变，为城市开发边界的合理设定提供参考。

5.1　城市中心城区建设用地边界区域推演情景分析

城市空间扩展形式具有动态变化特征，既有延续原有结构的小规模、渐进式增长，也会受某些事件或突变性因素的影响而呈现跨越式扩展（张振广等，2013）。这些事件或因素或是重大自然资源的发掘和开发利用，或是区域性重大交通基础设施的建设，或是产业结构调整升级、推动型企业的发展等，它们易引起城市空间的快速变动，使城市空间增长面临不同的发展情景。当某一个或某几个关键因素发生改变时，发展情景随之改变，城市增长边界范围也会有所改变。城市建设用地边界区域变动具有复杂性和不确定性，传统的趋势外推不能适应系统环境发生不确定变化条件下决策者预测未来的需要，不能解释处于不确定环境中组织长期发展的多种可能性，通过情景分析与规划能帮助应对不确定性（宗蓓华，1994）。

5.1.1　城市中心城区空间增长情景分析背景

情景分析是国内外城市规划研究领域广泛使用的预测与评估方法（岳珍等，2006）。通过建立模拟模型，科学分析不同空间增长和布局情景下城市系统空间格局演变，以及可能对社会、经济、环境造成的影响和效应，可生成详细和直观的情景模式，并预测实施的结果，为城市规划对策及政府干预进行指导，从而提高决策的合理性（吴一洲等，2014）。

情景分析通过探究未来发展的多种可能路径，核验可能的选择。情景是对未来可能出现事件的过程描述，是从现在呈现到未来状态的变化过程，反映出现有趋势发展走向、主要的不确定性产生影响面等不同假设。运用情景分析来模拟城市增长边界设定，可提高对未来情况快速、有效反应的能力，可避免城市无序扩张、增长调节滞后带来的潜在负面影响。

城市空间扩展情景分析基于对历史经验外推，从关键因素入手演绎整个空间扩展的发展路径，描述未来城市空间扩展的事件和趋势变化，从而预判可能的结果（王睿等，2007）。在大型城市和特大型城市空间增长方面，林文棋等（2013）对北京、南京城市空间增长的情景进行分析，提出确定焦点问题与各方战略愿景，分析情景分析的基本要素，寻找城市空间增长的主要影响因素，基于关键性因素进行情景设定、情景模拟分析、规划决策建议等城市空间增长的情景分析过程；张平泽等（2013）从自然生态保护、农田保护、用地分配政策和城市空间格局四个关键影响因素着手，通过四个影响因素的组合，选取未来可能状态，完成情景构建，对南京用地分配进行情景模拟研究。在中小城市空间增长的情景分析方面，冯斌等（2013）对石嘴山城市空间扩展进行预测分析，借助空间扩展的历年建设用地规模进行回归预测，结合建设用地布局影响因子的空间扩散模型，通过土地转化率定量可视化呈现石嘴山市未来城市扩展，并提出相应的城市空间扩展策略。

情景构建通过参考发展历程及同类型城市同类事件情景的发展案例，对研究城市的情景背景、事件结果、情景演化等进行描述，梳理任务，形成相应的情景列表，进而基于调研和情景模拟，分析城市建设用地边界区域面临此种情景时的发展演化。由于城市各种情景和状态的演化受到多种输入因素的影响，模拟城市发展的多个情景组合，整合大量同类事件和变动预测，对同类事件的共性规律进行概括，构建同类事件情景，可探究城市发展的多元性，也可在情景变化过程中，针对多种可变因素对空间增长作出及时的动态调整指导，为城市未来空间发展提供多种可能性。

5.1.2　情景分析步骤

情景分析既是过程，又是方法和理念，要求很强的技术分析支持（Mahmud，2011）。Clemons（1995）通过五个步骤来识别构建情景：识别关键不确定性；按重要性排列不确定性；选择 2~3 个最关键的不确定性作为驱动性的不确定性；生成未来的情景；探究每一个情景并针对每个情景制定相应策略。美国斯坦福研究院拟定了情景分析的六个步骤：明确决策焦点；识别关键因素；分析外在驱动因子；驱动因子重要性及不确定性排序；发展情景；分析情景的内容（罗强，2013；张晖，2009）。

依据情景分析法的本质特征，并结合城市建设用地边界设定的特点，综合已有研究成果，归纳为以下 5 个步骤。

1）城市发展背景分析

对城市发展背景、现状及外部环境进行全面系统的分析，总结城市发展的规律，研究驱动城市空间演变的动因，准确地把握城市发展面临的焦点问题，并明确城市空间发展的不确定因素，从而预判未来空间可能的增长趋势、增长量和方向。

2）明确焦点问题

界定城市空间发展的焦点问题是进行情景分析的突破点。在城市发展背景分析的基础上，将城市空间发展中存在的问题逐一判读出来。构建城市空间发展情景的首要任务即明确城市空间发展的焦点问题，其具有重要性和不确定性两方面的特点。有效焦点问题的产生，应经过大量的调查、访谈等系列工作，应体现各方参与主体的利益和价值诉求。焦点问题可能是某种具体的描述，如良好生态环境吸引城市各类用地的布局等，也可能是模糊的策略，如城市的空间发展愿景等。

3）明确关键影响因素

城市空间组织和演进是在城市内部及外部各种社会、经济、环境等力量相互作用中进行的，会受到地理条件、产业发展、交通条件、政策等诸多因素的影响。明确关键影响因素是多种情景方案构建的主要参考因素和基础。这些因素包含确定性因素，即能从过去或者现在的数据趋势外推，不受不确定因素影响，或受不确定因素的影响是能被判断出来的；包含不确定性因素，即无法进行判断的影响因素，关键性不确定因素就是对空间发展重要且不确定性程度高的影响因素。

4）关键影响因素的不确定性分析

关键影响因素涉及政治、经济、社会、技术各层面，如不同经济增长速度下空间土地资源的供给区位方向和规模情景，不同增长速度下空间扩展的建设用地供给和用地整合，不同城市规划控制和引导策略下城市空间扩展和结构演变模式。例如，商洛市呈现弱控制下的单中心外推扩展，中控制下的轴带线性扩展引导及强控制下的多中心片区扩展，会产生不同速度、不同空间扩展模式和不同用地分配政策的多种情景下土地分配。将关键影响因素以重要性与不确定程度按高、中、低水平归类，进行关键性不确定因素的组合，可构建情景矩阵，从而形成若干种情景方案。情景方案的数量与情景变量的假设变化数量直接相关。在若干个情景组合中归纳出一定数量的情景，并对每种情景方案进行详细的定性分析，从而将模拟方案转为清晰易懂的描述。

5）归纳可能情景

分析所有可能情景，排除有明显逻辑问题的情景组合，建立由战略愿景、强空间关联性愿景与确定性和不确定性发展要素的联系后，对不确定性因素的可能性组合状态进行变量化组合，将情景组合归纳为几种典型情景，根据对理论空间扩展模型和土地转化扩展概率区的空间可视化分析，生成情景方案。

情景分析常常需要重复多次才能完成，通过对预判情景反复地探讨与预演，发现恰当的问题，判读建设用地边界区域的演变规律。

5.2　秦岭山地城市商洛中心城区建设用地边界区域推演

秦岭是我国南北自然地理和气候的分界线，其南北过渡带的区位使其呈现出地理环境的独特性、复杂性和敏感性，是地理过程、生态恢复、环境保护和人地关系协调研究的典型区域（李君轶等，2021）。秦岭以南属于亚热带气候，秦岭以北属于暖温带气候。秦岭也是我国生物多样性优先保护区和南水北调中线工程重要水源涵养区，是我国生态安全的重要屏障。秦岭陕西段北坡涉及西安市、宝鸡市、渭南市，秦岭陕西段南坡涉及商洛市、汉中市、安康市，共计 6 个地市 38 个县区（马琪等，2020）。过去几十年间，受区域人口持续增加、资源开发和城镇化等因素的影响，秦岭社会发展和生态环境保护的矛盾愈发突出（李君轶等，2021）。商洛市位于西安市东南部，市政府所在地商州区距省会西安市约 110km。中心城区现状建成区及周边区域以低山丘陵为主。目前，商洛市在关中平原城市群及西安都市圈发展背景下，处于城镇化加速发展阶段，其空间演变正在突破原有骨架。若商洛市中心城区的空间增长缺乏管理和引导，很有可能出现空间结构不合理、用地无序蔓延、人地关系失调的问题和矛盾。商洛市地处秦岭腹地，中心城区地处秦岭东段南麓、丹江上游，地理环境、经济发展水平及建设用地演变在秦岭山地区具有典型性和代表性。本节基于 2015 年商洛市城市建设实际，对其未来建设用地边界区域进行推演，并在 2016 年预判结果的基础上用现状的实际情况进行比对。

5.2.1　商洛市空间演变背景

商洛市位于陕西省东南部，东经 108°34′20″～111°1′25″，北纬 33°2′30″～34°24′40″。东临河南，东南临湖北，位于三省交界处，北、西北、西南分别与本省渭南市、西安市、安康市接壤。丹江自西北流向东南，形成全市最大的川道谷地。中心城区位于低山峡谷地貌的商丹谷地内，南北皆为山地，中间为川道，东西狭长，地势相对平坦。

1. 经济社会及用地布局现状

近年来，全市生产总值、财政收入、城镇居民人均可支配收入和农村居民人均纯收入与陕西省各市相比，均处于较低水平，但增长态势明显，指标有升有降，生产总值增速较快。据《2019 年商洛市国民经济和社会发展统计公报》，全年全市生产总值 837.21 亿元，比上年增长 5.3%；财政总收入 39.14 亿元，地方财政收入 20.96 亿元，分别下降 6.8%和 4.0%。全年城镇居民人均可支配收入 25503 元，增长 8.6%；全年农村居民人均可支配收入 10025 元，增长 10.0%。对比 2015 年全市实现生产总值 621.83 亿元，财政总收入 45.02 亿元，城镇居民人均可支配收入和农村居民人均纯收入 26896 元和 7732 元，总体呈现平稳运行状态。

商洛市中心城区人口包括城关街道、刘湾街道、陈塬街道、大赵峪街道人口及沙河子镇、杨峪河镇镇区人口（包含流动人口及暂住人口）。其中城关街道流动人口众多，主要集中在东关社区、东店子社区、东街社区和西街社区。调研获悉，商洛中心城区常住人口约 24 万，流动人口、暂住人口较多。除城关街道人口密度较高外，其他各街道（镇）人口密度相对较低。

城区行政办公、公共服务设施主要分布在丹江以北的老城区，现状城市公共服务设施集中在工农路、北新街两侧及正在开发建设的丹江以西片区内，行政办公多集中在位于通江西路以西的行政中心及州城路两侧。老城区内居住用地多为三类居住用地，占城市建设用地比例较大。西部和南部的丹南新区建筑质量较好，分布着城市新迁址的行政单位和部分新建住宅小区。火车站位于老城区东部约 5km 处，周边有少量服务设施和居住用地。近年来，城市新增用地主要在丹江以西和以南片区，但受到山体阻碍，远期很难再有较大发展空间，相较之下沿丹江向东发展空间较充裕。另外，城区东南方向现已逐渐展开刘湾生态产业园区、商丹循环工业园区布局，城区向东发展态势明显。

2. 城市建设用地演变

根据商洛市建设用地边界内的城市用地面积在不同时间段内年均增长量变化，可将 2000 年以来商洛市中心城区的扩展分为三个阶段：2001～2005 年为中速扩展期，2006～2010 年为快速扩展期，2011～2015 年为高速扩展期。2001 年 11 月，商洛撤销地区和县级商州市，设立地级商州市，商洛市中心城区作为地级市行政中心所在地得到了快速发展，城市面貌和城市职能开始提升和转变。2001～2005 年，商洛市中心城区用地增长率约为 4.4%，相较于 20 世纪商洛市中心城区建设，此期间商洛市中心城区的发展步入相对稳定的中速增长阶段。2006～2010 年，商洛市中心城区进入快速扩展阶段，增长率达到 5.2%，城市的行政职能、居住功能和文化功能都得到了显著增强。2011～2015 年，商洛市中心城区用地面积增长率达到 10.1%，城市建设进入高速增长阶段（图 5.1）。

图例

■ 2006年城市建设用地
■ 2010年城市建设用地
■ 2013年城市建设用地
■ 2014年城市建设用地
□ 2015年城市建设用地

图 5.1　连续多年城市建设用地变化情况

2006~2010 年，用地在 SSE 方向高速扩张，在 SW 方向中速扩张，在 NW、WNW、WSW 和 SE 方向低速扩展，在其他方向的扩展强度均较为滞后，因此，在此期间城市主导扩展方向是东南和西南方向；2011~2015 年，用地在 SE 方向高速扩展，在 WNW、S 和 ESE 方向低速扩展，在其他方向的扩展较为滞后，可以看出在这一时期城市发展主导方向明确，以向东南方向的扩张为主。

由于商洛市中心城区位于商丹谷地内的狭长地区，城市实体边界呈狭长带状分布，城市紧凑度本身偏低。随着城市向东南、西南两翼扩张，用地布局逐步零散。2005 年商洛市中心城区较为紧凑，这时的建成区主要集中在丹江北岸。随后，城市开始跨越丹江向南和沿丹江向西发展，紧凑度有所下降。2010 年后，沙河子镇和杨峪河镇纳入中心城区范围，两个镇与老城区之间建设用地分布零散，城市紧凑度指数进一步下降。从 2005~2018 年分形维数可以看出，商洛中心城区实体边界形态逐渐外扩且不规则程度越来越强。

2005~2010 年，商洛市中心城区的重心稍向西北方向移动，但偏移距离不大，此期间城市向西北方向进行了小规模扩张；2010~2015 年，城市中心有了较大范围变化，向东南方向偏移了约 2.5km，重心从丹江北岸老城区的莲湖公园北侧跨越丹江，偏移至丹江南岸的商丹高新学校北侧。城市东南方向的商丹园区迅速发展起来，成为城市重要发展引擎。

3. 城市扩展阶段特征

从商洛市中心城区的空间布局历史演变和扩展规模、速度、形态来看，1949年以后商洛市的空间扩展可分为三个大的阶段，每个阶段具有不同的特征和扩展规律。

第一阶段为 1949 年至 20 世纪 90 年代。商洛市中心城区作为区域中心得到稳定发展，经历了较长的中心区缓慢增长阶段。城市开发在较小的范围内进行，空间形态呈团块状。这一阶段城市规模较小，吸引力有限，城市主要呈现圈层式扩张，以城市中心北新街片区为核心向四周延展，空间扩展速度增加，形态变化不明显。在集聚经济效应的拉动下，人口、产业向交通区位、设施、资源等条件优越的经济中心聚集，城市空间扩张受交通区位牵引、产业发展政策和商业、文化、办公等公共设施布局的影响明显。

第二阶段为 20 世纪 90 年代至 2010 年。城市用地在一定的调整和整合之后发生渐进式的扩张和提升。随着城南片区的开发，城市进入中心区边缘加速扩张阶段。这一阶段城市一方面从边缘区吸收物质与能量，另一方面吸引要素集聚，把中心区物质与能量扩散到最临近的边缘，城市在边缘区开始大规模开发建设活动，城市空间扩展明显，扩展边界形态也有了一定的变化。与上一阶段相比，边界形态较不规则，中心区边缘加速扩张呈现星状。在丹江以北地区，原城市中心西侧和南侧的用地首先不断得到开发，扩展到一定范围后受到市区北部山体和南部丹江等自然要素的阻隔和制约，城市不得不跨过丹江在其以西和以南的陈塬街道和刘湾街道外延建设。该阶段扩展发生的主要原因一方面是在城镇化的推进下，城市人口向中心城区不断集聚，对城市环境品质提升和公共服务设施完善提出更高需求，建设用地不断增加；另一方面除受自发、内在原动力的作用外，还受到陕南移民搬迁、保障性住房建设政策、丹南新区开发等触媒因子的作用。

第三阶段为 2010 年以后。两版城市总体规划分别将沙河子镇和杨峪河镇纳入规划范围，城市框架不断拉大，城市空间进入了副中心形成阶段，这一阶段持续至今。老城区以东 10km 的沙河子镇被确定为产业重镇，作为城市副中心得到了较快发展，对商洛市中心城区的城市形态、功能、空间布局产生了深远影响。这一阶段城市扩张受产业发展政策和规划的影响增强，产业发展和规划实施成为空间扩展的主导因子，城市在空间上呈现跳跃式增长，城市规模扩张的速度超过之前所有发展阶段，扩展边界空间形态更加不规则。

4. 用地适宜性分析

1）地形地貌

用地适宜性评价主要是根据高程和坡角的取值来判断是否适宜城市开发建设。通常来说，平原和丘陵的地势起伏较小，相对高差较小，比较适合城市建设；相对高差较大的地形条件则比较受限，如山体、陡坎、沟壑等地形起伏较大，不适宜开发建设。将商洛市中心城区的高程和坡角进行图形化表达，对其空间分布特征进行分析，可以掌握坡角、高程适宜建设的位置情况，从而判断用地增长边界可能覆盖的范围及其与山体等特殊地形的空间关系。商洛市中心城区高程绝大部分在 850m 以下，多为 170~680m，地面坡角小于 15°，地势低平，是最适宜城市建设的区域。现状建成区周边属于低山丘陵与川原地形的过渡地带，相对高差小于 100m。高程在 850m 以上、1000m 以下，坡角大于 25°、小于 50° 的地区，属于川原到山体的过渡地带，主要分布在现状建成区以外西北及两侧地势较高、坡角大的地区，属于不适宜开发建设的地形条件；高程大于 900m、坡角大于 50° 的地区主要是山体，属于不可开发建设的地形地貌条件。

2）土地利用现状

土地利用现状直观反映了城市当前的资源分布和建设格局，也是用地建设适宜性评价的重要因子。现状建成区一般是在历史、社会和环境等因素综合作用下选择出来的位置上建设的，无论是从资源环境承载力还是开发建设适宜性来看，条件都较好。耕地、园地、牧草地和林地等对于农业生产和粮食、生态安全具有十分重要的意义，是建设用地开发的制约因素。商洛市中心城区外围耕地、园地、牧草地和林地等均有分布，是建设避让的主要考虑因素。

3）水系和水源保护地

水系包括河流、湖泊和水库等。商洛市区最主要的水系为穿城而过的丹江。水源保护地分别是陈塬街道办以北 3km 的二龙山水库和杨峪河镇以西 2km 的南秦水库。地表水域在提高城市景观质量、改善城市空间环境、调节城市温度湿度、维持正常水循环等方面起重要作用，同时也是易引起城市水灾、易被污染的环境因子。水域的生态环境受城市的建设和开发影响，城市建设用地和水域之间应设置足够的防护距离，避免对水域造成污染，或影响城市用水安全和水系统的生态平衡。

4）自然保护区

自然保护区是城市生态系统的重要组成部分之一，也是城市生态环境保护的重要载体。商洛市与中心城区空间关系密切的自然保护区主要有老城区南部的龟山景区、老城区北部的金凤山景区、大赵峪街道东部的龙山和刘湾街道南部的静泉山。这些山体不仅在保护生态环境方面发挥着极为重要的作用，同时也起着调节和改善城市微气候的作用。

5. 空间增长潜力分析

空间增长潜力分析主要是以中心城区内街道（镇）为研究单元，对关键因素的供给优势进行空间分布识别，使各研究单元的个性特征更加鲜明，突出了不同研究单元在拥有该要素方面的潜力和优势。研究关键因素供给优势的空间分布不仅可以总结各要素的空间分布现状特征，还可以发现未来城市空间扩展可能发生的空间范围和扩展的主要用地类型，针对未来可能出现的要素供给需求作出优化安排。

1）土地要素供给潜力

土地要素供给分析主要是对各街道（镇）中可供未来城市发展建设的土地资源进行分析，土地资源包含现状城镇建设用地、现状村庄用地和未利用地，其中未利用地是可以进行开发建设的土地资源。现状城镇建设用地经过再开发，或城市规划建设用地范围内的村庄建设用地进行城镇化建设，也可作为城市开发土地供给要素。大部分现状城镇建设用地集中在城关街道、沙河子镇和刘湾街道。各街道（镇）内均分布有村庄用地，城关街道和大赵峪街道最少，沙河子镇较多。未利用地面积最大的三个街道（镇）从大到小依次是沙河子镇、大赵峪街道和刘湾街道（表 5.1）。

表 5.1　商洛市街道（镇）人口密度及土地要素供给分析

街道（镇）	现状城镇建设用地面积/km²	现状村庄用地面积/km²	未利用地面积/km²	人口密度/（万人/km²）
城关街道	6.48	0.12	2.61	1.40
陈塬街道	1.53	0.61	2.55	0.46
刘湾街道	2.65	0.87	6.62	0.26
大赵峪街道	1.83	0.24	8.68	0.19
杨峪河镇	0.72	0.96	3.73	0.28
沙河子镇	3.61	1.87	13.18	0.14

2）城市功能要素供给

城市功能要素供给分析主要是对现状城市主要功能在各街道的分布情况进行梳理，并结合商州区"十三五"规划、重点建设项目等，对 2015~2020 年商洛市中心城区发展中可能发生的关键事件进行空间分布识别，判读城市公共服务设施、生态景观、对外交通站点、产业项目未来发展建设的空间分布状况。城市公共服务设施可能在刘湾街道和沙河子镇集中建设，生态景观的建设项目主要位于城关街道和杨峪河镇，交通设施建设项目主要位于大赵峪街道和杨峪河镇，产业项目建设主要集中在刘湾街道、沙河子镇和大赵峪街道（表 5.2）。

表 5.2　商洛市"十三五"时期部分街道（镇）项目建设

街道	项目
刘湾街道	商洛印象、商洛国际医学中心、商洛天士力制药股份有限公司、天祥植化有限公司
陈塬街道	商洛文体中心、西新社区棚户区改造
大赵峪街道	商洛市城东客运站项目、陕西赢林实业有限责任公司、商州区方园食用菌专业合作社
杨峪河镇	南秦水街、商洛高铁站、商州南秦汽贸城、生态智慧养老产业示范基地
沙河子镇	比亚迪电池材料项目、商山物流园二期、商丹园区高科商城、沙河子镇公共服务设施建设

通过对土地要素、城市公共服务设施、生态景观等关键要素进行空间增长潜力分析，可以得出各要素未来在各街道（镇）的空间增长潜力。关键要素供给优势空间分布见表 5.3。城市商业中心目前集中在城关街道，未来有向刘湾街道发展布局的潜力，依托现有重点镇和新区建设的政策支持，刘湾街道和沙河子镇有公共服务设施的潜在供给优势；生态景观的潜在供给优势集中在城关街道和杨峪河镇，主要包括丹江沿岸景观带和龟山公园，未来南秦河生态景观的供给优势则主要位于杨峪河镇；现状对外交通站点火车站和长途汽车站分别位于沙河子镇和刘湾街道，根据未来商洛高铁站的选址和商洛市城东客运站项目，杨峪河镇和大赵峪街道具有对外交通站点的潜在供给优势；产业园区项目的建设主要集中在刘湾街道、沙河子镇和大赵峪街道，现状火车站、汽车站及未来高铁站和客运站的交通项目优势恰好为产业项目提供了充分的条件。

表 5.3　关键要素供给优势空间分布

关键要素	城关街道	刘湾街道	陈塬街道	大赵峪街道	杨峪河镇	沙河子镇
公共服务设施	▲	△	▲			△
生态景观	▲△				△	
对外交通站点		▲		△	△	▲
产业园区		▲△		△		▲△
土地资源		△		△		△

注：▲表示现状供给优势；△表示潜在供给优势。

3）要素空间势能分析

要素空间势能分析是选择对城市未来空间发展有影响的要素，对其进行空间势能分析，在地理信息系统（geographic information system，GIS）平台下运用核密度分析工具生成各要素空间势能图，要素空间势能图中值越大代表建设优先权越强，发展为城市建设用地的可能性越大。结合城市空间扩展和发展情景分析的影响要素，选取现状建成区要素、商业综合体要素、高速公路要素、城市主要道路要素和新城投资要素作为空间势能分析对象，得到各要素空间势能图（图 5.2）。

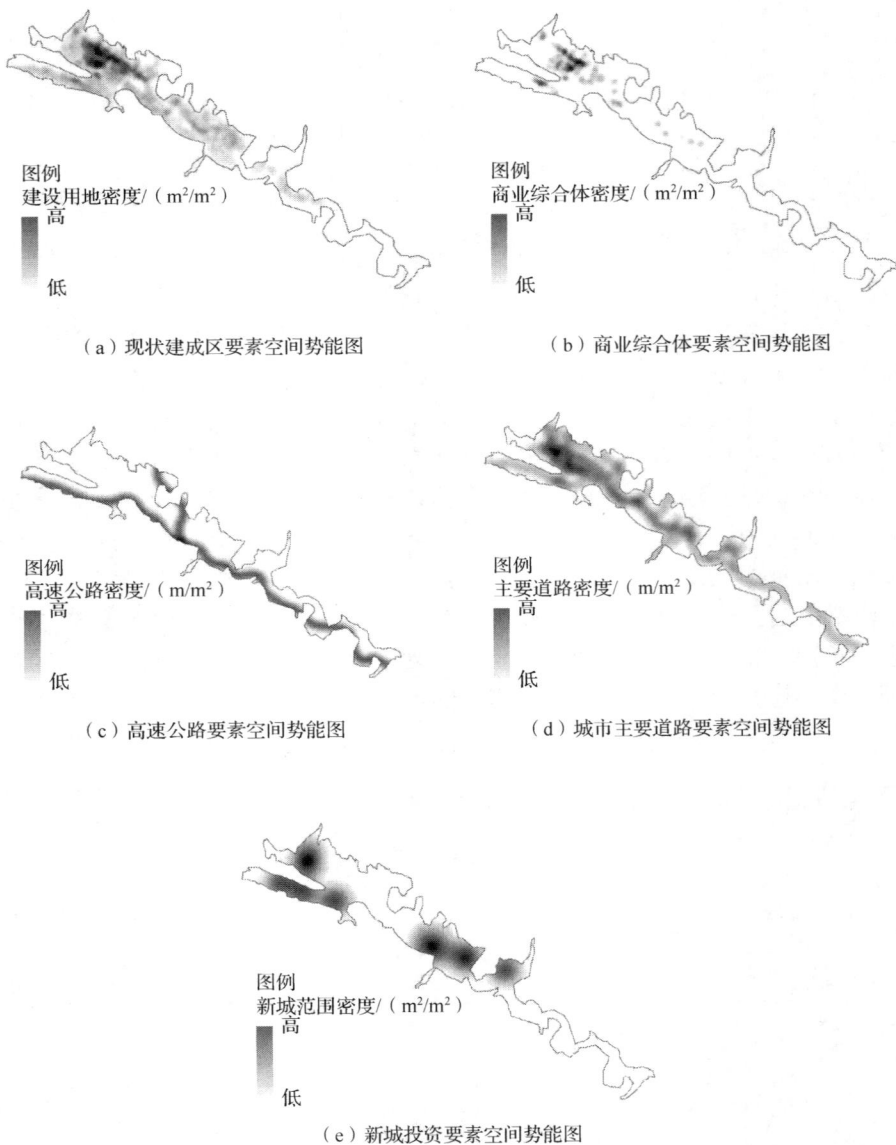

（a）现状建成区要素空间势能图

（b）商业综合体要素空间势能图

（c）高速公路要素空间势能图

（d）城市主要道路要素空间势能图

（e）新城投资要素空间势能图

图 5.2　各要素空间势能图

　　在得到各要素空间势能矢量数据之后，结合商洛市的现实情况对各要素重要程度预估，对各要素权重赋值，并将栅格化之后的各要素势能图按照不同权重进行叠加分析，得到要素空间势能叠加分析结果（图 5.3）。

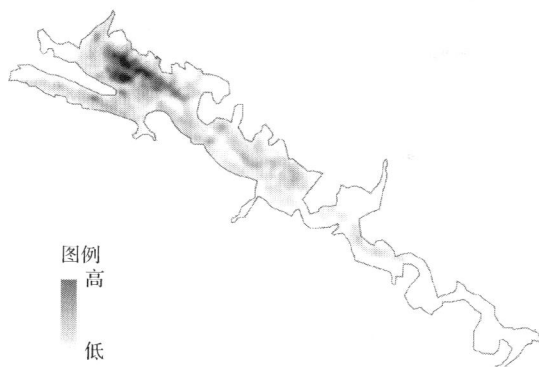

图 5.3　商洛市中心城区要素空间势能叠加图

从商洛市中心城区要素空间势能叠加图可以看出，老城区空间势能最高，其次是龟山以南的南秦片区和沙河子镇，沙河子镇与老城区中间的区域空间势能相对较低，沙河子以东空间势能低，短期内较难实现城镇用地的开发建设。

5.2.2　空间增长情景构建

1. 焦点问题的确立

通过对商洛市中心城区空间增长历史演变、增长特征及影响因素的分析，可以看出近年来商洛市中心城区建设用地快速、跳跃式增长，建设用地边界区域变动剧烈。扩张方向、强度和空间结构不确定性是商洛市中心城区未来发展过程中面临的核心问题，也是商洛城市开发边界划定研究中运用情景分析方法需要解决的问题。因此，将未来商洛市中心城区空间发展的结构变化设定为情景分析的焦点问题。

2. 关键影响因素

影响商洛市中心城区空间演变的因素主要有基础设施建设、自然条件、产业项目和发展政策等。中心城区用地随道路向外延伸，随长途汽车站的搬迁不断向外扩展，同时过境道路成为城市建设用地扩展的门槛。自然条件对城市扩展的限制作用十分明显，商洛城市用地演变中也有对自然环境的有效利用，如丹江的环境整治，以及将城边山体建设成为市民休闲公园等。另外，产业项目和发展政策也直接影响着城市开发的空间位置和强度，如产业园、新区开发、旧城改造等。以上诸因素都在一定程度上影响了商洛市中心城区的空间增长。未来这些因素还将继续发挥作用，还会有其他因素融入商洛市的发展建设中，这些因素代表的关键事件是否会发生及发挥作用的程度，都会带来城市空间的不同发展情景。

3. 关键影响因素的不确定性分析

商洛市中心城区空间发展关键可变性因素分析如表 5.4 所示。根据对现状影响因素的梳理和未来可能发生的关键事件分析，影响商洛市空间增长的关键可变性因素主要归纳为以下几个方面。

表5.4　商洛市中心城区空间发展关键可变性因素分析一览表

因素分类	关键可变性因素	不确定性
区域因素	重大区域性交通工程设施建设	建设时间、进程及影响
自身因素	主导产业的类型与规模	产业类型和布局规模
	生态景观利用	开发力度、进程和对周边的影响
	公共服务设施建设	设施规模及影响
政策因素	决策主体的行为意图	实施主体的利益诉求
	政策导向	项目决策、实施顺序

（1）重大区域性交通工程设施建设。重大区域性交通工程设施的建设能够为中心城市实现跨越式发展创造良好的基础条件。一段时间以来，商洛市 312 国道能否改线影响着商洛市未来城市结构框架，高铁站的选址和建设对提升商洛市区域交通优势、加强商洛市与其他城市交通联系具有重要作用。

（2）主导产业的类型与规模。商洛市作为秦岭腹地山水城市，拥有良好的生态本底，其循环经济产业发展近年来较受瞩目。因此，商洛市中心城区可选择发展以循环经济为主的产业类型，也可以选择以生态居住和旅游服务为主的产业类型，这几种产业会带来不同的经济效益和对环境的不同影响。

（3）生态景观利用。在高质量和可持续发展的大背景下，商洛市优质生态资源的合理利用会在很大程度上影响着城市的发展，会带来环境的改善和居住品质的提升，进而会吸引外溢人口回流，还有可能吸引部分休闲度假的游客。具体的开发时序、吸引力度等，会随着投资主体的意向改变而发生变化。

（4）公共服务设施建设。公共服务设施的建设会在短时间内带动周边地块的发展，如文体中心、学校、大型商场的建设会吸引大量人流聚集。因此，公共服务设施位置的选择及建设时序都会不同程度影响商洛市中心城区的变化和建设用地的增长。

（5）决策主体的行为意图。商洛市的决策主体在选择城市发展路径时，会有不同的决策倾向。实施行为主体意图主要包括三种极限可能状况：一是追求经济增长，强调城市的经济职能；二是重视环境保护，强调城市的生态建设；三是追求经济和生态环境的协调可持续发展。

（6）政策导向。政策的实施会给城市的发展带来很大影响，城市重点开发内容、开发时序及资金投入等政策影响着商洛市的空间发展。商洛市中心城区的空

间发展政策导向可能会倾向于老城区的再开发,也可能倾向新区和产业园区建设,
应将当前政策充分考虑到方案的设计中。

4. 关键因素不确定性组合

根据商洛市的现实情况,对六个关键因素的重要程度及不确定性进行分析,参
照专家意见将六个关键因素的重要性分为强、中、弱三个级别,将因素的不确定性
分为高、中、低三个程度,得出每种关键因素对应的重要性/不确定性矩阵(表5.5)。

表 5.5　关键因素的重要性/不确定性矩阵

重要性	不确定性		
	高	中	低
强	决策主体的行为意图	主导产业的类型与规模	
中	政策导向	生态景观利用	公共服务设施建设
弱	—	重大区域性交通工程设施建设	

通过对关键因素重要性及不确定性的综合分析,从六个关键因素中选出重要性
较强并且不确定性也相对较高的三个关键因素,分别是决策主体的行为意图、主导
产业的类型与规模、政策导向。将三个关键因素中的不确定要素列举出来,分别是
决策主体的行为意图追求经济效益、强调环境优先或实现稳健发展,主导产业选择
循环经济产业或生态旅游产业,政策导向以新区建设为主或以老城区再开发为主,
三个关键因素共七种不确定状态,每个关键因素的不同状态独立存在可以构成 12 种
情景逻辑矩阵(表 5.6)。

表 5.6　12 种情景逻辑矩阵

情景	决策主体的行为意图			主导产业的类型与规模		政策导向	
	追求经济效益	强调环境优先	实现稳健发展	循环经济产业	生态旅游产业	新区建设	老城区再开发
1	▲	△	△	▲	△	▲	△
2	△	▲	△	▲	△	▲	△
3	△	△	▲	▲	△	▲	△
4	▲	△	△	▲	△	△	▲
5	△	▲	△	▲	△	△	▲
6	△	△	▲	▲	△	△	▲
7	▲	△	△	△	▲	▲	△
8	△	▲	△	△	▲	▲	△
9	△	△	▲	△	▲	▲	△
10	▲	△	△	△	▲	△	▲
11	△	▲	△	△	▲	△	▲
12	△	△	▲	△	▲	△	▲

注:▲表示得以实现;△表示未得以实现。

5.2.3 情景预设的空间表现

从商洛市所处的发展环境来看，商洛市正面临前所未有的发展机遇和挑战。关中平原城市群规划等区域性发展规划中对商洛市的要求和定位、特大城市西安市对商洛市的辐射影响、循环经济的集群化发展，给未来的商洛市贴上了"区域次核心城市""西安第二生活区""全国知名循环经济示范园区"等标签，这些区域发展条件对商洛市的作用程度、作用机制都影响着商洛市中心城区未来的空间增长规模和结构布局。商洛市未来的发展充满不确定性，其中心城区的空间增长也存在多种发展情景的可能性。

1. 不同情景下的发展理念与重点

1）情景 1——集聚式发展模式

集聚式发展模式下，商洛市中心城区未来空间增长是以老城区用地的存量开发为主，强调生态环境和农田保护。老城区用地的存量开发包含两个过程，一是城关街道内棚户区改造带来的土地利用强度增加，以及现状城市边界内新建或在建住宅小区的人口密度增加；二是现状老城区范围内陈塬街道、刘湾街道、大赵峪街道的一些村庄、空闲地及其他非城镇建设用地的城镇化开发过程。集聚式发展模式下的重点发展空间如图 5.4 所示。

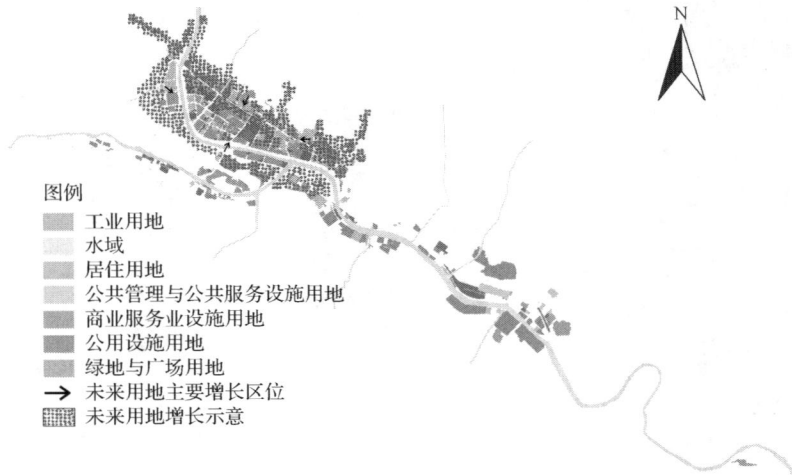

图例
■ 工业用地
■ 水域
■ 居住用地
■ 公共管理与公共服务设施用地
■ 商业服务业设施用地
■ 公用设施用地
■ 绿地与广场用地
→ 未来用地主要增长区位
▦ 未来用地增长示意

图 5.4　集聚式发展模式下的重点发展空间

2）情景 2——跳跃式发展模式

跳跃式发展模式下，空间增长主要表现为多个城市片区的同步建设，是不连续的增量开发建设模式，强调城市经济和规模的快速扩张。除了老城区组团周边陈塬街道西南部的开发和刘湾街道东北片区的开发以外，沙河子镇及其南部工业片区、杨峪河镇也有较明显的城镇建设用地扩张。跳跃式发展模式下的重点发展空间如图 5.5 所示。

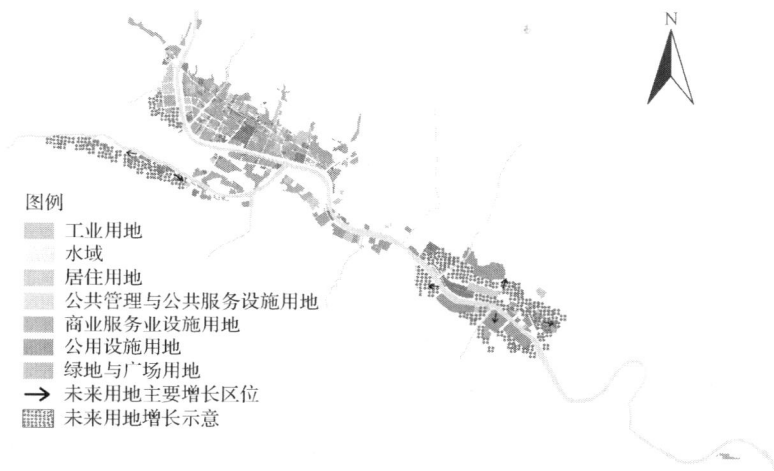

图 5.5　跳跃式发展模式下的重点发展空间

3）情景 3——渐进式发展模式

渐进式发展模式主要反映了城市在现有空间基础上向外逐步蔓延扩张的过程，是空间上连续性的增量开发建设模式。商洛市中心城区向外扩张的空间及方向主要包括大赵峪街道向东北方向扩张、陈塬街道向西南方向扩张、刘湾街道向西南和东南方向扩张。渐进式发展模式下的重点发展空间如图 5.6 所示。

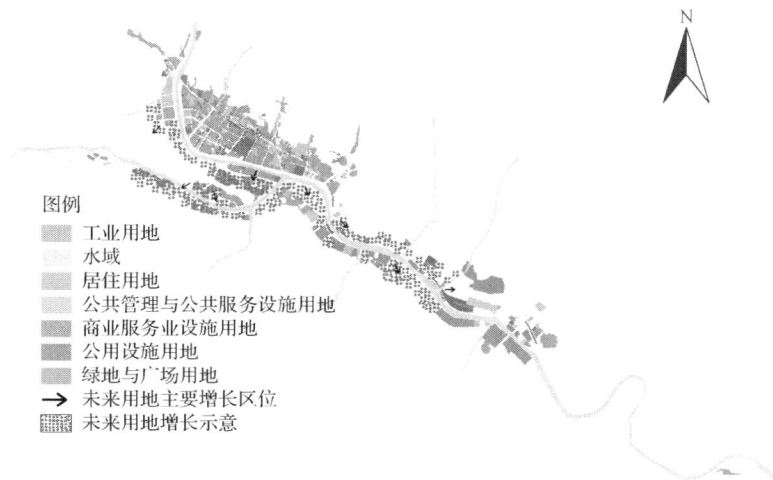

图 5.6　渐进式发展模式下的重点发展空间

2. 不同情景下的空间结构

1）集聚式发展模式下的空间结构

在集聚式发展模式下，老城区核心凝聚力增强，城市综合服务能力进一步提升，主要表现为老城区人口密度和土地利用强度增加。老城区以外其他两个镇及工业园区的空间增长速度慢，增长规模不明显，仍在边界以外呈分散布局状态，城市空间布局呈现"强中心"结构（图5.7）。

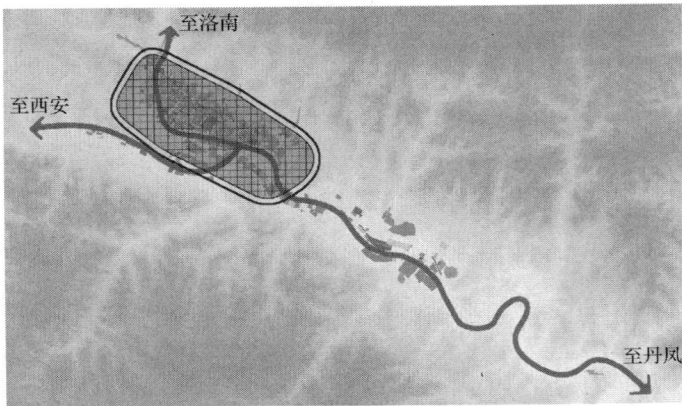

图 5.7　强中心空间形态

2）跳跃式发展模式下的空间结构

在跳跃式发展模式下，城市核心组团的经济功能和人口压力向其他城市组团逐步转移；城市的产业职能得到重视和提升，产业空间规模变化明显；城市空间结构呈现"一主两副"的组团结构，"一主"是老城区综合城市组团，"两副"分别是杨峪河镇新型居住组团和沙河子镇产业组团（图5.8）。

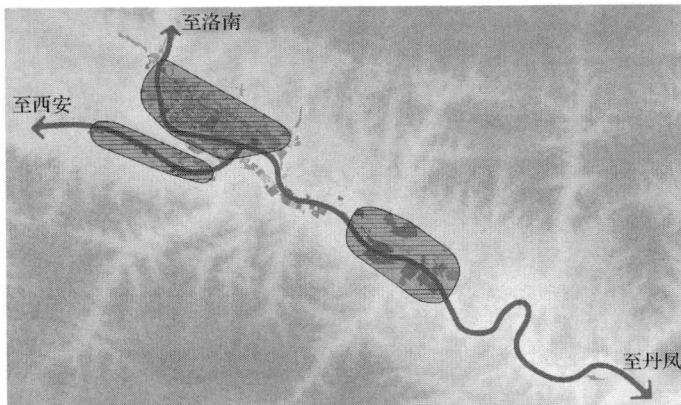

图 5.8　组团空间形态

3）渐进式发展模式下的空间结构

在渐进式发展模式下，城市边缘地带是中心城区未来发展的重要部分。充分利用已有的城市建设基础和公用设施，将城市建设用地边界逐渐向外围延展，边缘的新开发用地与已有建设用地边界外其他已开发用地连接融合，最终形成连片发展的带状结构。商洛市中心城区在这种发展模式下，最有可能沿生态廊道丹江、南秦河向西南和东南渐进扩张，逐渐形成沿丹江谷地的带状空间形态（图5.9）。

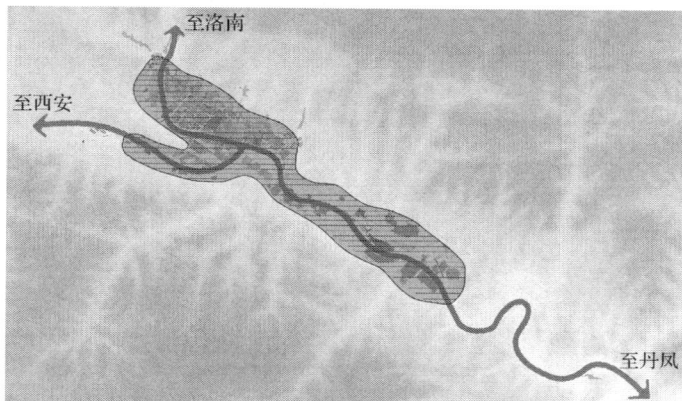

图 5.9　带状空间形态

5.2.4　不同情景方案关联性分析

在情景分析中将所有情景组合归纳为 3～4 个情景方案最为理想，少于 3 个情景方案难以有效表达和概括未来的不确定性和多样性，而超过 4 个情景方案则显得归纳不彻底，情景之间较混乱且难以控制。通过对三个关键因素中不确定要素组合得到的 12 个情景方案进行分析，排除存在内部逻辑不严谨的方案，同时考虑生态、交通和公共服务等对城市未来发展有影响的其他因素，将情景矩阵归纳为 3 种情景模拟方案。

（1）情景模拟方案 1——集聚式发展模式。该方案强调环境优先的决策主体行为意图，政策导向倾向于老城区再开发，中心城区功能和主导产业以生态居住和旅游服务为主。

（2）情景模拟方案 2——跳跃式发展模式。该方案强调实体经济的决策主体行为意图，政策导向倾向于新区建设，中心城区功能和主导产业选择以循环经济产业为主。

（3）情景模拟方案 3——渐进式发展模式。该方案追求经济和生态稳健发展的决策主体行为意图，老城区再开发和新区建设政策并举，中心城区的生态旅游和循环经济产业协同发展。

21 世纪以来，随着商丹循环工业经济园区、南秦新区等项目的建设，商洛市中心城区的空间扩张表现出明显速度加快、规模加大、扩张方向多元的现象。城市边缘出现了乡村景观、城市景观、自然山体景观拼接无序状况。龟山、金凤山等自然山麓景观被碎片化的城市建设用地包围，重要的生态开敞空间受到新城建设影响。

　　三种不同的发展情景是根据不确定因素的不同组合构建而成的，通过情景的描述分析可以看出，三种情景呈现的空间结构并非完全独立和相互矛盾。一方面，在不同的发展阶段，某些因素发生变化的情况下，中心城区的增长方式和空间形态会在三种情景之间发生转变，增长情景之间存在一定阶段性；另一方面，影响因素不同规模和强度的时间集聚可能产生不同的空间表现，此时三种情景在时间和空间上都具有一定的融合性。

　　三种发展情景可能出现在城市发展的不同阶段，表现出一定的阶段性。在城市增长过程中较早出现的情景可能是集聚式发展模式，集聚式发展模式通常发生在城市没有大规模扩张需求且对建成区域再开发有明确政策导向的情况下。当城市经济社会发展到一定阶段要求城市用地规模扩张时，城市可能出现跳跃式或渐进式用地扩张。当城市中心的人口和功能需要疏解，且在中心以外存在优势明显的飞地（有良好发展基础或发展机遇）时，城市的增长可能率先发生在这些地区，进而发展成组团式空间结构。当城市有扩张需求且城市边缘用地条件允许时，城市有可能在原有空间基础上向外围逐渐扩张，城市形态逐渐形成连片的带状结构。情景发生过程如图 5.10 所示。

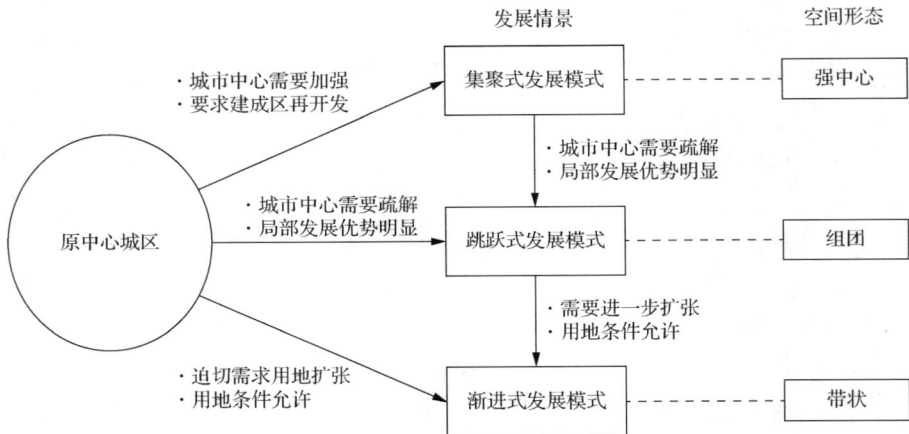

图 5.10　情景发生过程示意图

　　此外，某种城市形态的形成过程可能经历不同的情景发生过程。城市增长可能在原有状态下经历单一的增长情景，直接形成强中心、组团或带状形态；也可能经历两种或两种以上增长情景，形成组团或带状形态（表 5.7）。通过梳理总结城市增长可能发生的过程和空间形态结果，可以发现，商洛市中心城区最终的空间形态最有可能是沿丹江谷地呈带状增长，由于增长过程中不同关键因素发生的顺序和影响程度的不确定性，商洛市中心城区可能会经历强中心—组团—带状的空间增长变化过程。

表 5.7　空间形态的情景发生过程

空间形态	情景发生过程
强中心	集聚发展
组团	跳跃发展
	集聚发展—跳跃发展
带状	渐进发展
	集聚发展—渐进发展
	集聚发展—跳跃发展—渐进发展

城市的不同发展情景是由关键不确定因素的特定组合构建而成的，但不能排除在某种发展情景下，个别其他关键因素的建设时序、建设规模、影响程度的强弱等特点会对情景方案的进行产生较大影响，此时情景方案本身就表现出明显的动态性。另外，通过梳理未来城市空间增长的关键事件对应的情景模式，可以发现，不同情景包含的关键事件极有可能同时发生且有一定关联性。因此，将情景分析方法作为城市增长边界划定和动态调整的参考依据时，应关注不同发展情景的融合性。

在集聚式发展模式下，增长边界的扩张主要是老城区原有实体边界在四个方向上的扩张，向西、向南主要是丹南片区开发，向东主要是边界向大赵峪街道扩张，向北是三类居住用地的整理和生态景观用地的扩展。与此同时，杨峪河镇和沙河子镇也可能对城市的空间增长产生较大影响，发生了跳跃式增长的情景。跳跃式发展模式下，增长边界在空间上是不连续的，各组团应该划定独自的增长边界来保证组团的增长能被控制在一定范围内有序进行。当城市的增长发生在不同的空间组团之间或各空间组团边界渐进式相向扩张时，主要是渐进式发展模式，渐进式发展模式下增长边界的划定可能根据城市发展阶段的不同呈现出不同的规模和形态。当渐进式发展模式发生在城市空间扩展的前期或中期时，增长边界主要以某一个组团的边界外扩为主；当渐进式发展模式发生在城市扩张的后期，即各组团发展成熟之后，增长边界主要以各组团边界的扩张融合为主。

5.2.5　商洛市预判与现实对比结果及边界区域发展的思考

对比商洛市城市发展现状和研究时情景预判的结果，发现没有明显的多片区跳跃式扩展（情景 2），也没有仅仅在老城区集聚式扩展（情景 1），现状与渐进式发展模式（情景3）基本符合，主要是在原有用地的基础上向东南部、南部、西部逐步扩展，且增加量不大。东南部商丹谷地增量较少，仍然存在面积较大的已经平整但尚未建设的用地，目前用地尚未连接成片。城关街道具有土地、城市公共服务设施、生态景观等关键要素的增长潜力，刘湾街道关键要素增长潜力增大；位于城区西侧的南秦新区高铁站选址和施工建设，使得杨峪河镇继续保持对外交通站点的供给优势。312国道商州至丹凤一级公路改建项目建成通车，加强了商洛中心城市与周边区域的交通联系。2016年9月，陕西省政府批准成立商洛高新区，是在商丹循环工业经济园区的基础上创建的省级高新技术产业开发区，助推了商洛市产业发展。商洛市"十四五"规划提出发展大健康、大旅游产业，这些关键因素变化均与预判结果一致。2015年以后，中心城区的空间发展政策导向既有老城区的再开发，也有新城和产业园区建设。从发展结果来看，截至目前，仍以渐进式发展为主，很少向北扩展，符合预判时指出的当渐进式发展模式发生在城市空间扩展预判的前期，增长以老城区的边界外扩为主的判断，也符合当时"不同情景包含的关键事件极有可能同时发生且有一定关联性"和"三种情景在时间和空间上都具有一定的融合性"的预判。

通过对比商洛市建设用地边界区域变动现状与研究时情景预判的结果，认为在开发边界划定和弹性用地选择时，应注重以下几点。

（1）城市在不同发展阶段具有不同的发展特征，对应不同的发展速度和发展规模。划定城市开发边界应适应商洛不同发展模式下的规模和阶段性，构建可生长的弹性空间结构，避免出现未能容纳新的发展而造成的建设无序。在城市规模不大、用地相对集中规整、用地增长缓慢的情景下，边界的形态和边界内存量土地的规模也应该适应较为集聚的增长模式，引导城市集中紧凑布局，严格控制蔓延。当城市处于快速扩张阶段，增长边界应随着城市空间布局突破，构建新的空间发展结构，如突破原有的单中心结构，逐渐演变为带状或多中心模式，这就要求城市开发边界的划定能够适应城市在不同发展阶段的用地规模、空间结构。

（2）在对空间增长潜力和要素空间势能进行定性定量分析的基础上，除了考虑商洛市中心城区空间扩展以丹南新区发展为主，以沿丹江工业带发展和沙河子镇建设为辅的特征，同时要考虑商洛市未来不同发展情景，在边界控制内进行弹性用地选择。三种发展情景具有阶段性和融合性的特征，这种阶段性并不是依次展开的，而是可能发生在任何时段。渐进式发展模式范围包含了集聚式和跳跃式发展模式。从目前情景看，渐进式情景下的开发是城市发展过程中各种关键事件和利好因素发挥积极作用后形成的较为理想和健康的增长状态，这也为发展时序的引导和用地管控提供了参考。

5.3　绿洲城市酒泉中心城区建设用地边界区域推演

绿洲城市是绿洲内人类生产、生活的集聚中心，也是人地关系最为敏感的区域。绿洲城市的空间形态及其变化的动力机制都显示出与其他地区不同的特征，其复杂性和多样性对城市形态学的理论研究具有特殊价值（刘雅轩等，2009）。天山南北麓、昆仑山—阿尔金山北麓、伊犁谷地、额尔齐斯河流域及河西走廊都是绿洲的主要分布区域。酒泉市位于甘肃河西走廊，历史悠久，其城市发展和空间演变在绿洲城市中具有一定的典型性和代表性。本节基于 2014 年酒泉市城市建设实际，对其未来建设用地边界区域进行推演，并在 2014 年预判结果的基础上压 2018 年、2020 年及 2021 年实际情况进行对比。

5.3.1　酒泉市演变背景分析

据《酒泉市 2019 年国民经济和社会发展统计公报》，全市生产总值 618.2 亿元，比上年增长 7.7%。其中，第一产业增加值 93.6 亿元，增长 6.3%；第二产业增加值 253.8 亿元，增长 9.7%；第三产业增加值 270.8 亿元，增长 6.0%。全市社会消费品零售总额 202.7 亿元，比上年增长 7.4%。全市城镇居民人均可支配收入 38234 元，农村居民人均可支配收入 18609 元。2019 年末，全市常住人口 113.22 万人，比上年净增 0.52 万人，其中城镇常住人口 70.69 万人，占总人口的比例（常住人口城镇化率）为 62.44%。相比 2014 年，经济增长稳中有降，城镇人口、城镇化率均有较大增长。酒泉市作为河西走廊中心城市、历史文化名城和富有地域文化特色的绿洲城市，在快速工业化和城镇化进程中，城市经济、固定资产投资等保持增长，伴随着酒嘉双城经济圈和大敦煌文化旅游经济圈的打造，城市产业空间不断扩展，中心城区形成老城、新城、经济技术开发区等片区。

酒泉市是我国西部土地开发利用最早的区域之一。早在 4000 多年前酒泉市就有人类定居，畜牧业已很发达，并有了原始的农业和纺织业生产[①]。1949 年以前，城市形态和路网结构为十字路网南北走向，矩形城墙围合，公共功能沿城市主街组织。随着城市重要过境公路甘新公路的建设和贯通，城市空间扩展长期位于远境公路一侧，城市以南北大街组织为主，南、东两方向扩展明显。火车站位于城南，与主城区分离，但仍对接城市南轴。改革开放以后，酒泉市工业发展迅速。20 世纪 80 年代，工业在城市发展南轴和甘新公路跨北大河一侧组织发展。20 世纪 90 年代，城市空间仍以工业片区和城南片区扩展为主。2005 年后，城市西侧新城快速发展，成为主城区空间扩展的主要方向，酒泉工业园北区和南区在原有

---

① http://www.jiuquan.gov.cn/jiuquan/c103370/202111/256f25d20bb141ca8e747b298d3b3613.shtml

基础上组织，嘉峪关市与酒泉市空间相向组织趋势显现。

从 2004～2014 年酒泉市建成区面积和边界周长变化可以发现，建成区面积在十年间有大幅增长和显著的形态变化，城市空间扩展显著。酒泉市 2004～2009年扩展方向主要集中在西北向和西南向，以酒泉工业园北区和南区工业用地为主。西北向趋势较为明显，达到该时期扩展量的 46.51%，东北和东南扩展量较小。2009～2014 年扩展方向主要集中在西南向，以酒泉工业园南区工业用地为主，工业园北区方向扩展放缓，东北向和北向扩展量仍较小，跨北大河扩展导向较小。建设用地性质规模以工业用地和居住用地为主。酒泉市建成区单一用地性质有效地块数量为 1088 个，平均地块面积为 4.62hm²，最大地块面积为 93.71hm²（二类工业用地），最小地块面积为 0.035hm²（零售商业用地）。酒泉市建成区单一用地性质的地块面积在空间上呈现分异、小面积地块在城市中心区集聚、大面积地块在西北区和南片区集聚的特征。小面积地块以酒泉市老城区和新城区生活、商业和服务片区为主体，在城市向西扩展过程中，仍保持单一用地性质的小地块扩展；大面积地块以城西酒泉工业园西区和城南酒泉工业园南区工业用地为主，与风电设备制造、种子加工和金属冶炼工业相关。

5.3.2　城市空间增长情景分析

城市在早期渐进式发展过程中，潜在问题经历了逐步显现的过程。当城市发展的速度和模式超过了过去，经历跳跃式发展进程时，城市空间将会产生结构性变动，而这一过程面临着较大的不确定性。因此，应对城市发展过程中的不确定性和模糊性，以规划技术进行多因素研判，提供可供决策的方案，对于指导城市空间有序发展具有重要意义。

1. 问题与各方情景战略诉求

从各方发展期望、空间诉求和前景预期等方面分析可知，提供区域经济发展动能，改善城市整体环境品质，实现宜居、宜业、宜游，满足城市发展的空间资源和土地资源供给，是酒泉城市空间发展的战略愿景。不同的参与主体，在战略愿景下有各自的发展诉求和空间布局意愿。①市场主体方：关注所在行业在全国和区域整体钢铁、水泥、光伏、风电、电解铝等产能过剩背景下，以及"面临需求收缩、供给冲击、预期转弱三重压力"的市场环境变化条件下，如何弹性地回应市场经济发展的空间需求，确定城市产业空间的重点投资和布局方向。②政府管理方：关注在酒泉城市发展模式转型态势下，如何在城市新区和经开区建设过程中，有效控制政府债务风险，既保证土地供应又有利于土地集约节约利用，同时推动空间从单一功能向综合功能转型；关注对城市内部空间进行更新和优化，从而改善城市环境品质，提升公共服务竞争力，控制无序蔓延，有效解决"城市病"，保护基本农田和生态文化资源。③社会参与方：关注在人本主义的城镇化进程中，教育、医疗等公共服务设施供给，多类型住房保障覆盖程度，公共绿地与文化休闲场所的提供，以及改善酒泉中心城区城中村、城边村的空间品质，统筹常住人口的城市区域就业、通勤和职住平衡，缓解城市堵点、停车难点等。

2. 关键不确定因素识别和确定

城市空间扩展和发展分析中涉及各类因素，如经济发展水平、潜力用地条件、交通设施条件、生态功能分区、城市发展政策、城市基础设施建设融资能力和建设项目规划布局等。按照影响效力，可以将影响城市空间扩展的要素分为三类：①城市空间扩展动力要素，包括产业经济发展总量和持续发展能力、常住人口规模和素质、城市建设项目数量等；②城市空间扩展阻力要素，包括生态敏感区、遗产保护区、用地制约条件等；③城市空间扩展政策要素，包括地域性优先发展政策、永久基本农田保护政策、区域交通设施规划、基础设施投融资政策等。

酒泉市城市空间扩展的情景分析，需要设定各类情景的要素组成和要素的作用程度等。此外，须从各方利益、价值和现有用地基础上的战略愿景出发，对影响城市空间扩展的因素进行确定性和不确定性的划分。①确定性因素，如潜力用地条件、交通可达性、现有设施覆盖水平、经济发展现状水平和城市空间发展的引导方向等；②不确定性因素，包括经济水平决定的空间增长速度、规划实施过程中的供地政策和土地集约利用要求、预留生态用地的保护程度、内城更新演替的速度等。根据城市空间扩展因素的确定性和不确定性分类，建立理论动力阻力扩展模型和情景变量因子模型，对酒泉市中心城区周边潜在的扩展区域进行情景方案构建。

3. 模型和土地转化扩展概率区

空间扩散（spatial diffusion）理论认为，物质流、货币流和信息流在某一时间和空间从原生地产生，经历一定时间的传播与运动之后扩散至承受体。城市空间组织包含城市空间要素与要素之间的关系，通过对建成区内确定的恒定因素和可预测的因素进行扩散影响区叠加，形成理论空间扩展的概率区。通过比较资料完整性及可获取性，预选酒泉市中心城区确定性的城市空间扩展要素，如潜力用地地形条件、道路交通可达性、道路交通核心轴线、公共服务设施覆盖、生态绿地水系、历史文化遗产（资源）、工业园区和经济技术开发区、基本农田保护现状等，以此构建形成评价指标体系，并根据各因子在时间和空间上的分布规律赋予权重，通过叠置分析，得出理论空间要素主导下的土地转化扩展概率分布图。利用自然断裂点法对扩展概率区进行聚类分析，获取城市空间的工业仓储用地、商业服务业用地和居住用地的土地转化扩展概率分布集中区域。

　　理论动力阻力扩展模型，是建立在酒泉市中心城区城市空间扩展的确定性及预测确定性的动力和阻力因子定量分析基础上的。酒泉市城市空间扩展的动力因子是城市空间演变过程中长期起到空间增长驱动作用的因子，包括道路、设施水平、公园绿地水平的辐射驱动力；阻力因子是城市空间演变过程中影响城市空间、阻碍城市空间用地增长的因子，包括地形地貌阻力、历史文化遗产保护区阻力、城边村社会阻力等。从资料的可获取性和空间可视化角度出发，建立 2014 年建成环境下的酒泉市理论动力阻力扩展模型，可获得理论角度空间可扩展的区域和高、中、低概率的土地转化区（图 5.11）。

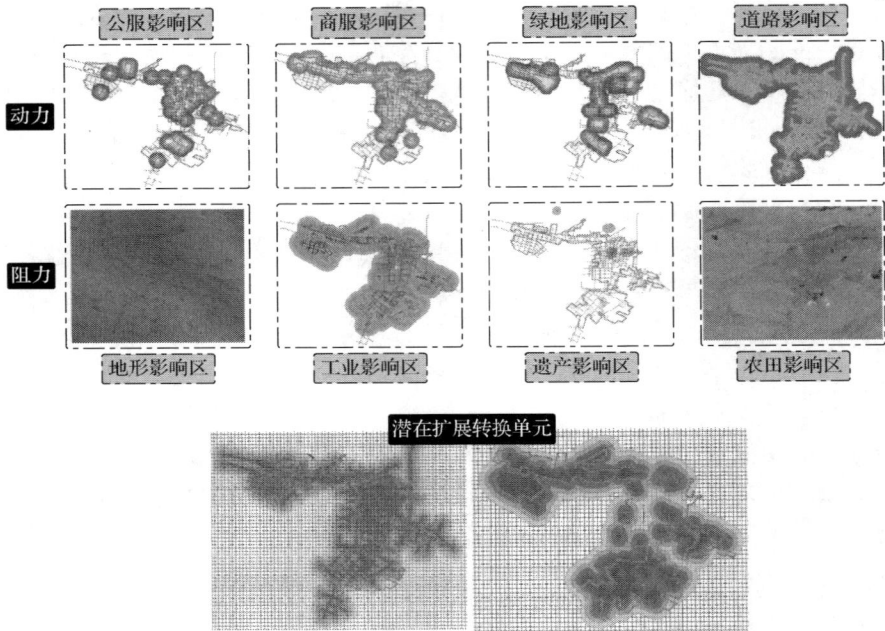

图 5.11　酒泉市中心城区土地转化扩展概率区

4. 变量假设及多种情景形成

　　按照情景规划理论，规划是以发展历程为基础进行预判，进而对未来发展作出安排，将城市发展基础、发展战略、政策及重点建设工程等要素作为干预项纳入其中。城市产业经济规模和增长速度的潜在增量影响着城市空间资源供给，是城市空间扩展速度和规模的关键不确定性因素。此外，城市土地供给政策、交通设施用地供给和基础设施投资建设等，也是城市空间扩展的不确定性因素。情景变量因子是影响城市空间扩展中的不确定性因子，通过对情景因子进行识别和多类型假设组合，将酒泉市空间扩展的情景变量分为经济增长和空间扩展速度、空间增长控制模式、用地分配政策三类，分别对其可能的情景进行设定（表 5.8）。

表 5.8　城市空间扩展的情景设定

情景类型	不确定性因素条件组合		
	经济增长和空间扩展速度	空间增长控制模式	用地分配政策
1	高速	单中心外推扩展	居住商服用地主导
2	中速	轴带线性扩展	工业用地和居住商服用地并重
3	低速	多中心片区扩展	工业用地主导
⋮	⋮	⋮	⋮
27	低速	轴带线性扩展	工业用地主导

（1）城市经济增长速度对城市空间扩展的影响。根据不同经济增长速度下空间土地资源的供给区位方向和规模情景变量，研究在不同增长速度下的空间扩展建设用地供给和用地整合，可以分为：①2004～2009 年五年经济和空间增速，即低速发展的整体态势；②2010～2014 年五年经济和空间增速，即快速发展的整体态势；③2004～2014 年十年经济和空间增速，即中速发展的整体态势。

（2）城市建设用地增长控制对城市空间扩展的影响。城市增长控制通过土地利用规划、城市规划等，对城市环境品质相关的关键不确定因素进行控制，包括城市的供地政策、空间增长速度等。以城市规划的用地控制和引导为情景变量，研究在不同城市规划方案的控制和引导策略下城市空间扩展和结构演变的模式，可以分为弱控制下的单中心外推扩展、中控制下的轴带线性扩展、强控制下的多中心片区扩展三类。

（3）用地分配政策对城市空间扩展的影响。运用年度建设用地指标控制手段，以土地供应的类型结构和比例作为情景变量，研究不同的产业经济、房地产政策和人口迁居背景下工业用地和居住用地的供给倾向比例，可以分为工业用地主导、居住商服用地主导、工业用地和居住商服用地并重三类。

通过对影响酒泉城市空间形态和空间结构演变的三类不确定性主导因素进行组合，形成不同速度、不同空间增长控制模式和不同用地分配政策的 27 种情景和城市总体规划层面土地分配方案。通过情景的内部一致性检验，剔除其中明显不可能发生的情景，最终形成 10 种情景进行具体空间扩展的模拟分析，并结合酒泉市中心城区研究时形成的空间结构特征及确定性因素，形成酒泉城市空间扩展的情景方案。

（1）情景一：经济增长和空间扩展低速度，空间增长控制轴带线性扩展，工业用地主导。①关键条件。在经济增长放缓的背景下，城市空间扩展在保持既有建成区现状和道路交通网基础上，沿着主要交通通道进行带状扩展，实现最小基础设施投资；同时，为激活城市产业经济及固定资产投资，有效保障产业用地，以工业用地扩展为主，为城市产业经济发展提供项目用地支撑。②模拟结果。酒泉市中心城区空间扩展，在酒泉经开区沿嘉酒一级路、飞天路两侧进行产业用地供给，酒泉工业园沿解放路进行产业用地供给，为企业主体投资提供用地保障，同时调控产能过剩产业用地供给。③规划建议。严格按照酒泉经开区批复边界范围和产业功能分区，保障工业用地的供给；考虑 2015 年底随兰新高速铁路的开通，投入运营的酒泉南站片区建设，有效保障公用设施用地供给。

（2）情景二：经济增长和空间扩展中速度，空间增长控制多中心片区扩展，工业用地和居住商服用地并重。①关键条件。在经济增长中速的背景下，固定资产投资和产业项目投资保持中速发展，投建和运营新产业项目，投资城市道路基础设施与同期建设居住、商业和工业项目，启动必要的教育、医疗设施项目，保障城市增量空间建设，实现城市建设发展的基本预期。②模拟结果。酒泉市中心城区空间扩展，同步开展酒泉经开区、酒泉工业园区和酒泉新城二期建设，建设发展产业与生活空间；有效治理城边村，借助棚户区政策进行土地收储，提供居住商服建设用地空间，实现居民安置。③规划建议。按照土地利用年度计划和农转用指标，在酒泉新城二期正大路、瓜州路和清泉路等地块规范引导建设活动，防止用地蔓延式扩张，更强有力地保护耕地资源；考虑 2015 年底随兰新高速铁路的开通，投入运营的酒泉南站片区建设，有效保障公用设施用地供给。

（3）情景三：经济增长和空间扩展高速度，空间增长控制多中心片区扩展，工业用地和居住商服用地并重。①关键条件。在经济增长高速的背景下，固定资产投资和产业项目投资保持高速发展，城市道路基础设施投资与商业和工业项目持续建设，重大公共文化、教育、医疗和景观设施持续建设，伴随城镇化率提高，居住用地需求增加。②模拟结果。酒泉市中心城区空间扩展，同步开展酒泉经开区、酒泉工业园区、酒泉新城二期等多个中心片区扩展，实现产业、生活、文化和生态空间的融合建设发展；启动汉唐文化新区，围绕文化产业，开展文化旅游、奇石古玩、演艺娱乐、健身休闲、节庆会展、文化创意、餐饮商业等城市功能新区的建设；按照高铁新城功能区需求，推动酒泉南站片区建设。③规划建议。按照土地利用年度计划和农转用指标，在扩展趋势明显的酒泉新城二期正大路、瓜州路和清泉路等地块规范引导规划建设活动；在酒泉南站片区建设中谋划高铁新城，有效保障商业用地、居住用地的集中；结合汉唐文化新区建设完善生态空间治理，突出沿河生态空间管制。

5.3.3　酒泉市预判与现实对比结果及边界区域发展的思考

将多情景分析结果（2014 年）与酒泉市中心城区 2018 年、2020 年及 2021 年现实空间扩展情况进行对比（图 5.12），得出以下结论。

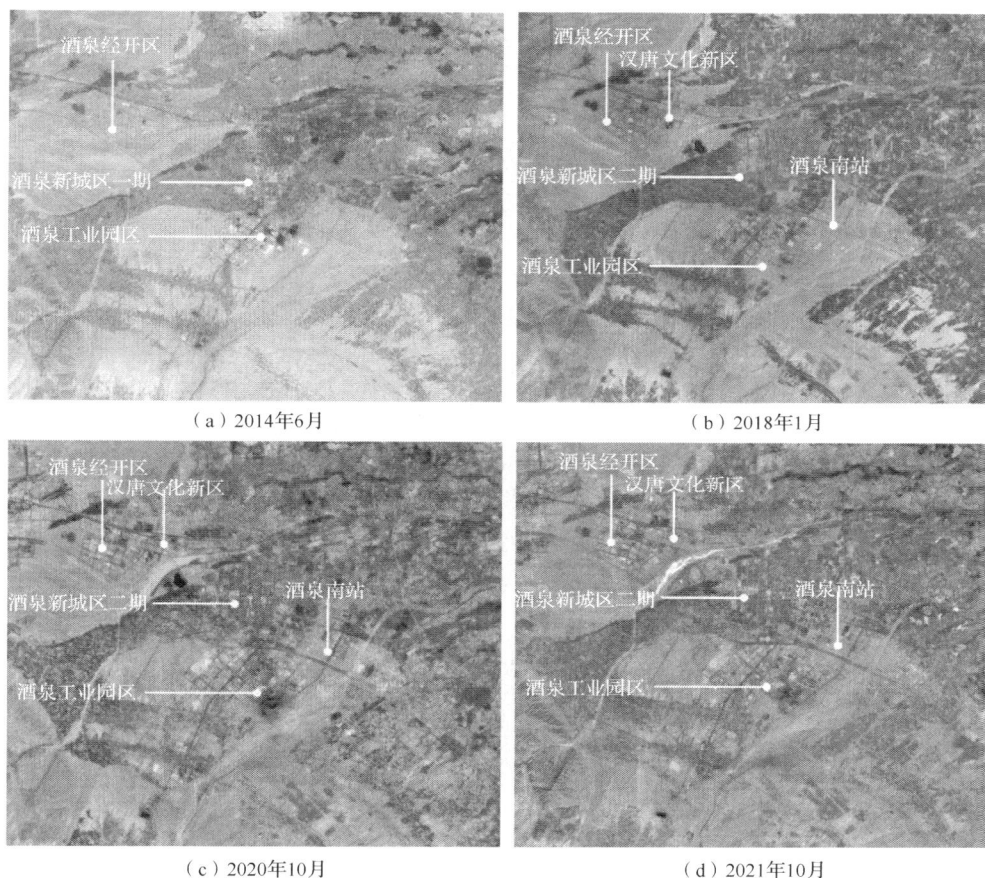

（a）2014年6月　　　　　　　　　　　　（b）2018年1月

（c）2020年10月　　　　　　　　　　　　（d）2021年10月

图5.12　酒泉市中心城区2014年、2018年、2020年、2021年土地转化扩展

（1）经济发展速度和人口集聚速度的增加在一定程度上影响着土地转化扩展。2014～2021年，酒泉市中心城区呈现以中速为主导的经济增长和空间扩展速度。酒泉市生产总值由2014年的634亿元达到2021年726.7亿元，地区生产总值由2017年下降1.8%变为2019年增长7.7%，2020年虽受新型冠状病毒肺炎疫情影响，但仍增长6.3%。第二产业增加值在2021年达到329.8亿元，表现为以农产品加工、机械制造、新能源装备制造等为主的工业经济平稳发展。此外，中心城区所在的肃州区城镇化率不断提升，"七普"城镇人口规模为32.75万人，占比为71.88%，相较于2010年城镇人口比例上升12.34%，表现出城镇化速度和质量的持续调整。

（2）2014～2021年，酒泉市中心城区呈现以外扩及填补为主导的城市空间形态扩展。在酒嘉双城经济圈建设、兰新高铁建设开通、酒泉新城区二期等影响下，处于酒泉与嘉峪关相邻区域的酒泉经开区（西园、南园）、重要交通枢纽酒泉南站、酒泉新城区二期等区域，在既有城市空间结构基础上，通过城市建设用地边界区域填补、沿道路连片扩展等方式，发挥触媒点作用，表现出空间连片扩展的细化，城市空间功能与形态持续完善。

（3）2014～2021年，酒泉市中心城区空间扩展用地构成以多元用地综合为主，表现出多类型用地性质的扩展。酒泉经开区以工业用地扩展为主，酒泉南站和酒泉新城区二期以居住商服用地扩展为主，在空间上表现出与其功能分区性质和目标相一致的用地扩展。与《酒泉市城市总体规划（2016～2030年）》中关于中心城区主要组团功能定位"中心组团、高铁组团、城北组团、嘉酒新区组团、城南产业组团、西郊产业组团"的土地利用规划性质引导相一致（图5.13）。

图5.13　酒泉市中心城区土地转化扩展

通过对比酒泉市建设用地边界区域变动现状与研究时情景预判的结果，认为在开发边界划定和弹性用地选择时，应注重以下几点。

（1）着力控制与引导城市建设用地的扩展与转换，有效化解城市建设与土地供给之间的管控失调矛盾。城市空间的发展是多因素叠加的结果，城市空间导向同未来城市空间的发展息息相关。面对多种可能的城市未来，需要以弹性方案应对未来城市空间的演变，更需要以科学适用性的规划成果调控城市空间演变，通过合适的尺度、合理的时序、高效的组织结构调控用地转换。

（2）弹性用地选择应是多维统筹、多时期协调的结果。建设用地边界区域发展引导应在城市经济社会发展预测的前提和预设条件下，既要满足当前城市发展的空间需求量，又要为未来的发展留有空间，还要切实保护城市周边生态环境和耕地资源，引导城市空间合理增长和高效利用。需要探究人口、用地和建设强度同地域城市可持续发展之间的逻辑关系，合理确定城市近期、远期发展方向与规模的多情景，统筹优化和扩展城市用地，弹性应对空间的增长和收缩。需要考虑各行为主体（政府、企业、居民）的博弈和行动，对微观行为主体的空间诉求进行了解和掌握，坚持对多行为主体影响下的规划方案进行调整，在空间地理单元内实现"多主体认同"，将微创式的空间改造和空间扩展与大尺度的产业承载用地扩展相结合。

（3）注重建设用地边界区域用地结构匹配与有序高效开发，实现布局弹性设计与边界刚性约束的动态协调。城市开发边界划定和弹性用地选择影响着城市用地布局和空间结构。城市用地空间布局和城市空间结构是否合理，又会直接影响到城市系统内部的经济效益、社会效益和生态环境效益等。因此，需要在城市建设过程中保持用地的适度紧凑化，在划定的开发边界内以尺度、功能、土地开发强度和人口集聚、就业岗位等作为发展中的指标，优化及合理确定用地布局。

5.4　资源型城市榆林中心城区建设用地边界区域推演

资源型城市发展一般会经历建设期、成长期、成熟期、枯竭期、再生期五个阶段（宋飏等，2012）。不同发展阶段受资源储量、技术资本投入、环保要求、基础设施建设等因素的影响，呈现出不同特征，产生相应的空间响应，进而形成能源产业-城市发展的互动关系，成为城市开发边界"划"与"用"中时间弹性、空间弹性研究的基础，影响着开发边界的划定、指标弹性的确定和刚性管控效果。能源产业发展作为资源型城市空间增长的重要驱动力量，使得城市空间结构的演变受到周边采矿区、资源加工工业片区发展影响，伴随能源产业的发展，城市呈现出相应的土地利用演变规律。由于产业结构演替和布局调整，资源型城市土地利用在迅速演变过程中也极易出现效率低下、空间活力降低等问题，需要在阶段性空间发展引导中予以充分的重视，以保证阶段性用地集约和长期用地结构合理。

榆林市是地处西北生态脆弱区的成长期资源型城市。榆林市位于陕西省最北部、毛乌素沙漠东南缘与陕北黄土高原北缘的交接地带，煤炭、石油、天然气等储量丰富。随 20 世纪 90 年代区域煤炭、石油、天然气等能源产业的快速发展和21 世纪国家能源化工基地建设，城区周边矿区和园区的建设力度不断加快，中心城区人口不断聚集，建设用地迅速扩展（陈晓键等，2018）。本节基于 2017 年榆林市城市建设实际，对未来建设用地边界区域进行推演，并在 2017 年预判结果的基础上与现状的实际情况进行比对。

5.4.1　榆林市演变背景分析

1. 榆林城市空间演变特征及模式

1）空间扩展特征
榆林城市空间扩展与煤炭资源分布及开采、交通基础设施建设等有着紧密的联系。近年来，周边煤炭资源的开采及能源产业的迅速发展极大地促进了建设用地的扩展，由中心城区紧凑布局向与周边区域近域、跳跃推进叠加发展模式演变。从榆阳区历年夜间灯光数据（表 5.9）可以看出，1992～2013 年城镇建设用地得到迅速增长。1992～1996 年，中心城区扩展较慢，以向南扩展为主；1999～2003 年，出现向北扩展的势头，北部牛家梁镇建设用地迅速增加；2006～2013 年，中心城区西部、北部、南部都得到迅速扩展（郝海钊等，2019）。

表 5.9　榆阳区历年夜间灯光数据

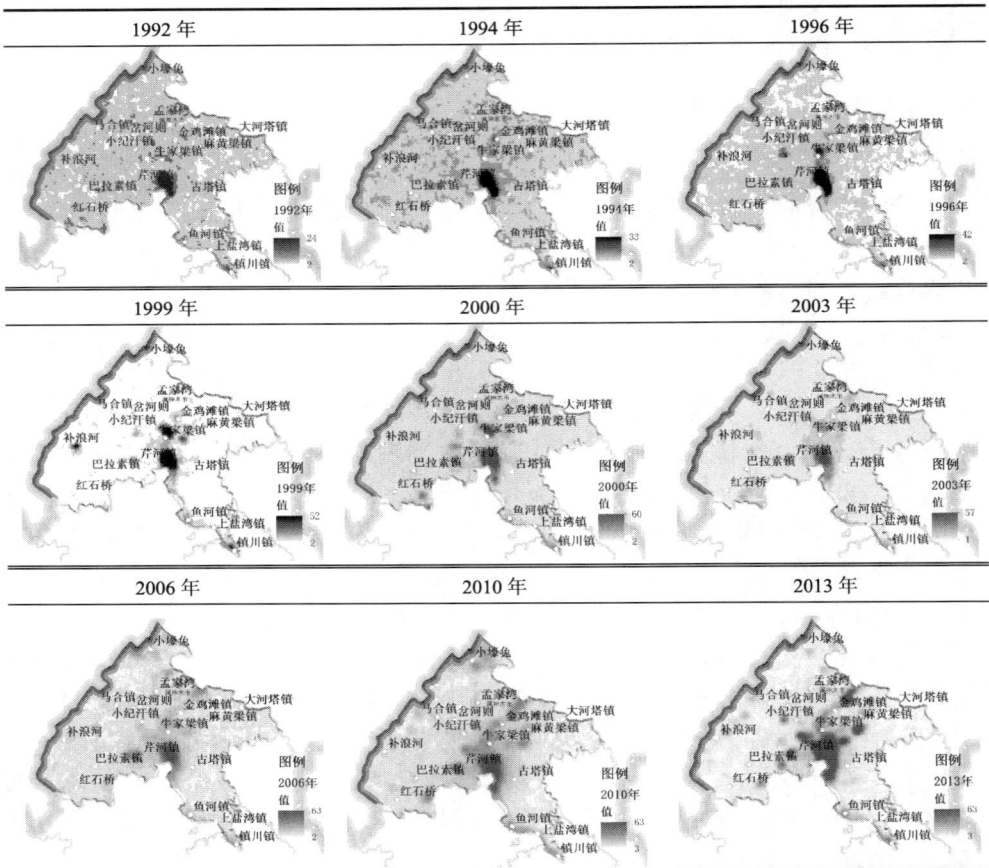

注：夜间灯光数据来源于美国国家海洋和大气管理局官网 DMSP/OLS 数据，"值"表示 DMSP/OLS 影像上夜间灯光辐射被离散分析后的相对辐射亮度值（0～63）；底图来源于陕西测绘地理信息局标准地图服务中 16 开榆林市地图。

2）中心城区及周边地区演变阶段特征

　　中心城区经历了老城区内部发展、依托工业园区向外围扩展、工业片区扩展与周边城镇共同扩展、多个周边工业片区与城镇共同扩展四个阶段。最初中心城区发展主要集中在老城区；20 世纪 70 年代，逐渐沿榆溪河谷向南部发展，形成南郊工业区；1970～2000 年，城区逐步向西沙、南郊扩展，北部的牛家梁镇也得到一定程度的开发；2000～2010 年，高新区建成，城区继续向南部扩张，北部各镇得到迅速开发。2011 年至今，城市在原有框架的基础上进一步扩展提升（郝海钊等，2019）。城市空间增长中主要事件见图 5.14。

图 5.14 城市空间增长中主要事件（郝海钊等，2019）

3）中心城区不同功能片区演变特征

工业用地具有由中心向外围逐步演化的特征。从历年工业空间的演变来看，20 世纪 70 年代之前，中心城区工业用地较少；20 世纪 70～80 年代，生产企业主要位于南郊工业片区；20 世纪 90 年代，工业用地主要分布于南郊及西沙；21 世纪前十年，工业用地主要分布于南郊工业区及高新技术开发区；2010 年以来，工业用地主要分布于高新技术开发区、芹河新区、西南新区（图 5.15）。居住用地随中心城区人口增加和用地扩展，呈现分布范围广、开发强度逐步增大的特征（图 5.16）。20 世纪 90 年代以前，居住用地主要以单位大院和村民自建房为主，低层及多层建筑是其主要形式，建筑质量相对较差。20 世纪 90 年代后期以来，新增居住空间以商住小区为主，除原有的单位家属院、村庄自建房外，还出现能源集团的职工住宅小区。新建小区主要位于高新区、西沙片区南部、老城区东部等，以多层、高层建筑为主，新建小区建筑质量较好。城市边缘出现了一定数量的乡村住宅。公共服务设施用地布局随居住用地建设逐步完善（图 5.17）。20 世纪 90 年代之前，以较大型的文化设施、医疗设施、商业设施为主，主要分布于老城区及西沙片区；20 世纪 90 年代初期，新增的公共服务设施主要为商务设施，多沿榆溪河两侧布置；20 世纪 90 年代中后期至 21 世纪前 5 年，增加的公共服务设施用地主要为行政办公类用地及少量的商业用地，多位于高新区，沿街商业主要位于老城及西沙片区。2006 年以来，主要增加的为体量相对较大的教育设施、行政办公设施、商业设施等。教育设施在中心城区相对均衡分布，新增商业及商务设施用地主要位于老城区东部、高新区、西沙片区、西南新区东部等（陈晓键等，2018）。

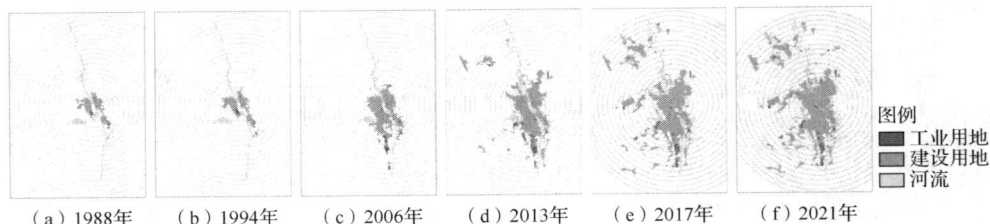

（a）1988年　　（b）1994年　　（c）2006年　　（d）2013年　　（e）2017年　　（f）2021年

图 5.15　榆林市工业用地变化

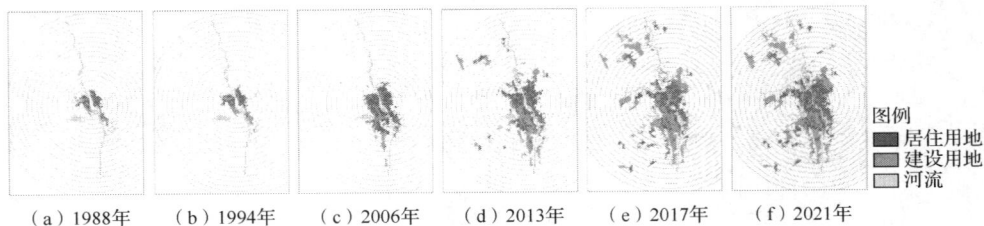

（a）1988年　　（b）1994年　　（c）2006年　　（d）2013年　　（e）2017年　　（f）2021年

图 5.16　榆林市居住用地变化

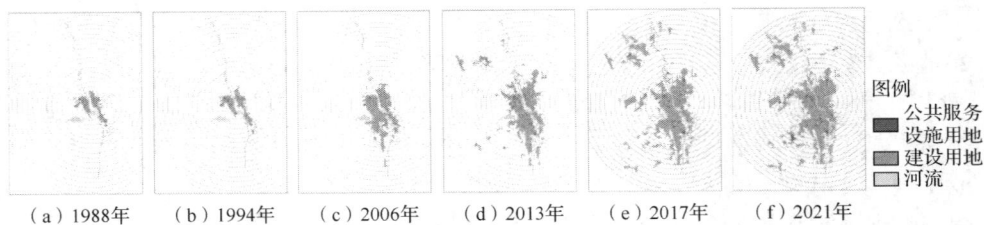

（a）1988年　　（b）1994年　　（c）2006年　　（d）2013年　　（e）2017年　　（f）2021年

图 5.17　榆林市公共服务设施用地变化（陈晓键等，2018）

4）扩展方位和强度特征

从榆林中心城区用地的扩展方位来看，1988～1994 年，建设用地主要向北部及南部扩展；1994～2006 年，建设用地主要向南部扩展；2006～2013 年，主要向东北部、西北部、西南部扩展；2013～2017 年，主要向西南部、北部、西部扩展。从建设强度的相关指标来看，2013～2017 年扩展面积最大，年均扩展速度最快，扩展贡献率达到 40% 以上（图 5.18 和图 5.19）（陈晓键等，2018）。

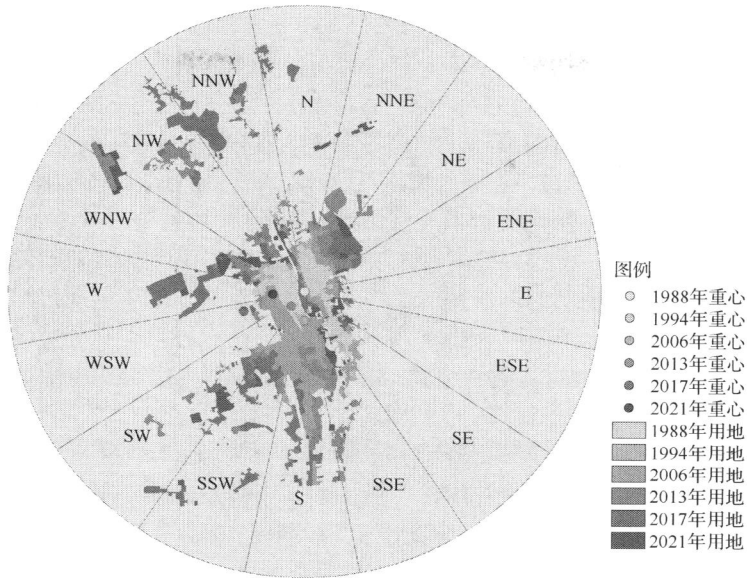

图 5.18　历年用地扩展及用地重心变化图

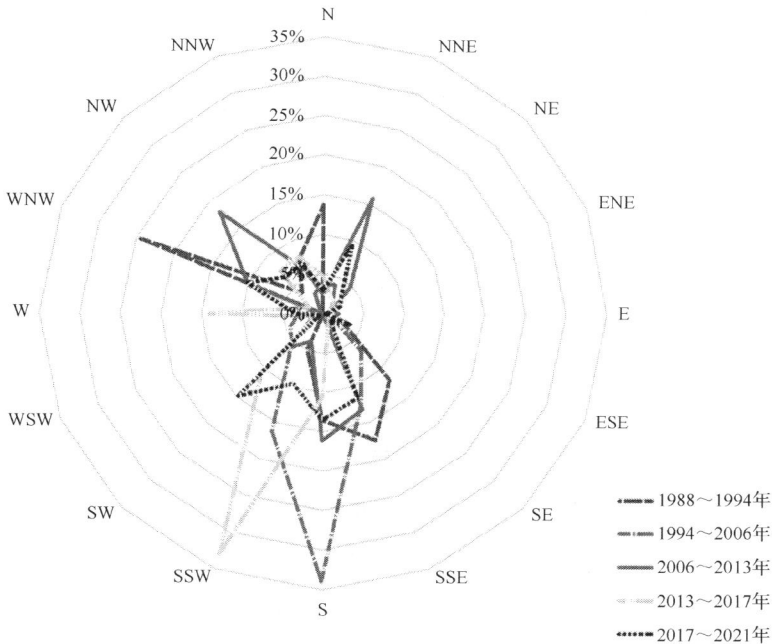

图 5.19　历年扩展方向特征

5）中心城区用地结构演变特征

从历年中心城区及其紧密相关的建成区用地演变来看，占比较大的用地主要为居住用地、公共管理与公共服务设施用地、工业用地、道路与交通设施用地。1988～1994 年，整体用地变化相对较小，公共管理与公共服务设施用地、工业用地及道路与交通设施用地有所增加。1994～2006 年，南部高新区中工业用地有了明显的增加。2006～2013 年，随着机场的搬迁，北部空港新区进行了适当建设，老城区向东部、北部适当扩展。2013～2017 年，中心城区西南部工业用地有了较大的增加（表 5.10）。1994 年至今，主要增加用地类型为居住用地、工业用地、道路与交通设施用地。从各类用地总量上来看，居住用地增长速度较快，其次为道路与交通设施用地、工业用地、商业服务业设施用地，其余用地增长相对较慢。从历年用地结构变化来看，居住用地占总建设用地的比例达到 40%～50%，超过《城市用地分类与规划建设用地标准》（GB 50137—2011）中的 25%～40%。公共管理与公共服务设施用地所占比例由 1988 年的 16% 降至 2017 年的 8.7%。工业用地所占的比例在 10%～12%，略低于标准中的 15%～30%，这与资源型城市工业性质使得大量的工业用地在中心城区外围布局有关。道路与交通设施用地所占比例基本满足标准要求。绿地与广场用地逐年提升，到 2017 年达到 7%，但仍然低于标准的 10%～15%（图 5.20 和图 5.21）（陈晓键等，2018）。从历年增长的主要用地类型来看，1988～1994 年主要为公共管理与公共服务设施用地、工业用地及道路与交通设施用地。1994 年至今，主要增加的用地类型为居住用地、工业用地、道路与交通设施用地（图 5.22）。

表 5.10　中心城区土地利用演变

年份	用地现状图	现状用地特征
1988 年	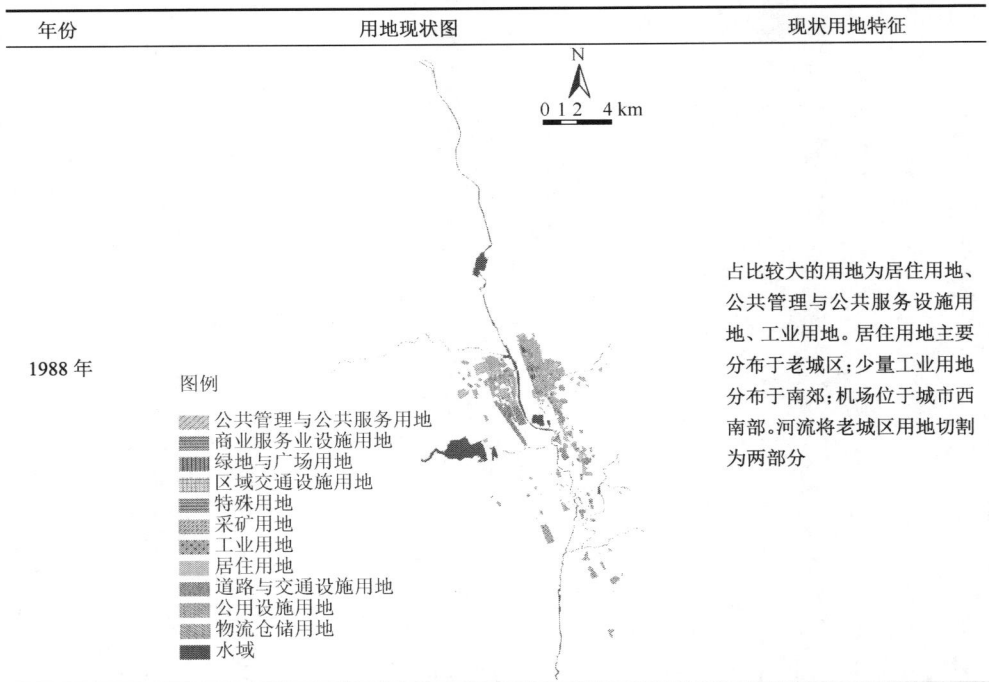 图例 公共管理与公共服务用地 商业服务业设施用地 绿地与广场用地 区域交通设施用地 特殊用地 采矿用地 工业用地 居住用地 道路与交通设施用地 公用设施用地 物流仓储用地 水域	占比较大的用地为居住用地、公共管理与公共服务设施用地、工业用地。居住用地主要分布于老城区；少量工业用地分布于南郊；机场位于城市西南部。河流将老城区用地切割为两部分

续表

年份	用地现状图	现状用地特征

1994 年

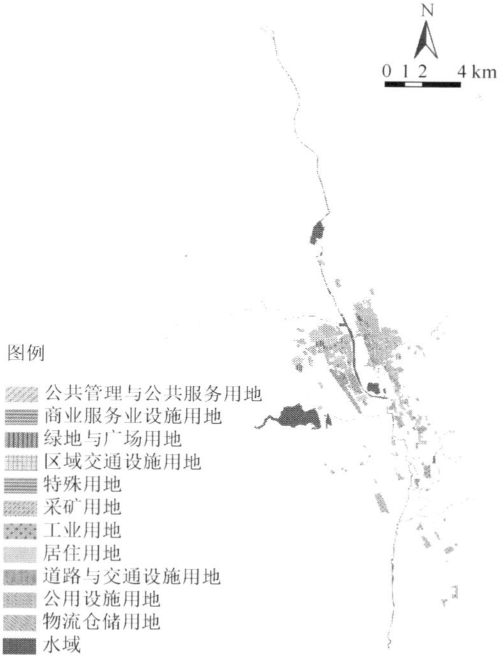

图例

公共管理与公共服务用地
商业服务业设施用地
绿地与广场用地
区域交通设施用地
特殊用地
采矿用地
工业用地
居住用地
道路与交通设施用地
公用设施用地
物流仓储用地
水域

占比较大的用地为居住用地、公共管理与公共服务设施用地、工业用地；用地布局与1988 年相比变化较小，仅是部分用地在原有的基础上进一步增加

2006 年

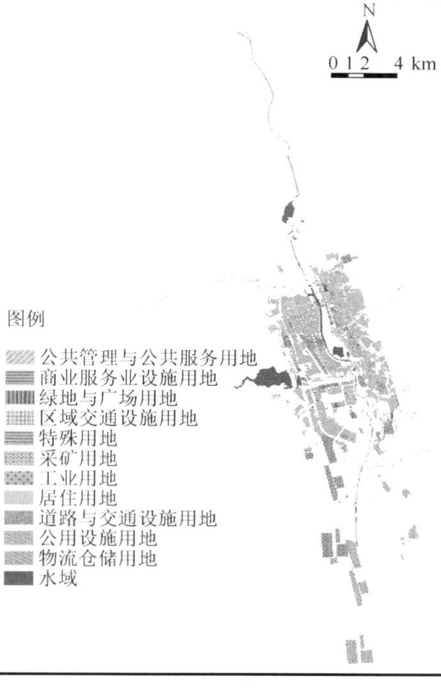

图例

公共管理与公共服务用地
商业服务业设施用地
绿地与广场用地
区域交通设施用地
特殊用地
采矿用地
工业用地
居住用地
道路与交通设施用地
公用设施用地
物流仓储用地
水域

占比较大的用地为居住用地、工业用地、道路与交通设施用地。居住用地主要位于老城区及高新区，老城区主要以三类居住用地为主，高新区主要以二类居住用地为主；1994 年南部的部分工业用地转换为居住用地或公共设施用地。南部随着高新区的发展，工业用地迅速增加

续表

年份	用地现状图	现状用地特征
2013 年	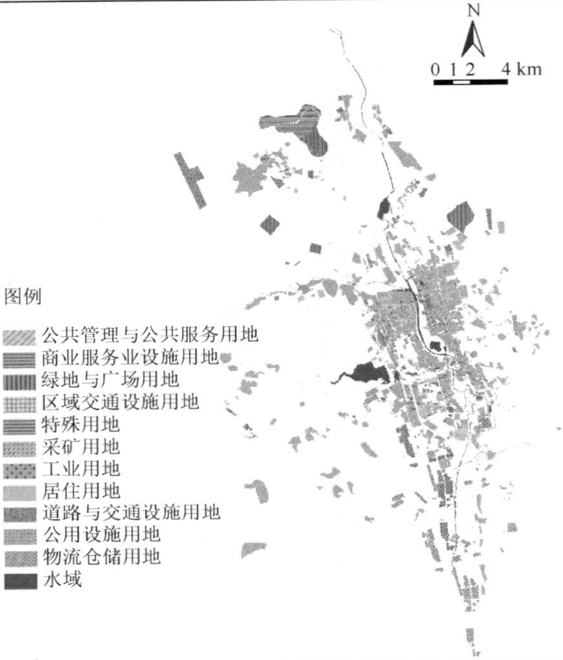	占比较大的用地为居住用地、道路与交通设施用地、公共管理与公共服务设施用地、工业用地。与 2006 年现状用地相比，老城区公共服务设施与商业设施用地比例进一步提高，中心城区用地范围向东部、北部、西部都有一定程度的增加。高新区的公共设施用地面积进一步增加。南部的工业用地在一定程度上增长。榆林机场用地搬迁至中心城区的西北部的昌汗界机场新址。因机场建设，空港生态区内部进行一定建设，主要以居住和旅游度假为主
2017 年	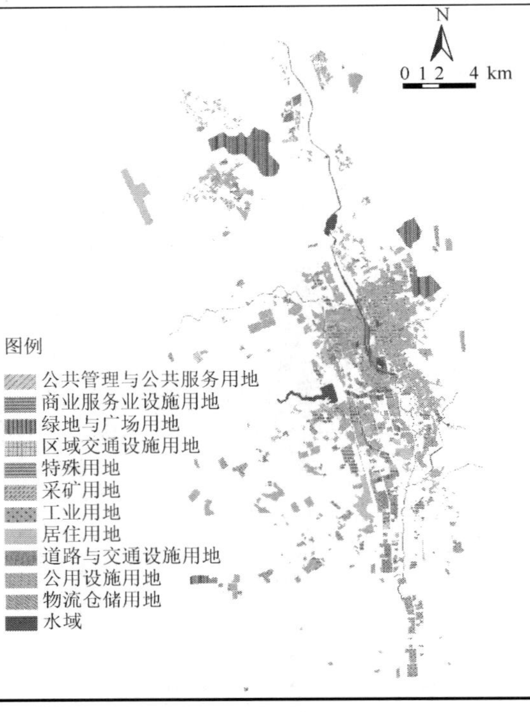	占比较大的用地主要为居住用地、商业服务业设施用地、工业用地。与 2013 年现状用地相比，各片区用地都在原有的基础上进一步增加

图例
公共管理与公共服务用地
商业服务业设施用地
绿地与广场用地
区域交通设施用地
特殊用地
采矿用地
工业用地
居住用地
道路与交通设施用地
公用设施用地
物流仓储用地
水域

续表

年份	用地现状图	现状用地特征
2021 年	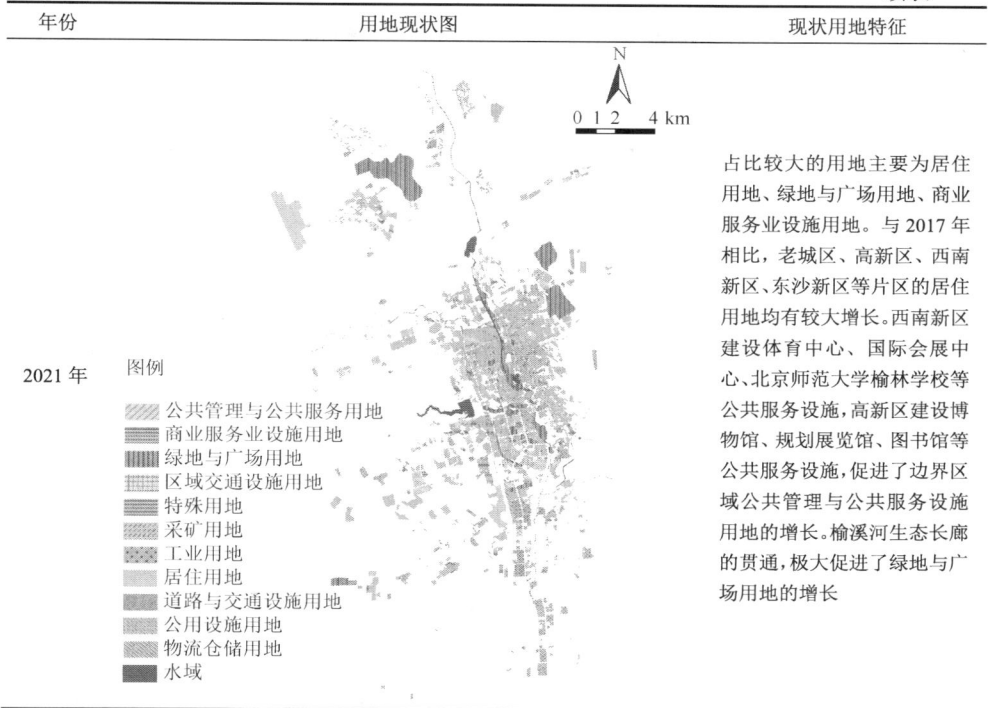	占比较大的用地主要为居住用地、绿地与广场用地、商业服务业设施用地。与 2017 年相比，老城区、高新区、西南新区、东沙新区等片区的居住用地均有较大增长。西南新区建设体育中心、国际会展中心、北京师范大学榆林学校等公共服务设施，高新区建设博物馆、规划展览馆、图书馆等公共服务设施，促进了边界区域公共管理与公共服务设施用地的增长。榆溪河生态长廊的贯通，极大促进了绿地与广场用地的增长

注：1988 年、1994 年、2006 年用地现状图根据《榆林市区总体规划（1989—2000 年）》《榆林市区总体规划（1994—2010 年）》《榆林市城市总体规划（2000—2020 年）》《榆林市城市总体规划（2006—2020 年）》改绘。

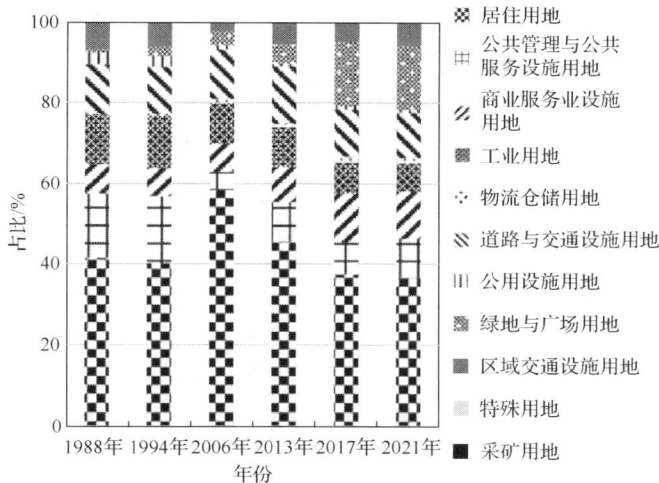

图 5.20　历年用地结构变化

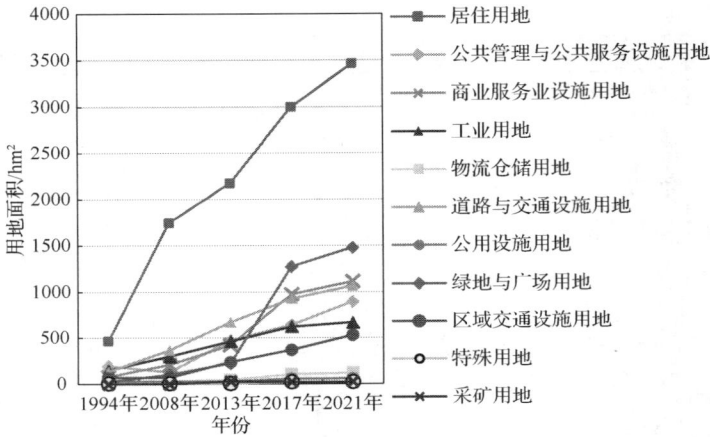

图 5.21 历年各类用地的变化情况

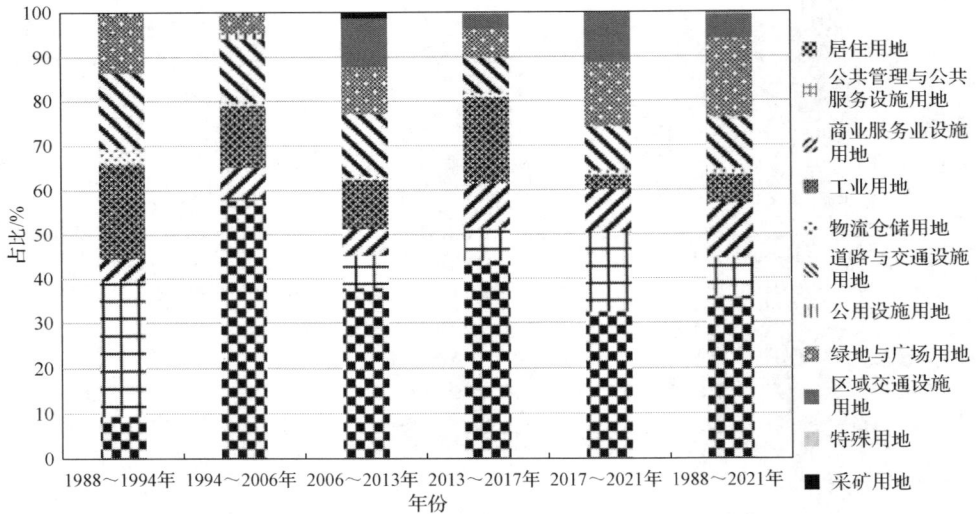

图 5.22 不同时间段增长用地结构变化图

2. 人口空间演变特征

根据 1990 年、1994 年、2000 年、2006 年、2010 年及 2016 年人口数据，研究榆林市中心城区 1990 年以来城市常住人口空间演变过程。榆林市中心城区人口1990 年以来不断增长，从常住人口来看，1990～1994 年人口少量增加，1994～2006年榆林城区人口逐步增长，2006～2010 年中心城区人口数量大幅度提升，2010～2016 年受榆林市城市经济下行的影响，城区人口增长率下降幅度较大。从各街道占主城区的人口比例变化来看，新明楼街道人口所占比例持续下降，其余街道所占比例变化较大。从人口密度分布来看，1990～2010 年新明楼街道人口密度一直占据优势，2010～2016 年崇文路街道人口密度较高。近年来，各街道常住人口又有较大幅度的增加。各街道人口比例见图 5.23。

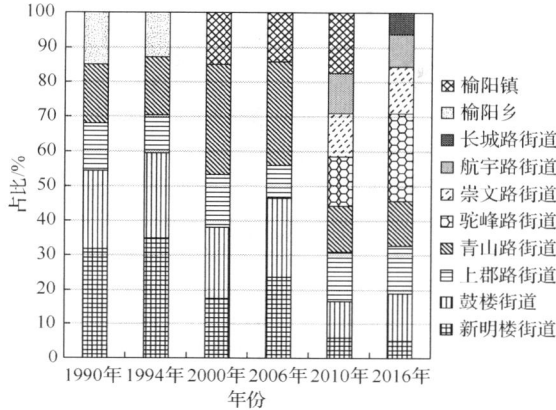

图 5.23　各街道人口比例

3. 中心城区周边区域演变特征

在能源产业发展初期，工业片区主要集中在中心城区，采矿点就近与镇区或中心城区共享公共服务设施。伴随能源产业的逐步发展，中心城区与芹河镇、牛家梁镇和金鸡滩镇的联系逐渐紧密，中心城区外围工业用地逐渐增多，中心城区的服务能级有了一定的提高。随能源产业的快速发展，金鸡滩镇、小纪汗镇、麻黄梁镇及白界镇的工业园区逐步建立，中心城区及镇区逐渐开始建设工业集中区或新区，建设用地的规模及面积都有了较大增长。整体的服务能级不断提高，周边园区或采矿点多与中心城区共享公共服务设施。部分依托采矿点迅速发展的区域进入中心城区的范围。中心城区周边形成的园区，随着用地的扩展逐渐纳入中心城区的用地范围之内。

在能源产业发展的萌芽阶段，榆林中心城区主要以老城内部扩展为主，形成单中心的空间结构。在能源产业发展的初期，随着外围青云煤矿、长城煤矿等资源开采与加工，城区人口不断增长，老城逐步跨过榆溪河向西部扩展，在空间上形成两个组团。21 世纪以来，随外围能源产业的发展与布局，中心城区人口进一步集聚，生产和生活服务中心的功能日渐强化。中心城区中建立较早的西沙片区，已经与老城融为一体。高新区也由工业主导逐渐转变为以现代服务业、房地产业为主的区域，但由于缺乏教育及医疗设施，部分楼盘出现阶段性空置的现象，活力相对缺乏。成立时间较短的东沙新区、西南新区、芹河新区等以第二产业为主，相应的设施尚未配套齐全，产城相对独立，公共服务主要依托老城区及周边的镇区供给。城区向东部的东沙新区、西部的芹河新区、西南部的西南新区方向迅速扩展，形成多组团的空间结构（图 5.24）。

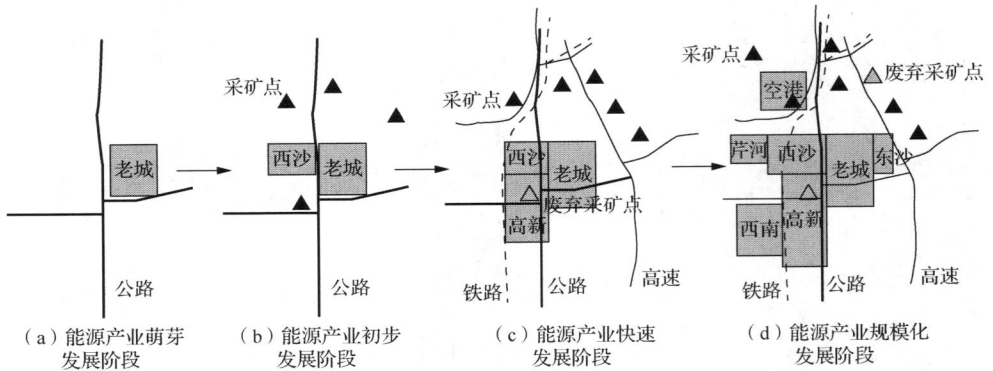

图 5.24　中心城区用地演变

　　随能源产业发展，城市主导产业逐步演替，中心城区土地利用迅速演变。榆林市中心城区土地利用演变表明，随空间扩展，空间的紧凑程度越来越低，平均街区面积越来越大，城市空间的均质性有所下降，空间效率有所降低。由于资源型城市产业发展的路径依赖和资源开采、加工企业布局的固有特征，若周边片区开发时序不明确，极易出现趋触媒点大尺度扩展，形成相对松散的用地布局。

5.4.2　城市空间增长趋势预判

　　产业结构演替的阶段性、生态环境的约束、历史文化资源的保护要求、政策的引导、交通网络的发展等都会引起城市空间增长响应，也是城市空间增长情景模拟的主要情景要素。

　　1.　产业结构演替与城市空间响应

　　榆林市现有的第二产业主要有煤炭、石油、化工、制造业等，从发展前景来看，我国经济发展逐渐进入新常态，经济发展由高速度发展逐渐转变为高质量发展，能源产业也向产业链高端及全产业链方向演变。随着产业升级，制造业逐渐向高技术含量的产业发展，产业链会进一步向金属制品业、专用设备、新能源汽车生产等方面延伸，逐渐形成全产业链，提升装备制造业的竞争力。相关产业的链条延伸，则会衍生出信息传输、软件和信息技术服务、金融服务等方面的产业类型。从未来可能植入的行业来看，随着能源行业产业升级的需求，未来可能会植入技术服务业。

　　产业结构演替会对城市用地、功能布局、空间结构产生新的影响和要求（表 5.11）。产业结构演替促进成长期传统的能源产业向再生期的生产性服务业、高端能源化工等产业类型转变，进而会引起未来榆林城市空间增长中对不同类型用地的需求。从总的用地需求来看，现有的煤化工、建材、煤电、新能源等产业的占地面积相对较大，装备制造、新材料、现代物流等占地面积相对较小。未来衍生产业及可能植入的产业发展则需要相应的一类工业用地、二类工业用地、商务办公用地、商业用地及配套的居住用地等，这些用地的具体落位可能在原有的用地基础上进行升级，也有可能向外部扩展新增建设用地（图 5.25）。

表 5.11　产业结构演替对空间布局及用地的需求

产业类型及用地需求	成长期	成熟期	再生期
产业类型	第二产业为主	第二产业及第三产业都占比较大	逐步进入后工业化时代,第三产业占比较大
主要企业类型	煤炭采掘业、煤化工、煤电等	煤炭采掘业、装备制造、建材、煤化工、煤电、钢铁等	食品、新材料产业、新能源、生物医药、生产性服务业、金融等
占地面积	煤化工等初级能源加工企业占地面积较大	煤化工、钢铁、建材等占地面积较大	新能源占地面积较大
区位布局要求	主要位于城市边缘、工业园区或靠近采矿点的位置	主要位于城市边缘、工业园区或靠近采矿点的位置	生产性服务业、金融等位于城区内部或高科技园区；新材料、新能源等位于高科技园区或工业园区

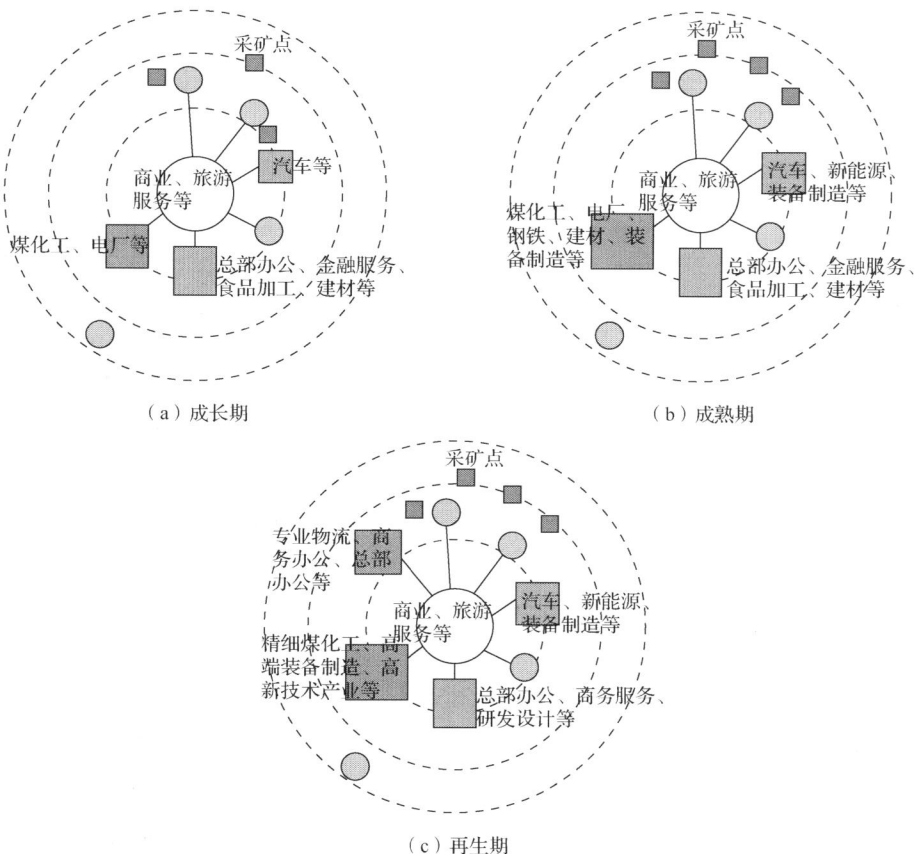

（a）成长期

（b）成熟期

（c）再生期

图 5.25　产业结构演变示意图

2. 政策的推动与城市空间增长

对矿产资源型城市而言，政府主要通过"压力型"政策和"引导型"政策两方面对城市空间增长进行引导，通过行政强制力促使能源企业改变传统生产经营方式，进行整顿重组、产业集聚等，引导产业发展延伸产业链，鼓励发展非煤替代产业和循环经济产业等。从近年来政府关于矿产资源型城市发展的相关文件来看，国家政策中对资源型城市的产业转型、采煤沉陷区的治理、新兴接续产业的发展等方面较为重视。政府主要通过促进产业转型、采煤沉陷区治理等政策影响城市空间中产业空间、生态空间等用地的重构与扩张，通过采煤沉陷区治理等方式对生态空间整治，通过引导产业升级、淘汰落后产能等方式促进产业空间的良性发展。城市空间增长过程中注重对重要的生态区域、历史文化资源区域进行有效的保护（表5.12）。

表 5.12　与榆林矿产资源型城市发展相关的部分文件

文件	内容
《国务院办公厅关于加快推进采煤沉陷区综合治理的意见》（国办发〔2016〕102 号）	加快推进采煤沉陷区综合治理，补齐全面建成小康社会短板，"支持一批、解决一批、见效一批"
《国家发展改革委 国家能源局关于进一步做好煤电行业淘汰落后产能工作的通知》（发改能源〔2016〕855 号）	要求淘汰能耗高、污染重的煤电企业
《中国制造 2025》	到 2025 年，制造业整体素质大幅提升，创新能力显著增强，全员劳动生产率明显提高，两化（工业化和信息化）融合迈上新台阶；到 2035 年，我国制造业整体达到世界制造强国阵营中等水平；新中国成立一百年时，综合实力进入世界制造强国前列
《关于支持老工业城市和资源型城市产业转型升级的实施意见》（发改振兴规〔2016〕1966 号）	依托老工业城市和资源型城市现有产业基础，积极探索符合本地实际、各具特色的产业转型升级路径和模式
《国务院关于印发全国国土规划纲要（2016—2030 年）的通知》（国发〔2017〕3 号）	支持资源枯竭地区等困难地区转型发展，推进资源型地区产业结构优化升级，鼓励有条件的地区培育壮大接续替代产业；全面推进老工业区、独立工矿区、采煤沉陷区改造转型
《全国土地整治规划（2016~2020 年）》（国土资发〔2017〕2 号）	稳妥推进城乡建设用地增减挂钩，推进农村土地综合整治
《国务院关于深化"互联网+先进制造业"发展工业互联网的指导意见》	打造人、机、物全面互联的新型网络基础设施，形成智能化发展的新兴业态和应用模式，是推进制造强国和网络强国建设的重要基础，是全面建成小康社会和建设社会主义现代化强国的有力支撑
《榆林市人民政府关于推进产业结构调整促进产业转型升级的实施意见》（榆政发〔2016〕18 号）	加快推进全市产业结构调整和产业转型升级，建立以高科技、高转化、大循环、低成本、低排放为主要特征的高端化产业融合模式

续表

文件	内容
《2018 年榆林市政府工作报告》	提出建设世界一流高端能源化工基地的目标
《陕西省国民经济和社会发展第十四个五年规划和二〇三五年远景目标纲要》	创建榆林能源革命创新示范区
《2022 年榆林市政府工作报告》	坚持以"双碳"倒逼产业升级；强化科技创新支撑，扎实推进能源革命创新示范区建设。推动能源化工产业高端化多元化低碳化发展，加快建设国家重要的清洁能源供应基地和世界一流高端能源化工基地

3. 生态基底、历史文化与城市空间增长

　　未来城市空间增长应遵守原有的生态格局，延续城市的历史文化脉络。生态格局与主要文化资源分布如图 5.26 所示。从水系来看，榆溪河穿过榆林市中心城区，西部有尤家峁水库，最南部有无定河。从山体分布来看，中心城区东部、南部、西北部都有一定的山体，北部有形成的采煤沉陷区。榆林老城与镇北台、南部的文物古迹形成南北向的轴线；长城沿线形成东西向的轴线。榆林市丰富的历史文化资源形成的文化脉络将为未来城市空间结构的形成奠定基础。

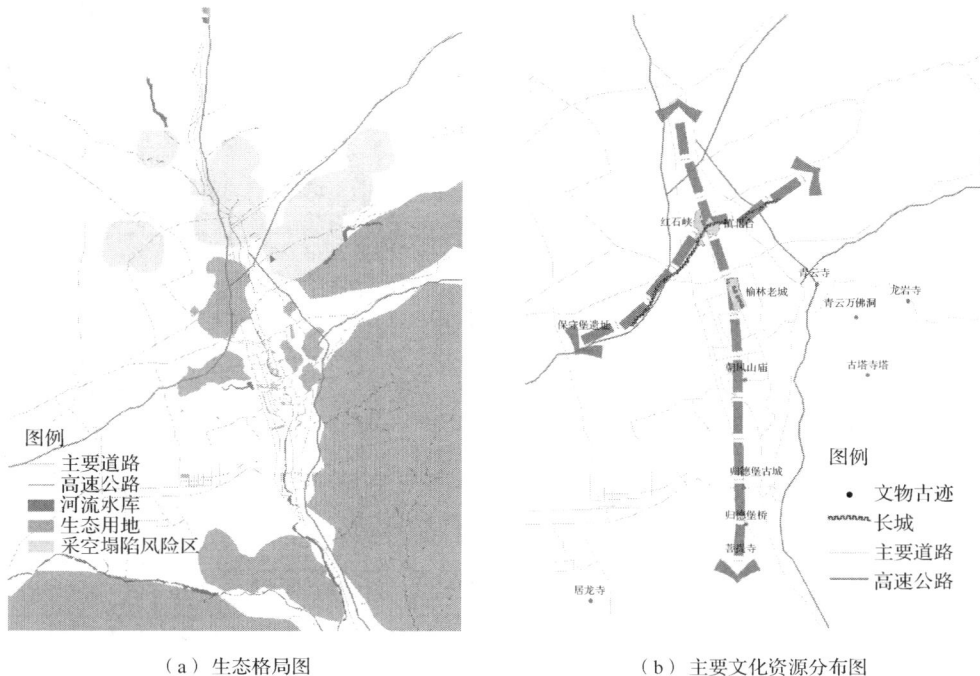

（a）生态格局图　　　　　　　　　　　（b）主要文化资源分布图

图 5.26　生态格局与主要文化资源分布

4. 交通网络发展与城市空间增长

根据国务院印发的《"十四五"现代综合交通运输体系发展规划》，延安经榆林至鄂尔多斯高速铁路是铁路网建设重点工程，未来高速铁路将经过榆阳区，榆林市至西安市、包头市等地将更加便捷，提高了榆林中心城区与外部交通的便捷程度，同时中心城区内部的道路将进一步完善，进而促进城镇空间增长。在交通网络方面，道路网的完善与提升、高速铁路的建成将会促进城市空间沿道路网增长及相关类型用地的增加。

5. 城市空间重构与扩展模式

城市空间重构随着城市空间自组织发展和产业结构的演替逐渐进行。在榆林市未来城市发展过程中，可能会出现工业用地→商业或居住用地、工业空间自身的重构升级、居住用地→商业用地或商住混合用地、采矿用地→生态用地、村庄用地→城镇建设用地等用地重构类型（表5.13）。在扩展模式方面，目前城市发展的骨架已经基本确定，未来的发展将会以轴向扩展、内部填充、自组织扩展等扩展方式进行。从具体空间来看，老城区中少量的制衣厂等工业用地将逐步向南部或西南新区迁移，原有的工业用地将置换为商业或居住用地。未来老城区将以城市空间的自我更新为主，可能会出现居住条件较差的居住用地转换为商业用地或商住混合用地的用地重构。周边的高新区、西南新区等随着能源产业的发展，将出现轴向扩展、内部填充的扩展方式。对于城市空间扩展与重构方式，应针对城市空间增长的不同阶段进一步探讨。

表 5.13　未来城乡空间增长过程中可能的重构类型及特征

重构类型	发生位置	特征
工业用地→商业或居住用地	城市内部	城区内部的部分工业用地由于付租能力降低、环境保护要求、前期选址不合理，将逐渐向外部迁移
工业空间自身的重构升级	城市周边工业片区	未来在发展过程中部分污染较为严重、产能较低的工业将逐步被淘汰，可能会在原有用地的基础上进行产业升级重构
居住用地→商业用地或商住混合用地	城市内部	中心城区内部的部分居住用地在经济的调控作用下，部分居住用地转换为商业用地或商住混合用地
采矿用地→生态用地	城镇周边的枯竭采矿点及采煤沉陷区	由于能源产业的发展，城市生态环境逐渐进行自我修复
村庄用地→城镇建设用地	城镇或园区周边地区	随着产业园区、建设用地的扩展，村庄用地逐渐转变为城镇建设用地

注：在参考文献（杨显明，2014）基础上整理。

5.4.3　城市空间增长的阶段性情景模拟

1. 矿产资源型城市空间增长的阶段性情景

矿产资源型城市不同的发展阶段会对建设用地规模和布局产生很大的影响。矿产资源型城市由于受到能源储量、产业结构演替、技术资本投入等因素的影响，从一个阶段到另一个阶段产生不同的空间增长需求，形成矿产资源型城市增长的阶段性情景模拟。在阶段性演替过程中，不同阶段关键性要素的变化就是触动城市空间演变的重要节点，此时也是进行城市空间增长管理方式转变的时刻。

成长期资源型城市处于能源产业快速发展阶段，该阶段产业类型以煤炭采掘、占地面积较大的煤化工等采掘、加工工业为主，在城市空间用地增长中将会向工业园区等方向迅速扩展。成熟期矿产资源的采掘趋于稳定，产业类型以占地面积较大的煤化工、装备制造、钢铁、建材等类型为主，在城市空间增长中会向工业园区及靠近采矿点的方向增长，部分产业园区会与老城区形成整体。枯竭期资源型城市由于能源产业的不景气，城区会出现收缩的趋势，产业发展逐步转型，空间中推进用地重组与生态环境治理。再生期资源型城市伴随着产业转型的成功，产业发展以新材料、新能源、生产性服务业等为主，空间增长逐步向靠近城区的生态矿区方向、产业升级的高新园区方向增长。

2. 榆林市中心城区空间增长阶段性情景模拟

榆林市目前处于成长期向成熟期转变的快速发展阶段。矿产资源型城市自身的发展具有周期性，同时能源产业在市场经济的背景下，易出现市场调节的失灵。能源产业发展的阶段性会引起城市空间的形态、结构、功能变化。本小节从矿产资源型城市发展的阶段性角度，对榆林市未来中心城区空间增长的阶段性进行情景模拟，进而对各类用地及各个片区用地的增长情况进行预判。

根据矿产资源型城市经历的从成长期到再生期的阶段性演替，在整个情景模拟中预设榆林市将会经历能源产业的持续快速发展、能源产业的快速发展与转型并进、能源产业转型与接续产业并进三种阶段性情景。

第一个情景处于持续快速发展阶段，该阶段能源产业的快速发展促进了传统能源产业的发展，以占地面积较大的能源化工、煤电等企业为主。这些产业对空间用地的需求量较大，会产生一定的生态环境污染，通常位于城市周边的产业园区或采矿点的周边。

第二个情景处于能源产业的快速发展与转型并进阶段，该阶段在能源产业快速发展的同时，城市主动开始转型，产业类型以装备制造、能源产业全产业链、精细化工等类型为主。发展过程中，传统产业仍然占比较大，但新兴产业已经成为城市产业发展重要的组成部分。在空间需求方面，该类用地多位于工业园区，与中心城区联系紧密。能源产业在原有工业的基础上进行转型，也可能以外延式向外增长。

在第三个情景中，伴随着城市经济的逐步发展，城市逐步摆脱对资源的依赖，新兴产业引领城市的经济发展，同时传统产业得到升级改造。该阶段产业以新兴产业、生产性服务业为主，该类产业多位于高新技术产业园区或生态环境较好的城市周边。常住人口规模相对稳定，人口数量相对较多。在基础设施建设方面，城市各类功能相对完善，整体的用地比例较为均衡。通过公园建设、采煤沉陷区整治等方式，城市生态环境得到较大的改善。

榆林市是位于生态环境脆弱区的成长期资源型城市，在发展过程中会对生态环境造成一定的影响。从生态敏感性分析结果来看，老城区占有大部分的最适宜用地，其次是高新区、西南新区；比较适宜用地在西南新区与老城区规模较大，其次是东沙新区与芹河新区，其余各片区规模均较小（图5.27）。

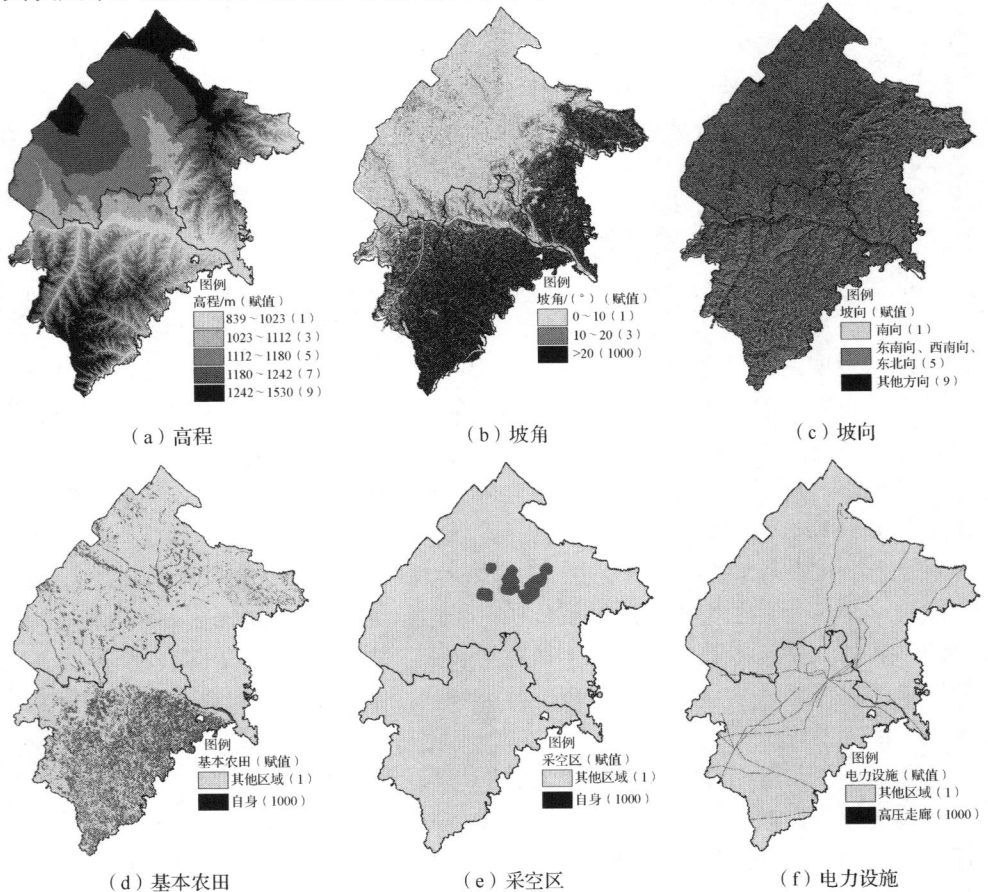

图例 高程/m（赋值）
839～1023（1）
1023～1112（3）
1112～1180（5）
1180～1242（7）
1242～1530（9）

（a）高程

图例 坡角/(°)（赋值）
0～10（1）
10～20（3）
>20（1000）

（b）坡角

图例 坡向（赋值）
南向（1）
东南向、西南向、东北向（5）
其他方向（9）

（c）坡向

图例 基本农田（赋值）
其他区域（1）
自身（1000）

（d）基本农田

图例 采空区（赋值）
其他区域（1）
自身（1000）

（e）采空区

图例 电力设施（赋值）
其他区域（1）
高压走廊（1000）

（f）电力设施

（g）水源地　　　　　　　　　（h）河流水库　　　　　　　　　（i）自然保护区

（j）用地综合评价

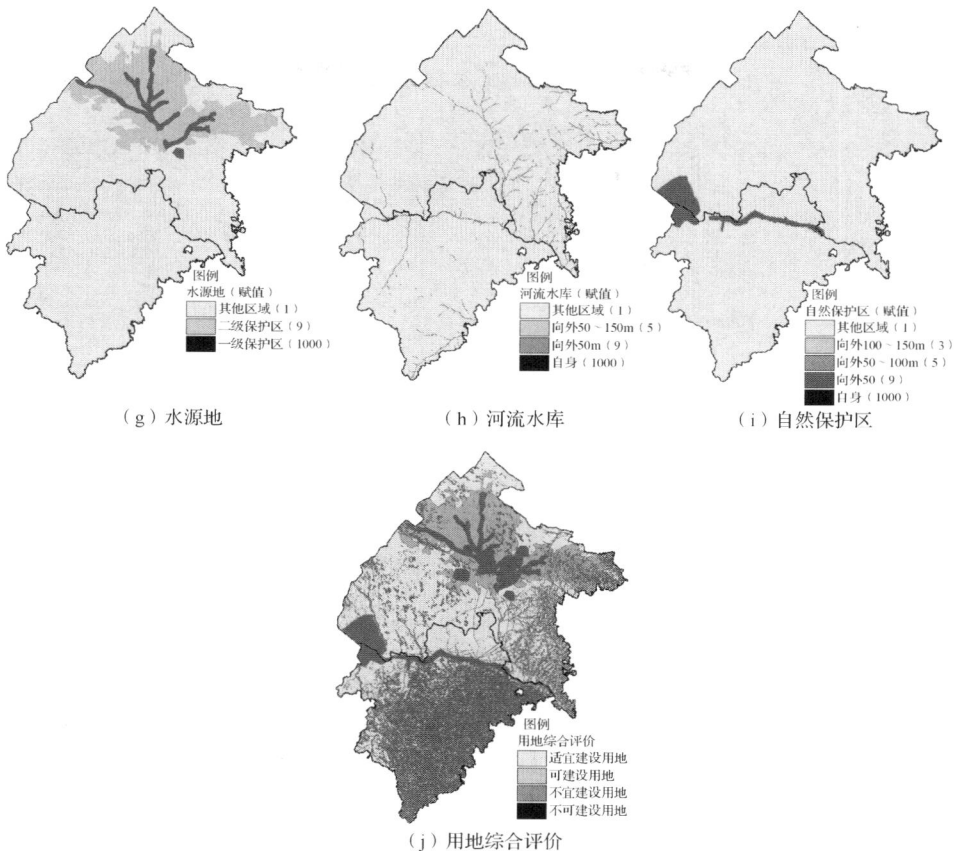

图 5.27　榆阳区与横山区生态敏感性分析

　　考虑已规划区域、主要道路网密度、高速公路网密度、商业设施及公共服务设施密度等因素，对用地增长潜力和用地转换概率进行评价（表 5.14 和图 5.28）。基于用地增长潜力及适宜性，确定非建设用地向建设用地转换的概率。首先，利用 2006 年中心城区建设用地模拟 2017 年建设用地，确定相关因子的参数。其次，利用确定的参数及 2017 年现状建设用地，预测不同情景下的建设用地变化。城市用地转换概率如图 5.28 所示。

表 5.14　增长潜力分析相关指标

类别	指标	内容	赋值	评价
交通状况	与高速公路出入口距离/m	<300	1	适宜
		300～1000	2	比较适宜
		1000～5000	3	基本适宜
		5000～10000	4	勉强适宜

续表

类别	指标	内容	赋值	评价
交通状况	与火车站点距离/m	<300	1	适宜
		300～1000	2	比较适宜
		1000～5000	3	基本适宜
		5000～10000	4	勉强适宜
	与主要道路距离/m	<500	1	适宜
		500～2000	2	比较适宜
		2000～5000	3	基本适宜
		5000～10000	4	勉强适宜
生态敏感性	河流水库	自身	9	不适宜
	坡角/（°）	0～5	1	适宜
		5～10	2	比较适宜
		10～15	3	基本适宜
		15～20	7	勉强适宜
		>20	9	不适宜
	城市公园	自身	9	不适宜
		其他区域	1	适宜
	基本农田	自身	9	不适宜
		其他区域	1	适宜
发展潜力	公共服务及商业设施密度 /（个/hm²）	18.84～33.37	1	适宜
		10.86～18.84	2	比较适宜
		5.49～10.86	3	基本适宜
		1.57～5.49	4	勉强适宜
		0～1.57	5	较不适宜
	已经规划区域	针对不同情景赋予不同的值		

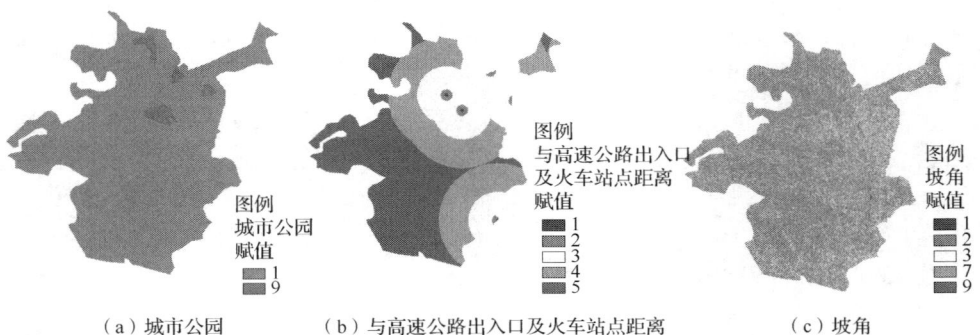

图例
城市公园
赋值
1
9

图例
与高速公路出入口
及火车站点距离
赋值
1
2
3
4
5

图例
坡角
赋值
1
2
3
7
9

（a）城市公园　　　　（b）与高速公路出入口及火车站点距离　　　　（c）坡角

（d）基本农田 （e）公共服务及商业设施密度 （f）与主要道路距离

（g）河流水库 （h）已经规划区域

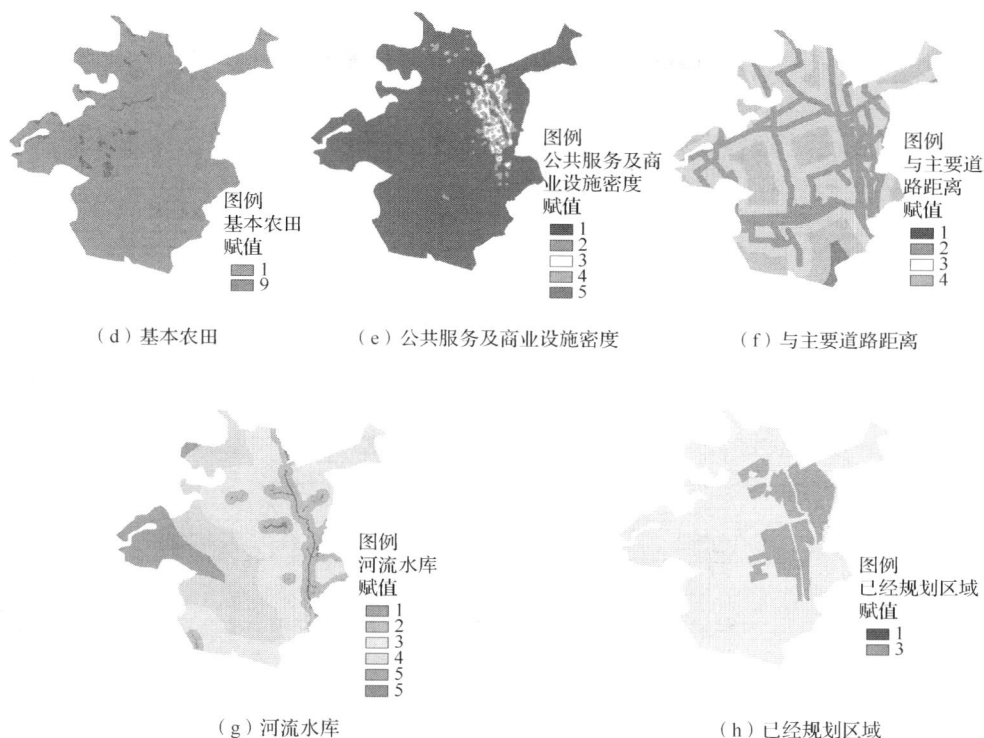

图 5.28 城市用地转换概率相关指标分析

（1）情景一：增长方式主要为外延式、跳跃式，用地增长总量较多，呈现轴向和自组织增长，主要增长方向为西南。从片区的增长时序上来看，西南新区由于生态敏感性低，适宜建设用地较多，因此增长较多，增量由多到少依次为西南新区、高新区、芹河新区、东沙新区，其中西南新区沿道路网轴向、自组织扩展，高新区主要沿道路网向南部轴向扩展。老城区、西沙片区在现有基础上完善自身的公共服务设施及基础设施；空港新区由于综合分析中整体转换概率较低，现状用地增长较少。

（2）情景二：增长方式以外延式及内涵式为主，表现为轴向、自组织增长，主要增长方向为西南、西、东。从增长时序上来看，高新区伴随着能源产业的转型升级，城市用地会有一定的增长。西南新区由于生态敏感性较低，用地将会迅速增长，同时进行一定的工业用地的升级置换、企业合并。老城区及西沙片区伴随着城市内部的更新改造，城市用地整体扩张相对较少；空港新区由于便捷的交通空间，用地会有一定的增长。

（3）情景三：主要为跳跃式、内涵式、外延式相结合的增长方式，表现为轴向、自组织增长，主要增长方向为西南、西北、东。从增长时序来看，伴随着能源产业的转型，西南新区占地面积较大、污染较大的产业用地置换重组。高新区、芹河新区、东沙新区的新兴接续产业、生产性服务业等快速发展。城市的生态环境将会有较大的改善。老城区及西沙新区的基础设施及公共服务设施基本完善；空港新区由于产业的演替，用地会有较大的增长（表 5.15）。

表 5.15　阶段性情景的空间增长方式及时序

情景	增长方式	主要增长方向	增长时序
情景一	以外延式、跳跃式增长为主，用地增长总量较多，表现为轴向、自组织增长	西南	西南新区→高新区→芹河新区及东沙新区→空港片区 老城区及西沙片区以内涵式增长和用地置换为主
情景二	以外延式及内涵式增长为主，表现为轴向、自组织增长	西南、西、东	高新区→西南新区→芹河新区及东沙新区→空港新区 老城区及西沙片区以内涵式增长和用地置换为主
情景三	跳跃式、内涵式、外延式相结合，表现为轴向、自组织增长	西南、西北、东	高新区及西南新区→空港新区→芹河新区及东沙新区 老城区及西沙片区以内涵式增长和用地置换为主

5.4.4　榆林市预判与现实对比结果及边界区域发展的思考

将预测建设用地边界与现状用地比较，新增建设用地基本在情景一预测建设用地边界范围内。当前的用地增长方式与情景二较为符合，以外延式及内涵式增长为主。高新区及老城区以内涵式扩展为主，新增用地主要在当前路网围合形成的空地中进行建设，以居住用地、绿地与广场用地、公共管理与公共服务用地为主。西南新区及东沙新区以外延式扩展为主，其中西南新区建设体育中心、国际会展中心等占地面积较大的公共服务设施；东沙新区随着东沙生态公园的继续建设，新增较大面积绿地与广场用地。

不同阶段矿产资源型城市具有不同的空间特征与核心问题。每个矿产资源型城市发展轨迹呈现出的不同阶段空间叠加特征，要求对其不同发展阶段空间合理紧凑的引导应以远景"永久性"增长边界为界域，强调分期间的融合和协调。建设用地边界推演和多情景模拟，有助于在设计城市开发边界及引导建设用地边界区域发展时实现对城市扩张速度、边界、形态、紧凑度等的控制，进而维护城市功能和结构的平衡发展。矿产资源型城市空间增长管理需要考虑矿产资源的生命周期特征及人口、产业等特征变化引起的空间响应。在城市空间增长管理的过程中，特定城市边界的设定仍需要考虑其控制目标与区域位置。在边界设定之外，更需要相应的产权管理、补偿机制等综合配套政策的协同（郝海钊等，2019）。

科学规划城市未来的空间布局和划定城市开发边界，是落实自然资源部"三条控制线"与城市高质量发展的关键，对于城市空间的优化和土地利用效率的提升具有重要的指导意义。划定城市开发边界，引导城市建设用地边界区域合理布局，实质是政策设计过程，需要通过综合性的政策及工具包发挥好已有政策工具的协同作用，需要适时检视关键情景要素的变化及其对建设用地的影响，从而使政策工具发挥最大效用。

参 考 文 献

陈晓键, 郝海钊, 2018. 能源产业发展与榆林中心城区土地利用演变关系研究[J]. 城市建筑, (6): 54-57.

冯斌, 陈晓键, 2013. 石嘴山城市空间扩展的影响因子时空变迁及未来趋势预测[J]. 现代城市研究, (9): 63-69.

甘肃省城乡规划设计研究院, 2017. 酒泉市城市总体规划(2016—2030 年)[R].

郝海钊, 陈晓键, 2019. 不同发展阶段矿产资源型城市空间增长管理研究[J]. 规划师, 35(3): 58-62.

何倡, 陈晓键, 2017. 不同类型中小城市空间扩展特征研究——基于敦煌、金昌、张掖的分析[J]. 现代城市研究, (1): 111-118.

李君轶, 傅伯杰, 孙九林, 等, 2021. 新时期秦岭生态文明建设: 存在问题与发展路径[J]. 自然资源学报, 36(10): 2449-2463.

林文棋, 武廷海, 2013. 变化·规划·情景: 变化背景中的空间规划思维与方法[M]. 北京: 清华大学出版社.

刘雅轩, 张小雷, 雷军, 等, 2009. 新疆绿洲城市扩展与空间形态变化分析[J]. 水土保持学报, 23(6): 252-256.

罗强, 2013. 低碳建设项目规划情景分析法研究[D]. 武汉: 华中科技大学.

马琪, 王鹏涛, 杨晓俊, 等, 2020. 秦岭山地生物多样性保护红线划分研究[J]. 长江流域资源与环境, 29(3): 634-642.

陕西省城乡规划设计研究院, 榆林市人民政府, 2001. 榆林市城市总体规划(2000—2020 年)[R].

陕西省城乡规划设计院, 1989. 榆林市区总体规划(1989—2000 年)[R].

陕西省城乡规划设计院, 1994. 榆林市区总体规划(1994—2010 年)[R].

宋飏, 王士君, 王雪微, 等, 2012. 矿业城市生命周期与空间结构演进规律研究[J]. 人文地理, 27(5): 54-61.

王睿, 周均清, 2007. 城市规划中的情景规划方法研究[J]. 国际城市规划, 22(2): 89-92.

吴一洲, 游和远, 陈前虎, 等, 2014. 基于多维 GIS 情景分析的战略规划技术研究[J]. 城市规划, 38(10): 35-43, 58.

杨显明, 2014. 煤炭资源型城市产业结构演替与空间形态演化的过程、机理及耦合关系研究——以淮南、淮北为例[D]. 芜湖: 安徽师范大学.

岳珍, 赖茂生, 2006. 国外"情景分析"方法的进展[J]. 情报杂志, (7): 59-60.

张晖, 2009. 基于 PSR 模型的大气复合污染情景分析指标体系研究——以广州市为例[D]. 北京: 中国环境科学研究院.

张平泽, 陆艺, 孙毅中, 2013. 基于城市空间拓展战略的南京市用地布局情景模拟与分析[J]. 南京师大学报(自然科学版), 36(4): 149-154.

张振广, 张尚武, 2013. 空间结构导向下城市增长边界划定理念与方法探索——基于杭州市的案例研究[J]. 城市规划学刊, (4): 33-41.

中国城市规划设计研究院, 榆林市人民政府, 2008. 榆林市城市总体规划(2006—2020 年)[R].

宗蓓华, 1994. 战略预测中的情景分析法[J]. 预测, (2): 50-51, 55.

CLEMONS E K. 1995. Using scenario analysis to manage the strategic risks of reengineering[J]. Sloan Management Review, 36(4): 61.

MAHMUD J. 2011. City foresight and development planning case study: Implementation of scenario planning in formulation of the bulungan development plan[J]. Futures, 43(7): 697-706.

第6章 西北地区城市建设用地边界区域
管控引导对策

我国城市发展已进入新常态，大多数城市已过了快速发展的阶段，此时划定增长边界是比较有效的（宁越敏，2015）。西北地区城市虽与东部地区城市所处发展阶段及人口流动特征有所不同，但也存在规模与效率、增长与收缩、长期目标与短期路径等亟待协调的问题，也需要对城市发展进行科学引导。城市发展面临许多不确定性，导致规划编制无法精准预测未来，在边界引导和约束的框架下关注城市结构的合理性和弹性，关注城市发展各要素的动态协调就显得尤为必要。要管控好中心城区建设用地边界区域，既需要研究我国城市空间增长阶段特征和内在规律，也要总结既往规划管理中各种方式的效用和局限性，从而提出切实有效的管控和引导对策。本章主要从中心城区建设用地边界区域演变效果评价出发，提出建设用地边界区域引导对策。

6.1 西北地区城市建设用地边界区域管控实效

通过对中心城区建设用地演变效果评价，分析边界区域管控和引导过程中存在的问题，剖析城市空间扩展边界及规划建设用地的演变，并通过驱动因素的变化把握城市建设用地边界区域的变化特征，为城市开发边界的划定和边界区域建设用地布局引导对策制定提供基础依据。

6.1.1 典型城市中心城区建设用地边界区域管控实效

整体来看，20世纪90年代中后期以来，西北地区一些处于快速增长期的城市建设用地边界区域变动剧烈，另一些处于稳定发展阶段的城市或处于快速增长过程中相对稳定期的城市，城市的速度自然下降，建设用地边界区域变化较小。本小节以处于快速增长期的陕西北部矿产资源型城市榆林及河西走廊自然条件相似但职能类型不同的敦煌、金昌、张掖等城市为例，通过时空维度分析，探究中心城区建设用地边界区域的管控实效。

1. 单一城市管控实效纵向对比

榆林市是我国能源大市，2021年地区生产总值突破5000亿元大关，经济总量位列全国 46 位；2020 年第七次人口普查显示，榆林市人口持续增长，但人户分离群体规模较大，人户分离比高，占全市总人口一半以上，反映出人口具有较强的流动性。总体上看，榆林市经济总量、人口及用地等方面均处于快速变化中，其城市建设用地演变阶段性特征和规律在西北地区新兴矿产资源型中小城市中具有典型性和代表性。

作为成长期的矿产资源型城市，1949 年之后榆林市编制完成了多版总体规划，历版总体规划对城市空间发展都起到了良好的指导作用。1982 年规划总体布局呈组团式形态，分为旧城中心区、西沙文教区和南郊工业综合区，规划的城市道路网与项目建设实施情况较好。1989 年调整的总体规划促进了城市道路网骨架与城市空间格局的进一步形成。1994 年总体规划从区域的角度对城市总体规划涉及内容进行了全面部署。2000 年总体规划对城市空间格局进行优化，较充分地考虑了能源发展的影响。2006 年总体规划综合考虑了历史文化保护、能源化工基地建设、生态环境保护等多方面因素，对城市建设起到良好的引导和规范作用（表 6.1）。总体而言，规划编制成果在一定时期内都对榆林城市发展建设起到积极的引导作用，但也可以看到，随着国家将榆林市确定为国家能源重化工基地及2000 年榆林撤地设市，人口快速聚集、重大项目选址建设等使得榆林市发展变化时常超越人们的预期，城市总体规划处于多次调整变化中。

表 6.1　历版城市总体规划主要内容及实施情况

年份	规划城市性质	主要背景	规划城市规模	中心城区空间结构	实施情况
1982～2000 年	—	—	—	—	规划的城市道路网等内容实施情况较好
1989～2000 年	榆林地区政治、经济、文化中心，是以毛纺、制革为主的轻工业县城，远期具有发展煤炭工业的优势，并具有旅游前景的历史文化名城	国务院批准榆林为第二批国家级历史文化名城，榆林县改为县级市	1995 年 10 万人，面积 11.4km²，2000 年 14 万人，面积 13.78km²	采用组团式布局，分为旧城中心区、西沙文教区和南郊工业综合区	对城市建设起到了一定的指导作用，规划编制时由于能源产业并未进行大规模开发，因此规划预期对能源的开发建设对城市功能提出的各种要求的适应性较弱
1994～2010 年	以发展能源化工、轻纺工业及商贸旅游业为主的晋陕蒙接壤区经贸中心城市和国家级历史文化名城	煤炭、天然气、石油等资源逐渐进行开发建设	2000 年 16 万人；2010 年 30 万人，面积 36km²	采用带状组团结构，共划分五个综合功能区	在一定程度上有效地指导了之后的城市建设

续表

年份	规划城市性质	主要背景	规划城市规模	中心城区空间结构	实施情况
2000～2020年	国家级历史文化名城，晋陕蒙接壤区重要中心城市，融科教、商贸、文化、旅游于一体，生态环境优美的陕北能源重化工基地管理和服务中心	国家将榆林确定为能源重化工基地，2000年榆林撤地设市	2005年25万人；2020年42万人，面积44.1km²	沿榆溪河呈带状组团式，形成"两轴双心五组团"的城市格局和"北圈南环，一带一心"的生态绿地系统	由于城市建设发展迅速，较快地开始了规划调整
2006～2020年	陕北国家能源化工基地的核心城市、陕甘宁蒙晋接壤区域的中心城市、国家历史文化名城和沙漠绿洲宜居城市	能源开发和城市建设力度逐渐增强，区域交通与发展形势逐渐改善	2010年50万人面积60km²；2020年80万人，面积96km²	"两带三区十片"的带状组团型城市，构建"一轴一环三区"的大环境生态结构	从历史文化保护、能源化工基地建设、生态环境保护等多方面因素考虑，对城市建设具有较好的指导作用

注：据《榆林市城市总体规划（2006—2020年）》整理。

城市发展面临的许多未知因素是编制规划时难以预测的，仅以是否突破原规划划定的边界来评价城乡规划编制是否合理会过于简单。因此，要分析城市建设用地边界区域，从空间形态、空间结构、空间规模三方面对建设用地边界管控效果进行评价，并构建指标体系，从城市增长区域与原有区域的联动性、城市空间活力情况、空间使用效率、生态环境变化等方面，对建设用地边界区域变动效果进行评价。

1）建设用地边界管控效果评价

城市开发（增长）边界是城市空间管控的重要内容，2006年4月1日起实施的《城市规划编制办法》提出，"研究中心城区空间增长边界，提出建设用地规模和建设用地范围"。榆林在2006年版城市总体规划中正式提出城市增长边界。2006年之前编制的规划中很多控制边界已经部分地起到了城市增长边界的作用，几版规划中，中心城区规划建设用地边界是最重要也是最接近城市增长边界线的政策工具（表6.2）。

表6.2 不同阶段城市空间增长引导及边界

年份	中心城区的发展方向	中心城区增长边界或城市用地范围	城市职能的引导
1989～2000年	引导城市空间向西部发展，老城区向南部发展	规划用地范围南至氮肥厂，北至罐头厂，东至东沙，西至西沙渠	—
1994～2010年	引导城市空间向东北部、西部、西南部发展	规划用地范围北至三道沟，东至钟家沟村，南至韦家梁，西至雪梁、獾窝梁东侧	—

续表

年份	中心城区的发展方向	中心城区增长边界或城市用地范围	城市职能的引导
2000～2020 年	机场的净空要求限制城市向西北方向的发展；复杂的地形限制了向东北部发展。引导城市向南沿榆溪河发展，向西跨越铁路发展	规划用地范围东起七里沙，西至大墩梁西侧，南与刘官寨村为界，北到头道河则。远期中将城市的工业布局向外部疏散，北部金鸡滩可以作为煤炭、电力生产区；鱼河堡镇作为城市的化工、建材工业区	优先发展行政、商贸、金融、科教、旅游等行业；积极发展污染程度较小的精细化工及有严格环保措施的石油化工、毛纺和食品饮料工业；限制发展火力发电、煤炭、建材、冶金等污染行业
2006～2020 年	西扩、东调、南延、北控、中优	2020 年城市增长边界范围西至中心城区最西侧规划路、芹河乡水掌村、小纪汗乡昌汗界村，北至牛家梁镇郭家伙场村，南至榆马路，东至规划铁路	功能以生活居住为主，一般不安排大型能源化工项目；产业以服务业为主，辅以少量环境污染小的加工业；控制建设用地过快增长，开发存量；将城市扩展区的农村居民点用地纳入城镇用地统一考虑

注：据《榆林市区总体规划（1989—2000 年）》《榆林市区总体规划（1994—2010 年）》《榆林市城市总体规划（2000—2020 年）》《榆林市城市总体规划（2006—2020 年）》整理。

1982 年版（1989 年调整）规划主要在考虑未来城市旅游、轻工业发展的基础上统筹用地需求，进而确定规划用地的范围。在用地方向上，城市的西南部是原机场用地，东部地形较为复杂，北部受到红石峡及历史文化遗产区的限制，因此引导城市未来向西部、南部发展。

1994 年版规划主要考虑能源化工、轻纺工业及商贸旅游业对用地布局的影响。在未来发展方向上，考虑未来榆林经济技术开发区的发展及老城区商贸旅游业的发展，引导未来城市向东北部、西部、西南部发展。

2000 年版规划在综合考虑西沙火车站建设、机场搬迁、经济开发区启动、陕北能源重化工基地确定等因素基础上，确定未来的用地需求。在发展方向上，考虑自然生态因素限制、机场选址、老城格局及红石峡、镇北台的风貌协调等因素，综合确定引导城市向南沿榆溪河发展，向西跨越铁路发展。规划未来中心城区将以行政、商业等职能为主，积极发展污染程度较小的高端化工等产业，严格限制污染企业的布局。

2006 年版城市总体规划中明确提出利用城市增长边界对未来城市空间增长进行管控。本版规划在主要考虑生态因素、历史文化因素、未来交通设施规划等基础上，综合划定了 2020 年城市增长边界。在发展方向上，综合考虑未来能源产业及商贸旅游业发展的需求，以及生态环境因素、历史文化因素对开发强度的限制，确定了西扩、东调、南延、北控、中优的发展策略。在城市职能引导方面，延续了 2000 年版城市总体规划思路，中心城区以生活功能为主，辅以少量环境污染小的小型加工业，同时将城市扩展区的农村居民点用地纳入城镇用地统一考虑。

2）建设用地边界引导效果评价

空间形态、空间结构、空间规模等指标一定程度上反映城市的空间特征，也是城市规划管控的主要指标。因此，选取空间形态、空间结构、空间规模三个维度对建设用地边界引导效果进行定量评价。历版总体规划控制指标变化见图 6.1，城市规划控制指标体系见表 6.3。

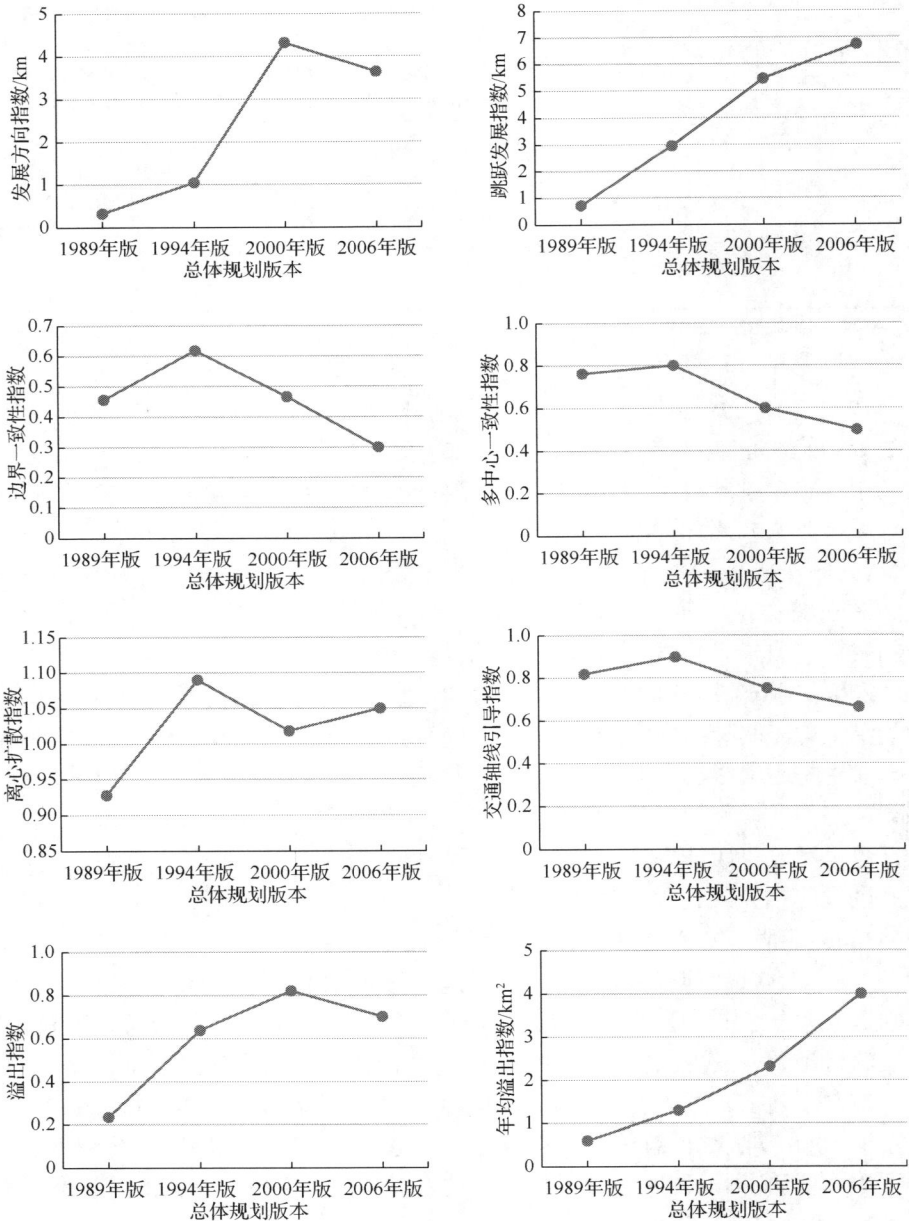

图 6.1　历版总体规划控制指标变化

表6.3　城市规划控制指标体系（吴一洲等，2013）

维度	指标	单位	指标解释
空间形态控制	发展方向指数	km	城市总建设用地地理中心与该规划城市建设用地地理中心的距离（值越小表示实际发展的方向与规划判断的方向一致性越高）
	跳跃发展指数	km	超出该规划边界的城市建设用地斑块中心与规划边界的平均最短距离（值越大表示城市建设用地发展越远离规划用地边界）
	边界一致性指数	—	城市建设用地斑块和规划用地斑块公共相交线的长度与规划边界总长度的比值（值越大表示与规划边界的一致性越高）
空间结构控制	多中心一致性指数	—	位于规划城市组团内的城市建设用地面积与该组团总城市建设用地面积的比值平均值（值越大表示城市多组团发展的趋势越明显）
	离心扩散指数	—	城市建设用地面积斑块距总城市建设用地地理中心的平均距离与规划用地斑块距总城市建设用地地理中心的平均距离之比（值越大表示实际城市建设用地发展与规划用地相比用地越分散，与规划的一致性越低）
	交通轴线引导指数	—	表达式为$L=C_1/C_2$，C_1表示沿交通干道两侧500m作为缓冲区域，在缓冲区内新增的城乡建设用地面积，C_2表示总的新增城乡建设用地面积（值越大表示新增城乡建设用地受交通主干道轴线作用越强烈）
空间规模控制	溢出指数	—	超出规划边界范围的城市建设用地面积与规划边界范围内城市建设用地面积的比值（值越大表示超出规划边界的面积越多，规划控制效果越差）
	年均溢出指数	km^2	每年平均超出规划边界范围的城市建设用地面积（值越大表示超出规划边界的面积越多，规划控制效果越差）

从空间形态控制的指标变化情况来看，边界控制对形态的控制相对较弱，煤炭、天然气、石油等资源大规模开发建设之前的控制优于快速发展期的边界控制。发展方向指数各期均有较大差异，总体与发展速度呈现一定的相关性。跳跃发展指数越来越大，表明在整体发展过程中呈现跳跃发展的趋势。边界一致性指数在资源大规模开发建设之前较高，在快速发展期较低。

在空间结构控制方面，整体上规划对城市空间结构起到了一定的引导作用，不同版本的总体规划作用不一致。多中心一致性指数总体下降，表明城市多组团发展的控制效果并不明显；离心扩散指数先增加后减少，表明实际建设用地与规划用地布局有较强的向心特征；交通轴线引导指数先增加后减少，表明前两版总体规划执行期间，交通对城市土地开发的引导作用较强，后两版总体规划执行期间交通对城市土地开发的引导作用较弱。

空间规模控制整体较弱。超出规划范围的建设用地面积先增加后减少，年均溢出指数逐渐增加，实际建设用地与规划不一致性较强，这也与能源化工基地建设效能发挥及榆林经济超常规发展有关，反映出快速发展期规划面临的较大不确定性及多情景发展的可能性。

3）建设用地边界区域控制效果评价

资源型城市产业发展的阶段性和能源产业市场发展的规律性，引发中心城区规划边界的"偏大"或"偏小"。结合边界的管控效果及其设定背景来看，能源产业发展初期，建设用地边界区域部分用地并未进行建设。随着煤炭、天然气、石油等资源开发利用，产业增长速度明显快于预期，城市人口规模和建设用地规模预测偏小，城市空间发展规模不足。随着能源产业进一步发展，周边产业片区不断出现，老城区与周边产业片区关系重新组织，使城市整体结构、形态和布局发生相应变化。

根据资源型城市阶段性特征、指标的可获取性等因素，从城市新增区域与原有区域的联动性、城市空间活力状况、空间使用效率、生态环境变化四方面选取相应的指标，对城市建设用地边界区域控制效果进行评价。指标体系主要采用单因子评价法，每个维度选取 2 个及以上指标，指标的权重都为 1，对每个指标的变化情况进行定性及定量分析，根据分析结果及实际变化情况，对每个方面的变化进行评价（表 6.4）。

表 6.4　城市建设用地边界区域控制效果评价指标体系

维度	指标	单位	指标解释
新增区域与原有区域的联动性	新增区域公共服务设施与原有区域的联系度	—	根据新增区域公共服务设施的面积来判断，面积越小表示新增区域提供的公共服务设施越少，即多数人使用原有区域的公共服务设施，表示联系度越强
	新增区域与原有区域的平均出行时空距离	—	通过访谈、实地调研、图件测量得到，公交出行 15min 以内较为便捷，按速度 35km/h 计算，距离约 9km；9km 以内认为较为便捷，数值越小越便捷，大于 9km 认为不便捷
城市空间活力状况	商业服务业及公共服务设施的用地密度	—	计算每公顷用地中包含的商业服务业及公共服务设施用地的面积，商业服务业及公共服务设施用地密度较大的区域城市空间活力较高
	道路网密度	km/km^2	计算每平方公里包含主要道路网的长度，道路网密度越大的区域街道可达性就越高，城市空间活力就越高
	公交站点密度	个/km^2	计算每平方公里包含公交站点的个数，公交站点密度大的区域便捷度越高，城市空间活力就越高
	每个街区的土地利用均衡度	—	测算主要道路分割的每个地块的土地利用均衡度，土地利用均衡度高的区域，功能混合程度越高，城市空间活力就越高
	设施的兴趣点密度	个/km^2	通过 GIS 分析空间范围内主要设施兴趣点的密度（受信息统计影响，主要为 2017 年数据），设施兴趣点密度高的区域功能混合度越高，城市空间活力就越高
空间使用效率	平均街区地块面积	hm^2	由主要道路分割的地块的平均面积
	紧凑度	—	紧凑度$=2\sqrt{\pi A}/P$（A 为面积，P 为周长），其值越接近 1 表明形状越紧凑，反之说明紧凑性越差
	整体用地结构均衡度	—	用地结构均衡度$=H/H_\mathrm{m}=-\sum_i^N P_i \log P_i / \log N$，$H$ 表示实际信息熵，H_m 表示最大信息熵，P_i 表示 i 类用地所占比例，N 表示用地类型数。均衡度介于 0～1，越大表示土地利用的均质性越强

续表

维度	指标	单位	指标解释
生态环境 变化	归一化植被指数	—	定义为近红外通道与可见光通道反射率之差与之和的商，正值 表示有植被覆盖，值越大表示植被的盖度越高
	绿地与广场用地密度	—	每平方公里包含的绿地与广场用地的面积

　　1988～1994 年，增长用地以居住用地、公园用地、公共设施用地为主。主要增长区域及用地分布在榆溪河两侧，主要增加用地类型为居住用地、商业用地及公共设施用地。西沙片区西部增加居住用地及公园绿地，城区北部得到一定的开发利用，南郊增加一定的工业用地。由于新增用地位于原有区域周边，距离较近，公共服务设施与原有老城区共享，整体联系较为紧密。1994～2006 年，增长用地以居住用地、工业用地、公共服务设施用地为主。老城区沿榆溪河东侧增加商业设施用地、居住用地，老城区东部增加一定的居住用地；西沙片区西部增加一定的居住用地、商业设施用地；高新区主要增加大面积的居住用地、商业用地、绿地与广场用地。这一时期，高新区主要依托老城区发展，联系也相对紧密。2006～2013 年，主要增长用地同样为居住用地、工业用地、公共服务设施用地。老城区东部及西沙片区西部主要增长居住用地及教育科研用地；高新区东部增加居住用地与商业用地，东南部增加工业用地；西南新区主要增加少量居住用地；空港生态区主要增加商业设施用地及对外交通设施用地。2013～2017 年，增长用地以居住用地、工业用地、绿地与广场用地为主。增长的绿地与广场用地主要分布在榆溪河两侧；高新区南部主要增加工业用地；西南新区主要增加工业及居住用地；芹河新区及空港生态区增长用地主要为居住用地。这一时期，中心城区由老城区、高新区、西南新区等多个片区组成，老城区及周边的芹河新区、西南新区、空港新区、东沙新区等用地都在扩张，多个片区在开发过程中整体协调性不足，老城区与周边地区开发时序不明确，公共服务设施分布不均衡，导致老城区与周边地区的发展随新增区域距离加大而联动性逐渐减弱（表 6.5）。

表 6.5　不同时期新增区域与原有区域的联系

新增位置及 区域联系	1988～1994 年	1994～2006 年	2006～2013 年	2013～2017 年
新增区域位置	榆溪河两侧、南郊工业区、西沙片区西部	老城区东南部、东北部，西沙片区西南部，高新区	老城区东部、北部，高新区东部，空港生态区，西南新区	榆溪河两侧、高新区南部、西南新区、芹河新区
新增区域公共服务设施与原有区域的联系度	新增区域有一定的公共服务设施用地，新增加居住用地与原有老城区共享	新增区域公共服务设施用地联系相对较弱，较大程度依赖老城及西沙片区	高新区公共服务设施建设逐步完善，其他区域联系相对较弱，主要依赖老城区	老城区公共服务水平进一步提升，高新区公共服务设施基本完善，西南新区、芹河新区、空港生态区公共服务设施较为欠缺，主要与老城区共享

新增位置及区域联系	1988～1994 年	1994～2006 年	2006～2013 年	2013～2017 年
新增区域与原有区域的平均出行时空距离	距离在 3km 以内，平均出行时空距离较小；出行主要以公交、步行为主	高新区新增区域距离老城区在 15km 以内，出行相对不便；出行主要以公交、小轿车为主	高新区、空港生态区及西南新区与老城区距离在 15km 以内，其他区域在老城区周边；出行主要以公交、小轿车为主	高新区、空港生态区及西南新区与老城区距离在 20 公里以内，其他区域在老城区周边，高新区及老城区出行主要以步行、公交为主，空港生态区及西南新区出行主要以小轿车为主
综合比较	联系较强	老城区周边新增区域联系较强，高新区新增区域联系一般	老城区与周边新增区域依然保持较强的联系，高新区新增区域联系逐渐增强，空港新区等联系较弱	老城区周边新增区域联系较强，高新区新增区域由于与老城区距离加大而联系一般，空港新区、芹河新区等依然联系较弱

　　从整体的空间活力变化情况来看，1988～1994 年变化较小；1994～2006 年，榆溪河两侧的老城及西沙片区用地活力水平有了较大提高；2006～2013 年，高新区活力水平有所提升，但整体活力水平仍然较弱；2013～2017 年，老城区、西沙片区及高新区随着公共服务设施完善、用地均衡度提高，活力水平有了较大提升。1988～1994 年，老城区及西沙片区在原有基础上道路网密度有所提高；1994～2006 年，老城区向南部、西沙片区向西部的道路网密度有所提高，高新区道路网密度有所增加；2006～2013 年，高新区道路网密度进一步提高；2013～2017 年，西南新区道路网密度有所增加。历年公共服务设施分布范围和能级有了较大提升。在公共服务设施密度方面，1988～1994 年变化较小；1994～2006 年，榆溪河两侧公共服务设施密度有所提高；2006～2013 年，高新区中部公共服务设施密度有了较大提高；2013～2017 年，高新区、老城区及西沙片区在原有的基础上密度有所提高。1994 年仅有三条公交线路，主要穿越老城区及西沙片区；2006 年公交线路将老城区、西沙片区、高新区连接起来，西至芹河镇、北至小纪汗镇有线路可达；2013 年之后高新区公交线路增加，同时至麻黄梁镇公交线路开通；2017 年公交线路更加完善。1988～1994 年，西沙片区街区的均衡度有了一定程度的提高；1994～2006 年，榆溪河两侧用地、高新区中部区域用地的均衡度较高；2006～2013 年，老城区及西沙片区的用地均衡度有显著提高；2013～2017 年，老城区、西沙片区、高新区的用地均衡度显著提高。对比分析相应设施点密度发现，各类设施点密度较大的区域主要分布于老城区；高新区交通设施密度较大，但其他设施密度相对较小。

　　整体空间使用效率有所降低。紧凑度越来越小，表明城市空间的紧凑程度越来越低，平均街区面积越来越大；土地利用均衡度波动变化，表明整体城市空间的均质性变化较大（表 6.6）。21 世纪以来，由于榆林项目建设的阶段性特点，中心城区及周边建设了多个产业园区、新区，存在阶段性建设强度不高的情况，一定程度上造成了紧凑度降低。

表 6.6　不同年份空间使用效率相关指标

指标	1988 年	1994 年	2006 年	2013 年	2017 年
平均街区面积/hm²	3.45	3.57	3.99	6.28	5.91
土地利用均衡度	0.7467	0.7651	0.6216	0.7147	0.7384
无量纲标准化处理后求和[①]	1.57	0.93	2.54	−2.26	−2.78

城市生态环境有了较大改善。由归一化植被指数可得，1988～1994 年，西沙片区西部的植被盖度有所提高，榆溪河两侧及南郊片区的植被盖度较高；2006 年，植被盖度较高的区域主要位于老城区南郊及西沙片区南部；2013 年，植被盖度较高的区域位于高新区及老城区的东部、空港片区；2017 年，植被盖度较高的区域主要位于老城区东北部、高新区、空港新区及西南新区。1988～1994 年，西沙片区的绿地与广场用地的面积有了一定程度的增加，榆溪河两岸、西沙片区西部用地密度较大；2006 年，老城区南部、西沙片区西部、南部的绿地与广场用地密度较大；2013年与 2017 年，老城区南部、西沙片区东南部、高新区中部的用地密度较大。尽管中心城区生态环境有了较大的改善，但在城区布局的少量能源产业仍然造成了一定的环境污染，中心城区外围布局的工业园区也存在能源化工产业围城的环境污染隐患。伴随着矿产资源的采掘，出现了一定数量的采矿废弃地及采煤沉陷区，对生态环境造成一定程度的影响和破坏。

总体来看，榆林市中心城区建设用地边界区域变化与能源产业发展息息相关。能源产业的上行和下行直接影响建设用地边界区域发展效果。二十世纪八九十年代以来，榆林市能源产业从最初的萌芽、起步阶段发展到快速成长阶段，伴随着能源产业的兴盛，老城区、西沙片区及高新区的公共服务设施逐步完善，活力显著提高。城市扩张过程中，在规划及政策的共同推动引导下，城市的生态环境得到改善，但城市新增区域的土地利用效率仍然较低。在能源产业由起步阶段向快速发展阶段转变的过程中，老城区的城市活力、与周边新增区域的联系度、空间使用效率都较高，新建区域的活力相对较弱。2010 年后处于能源产业下行阶段，伴随着中心城区多个片区的建立，空间使用效率持续下降，新增区域的活力较弱（表 6.7）。近年来能源产业上行，建设用地边界区域发展效果进一步趋好。

---

① 使用 Z-score 标准化方法进行处理，公式为 $Z_{ij}=[X_{ij}-E(X_i)]/S_i$（$Z_{ij}$ 为标准化后的变量值，X_{ij} 为第 i 个变量的第 j 个观测值，$E(X_i)$ 为第 i 个变量的期望值，S_i 为第 i 个变量的标准差），处理结束后将逆指标的正负号对调；值越大，表示空间使用效率越高。

表 6.7　能源产业发展阶段与新老区域关系

新老区域关系测度	1994 年 （起步阶段）	2004 年 （快速发展阶段）	2010 年 （快速发展阶段）	2017 年 （波动发展阶段）
新增区域与原有区域的联系度	较强	老城区联系较强，高新区联系一般	老城区联系较强，高新区联系一般，空港新区等联系较弱	老城区联系较强，高新区联系一般，空港新区、芹河新区等联系较弱
城市活力	老城区活力较高	老城区及西沙片区活力较高	老城区及西沙片区活力较高，高新区活力有所提高	老城区、西沙片区、高新区活力较高，其他片区活力较低
空间使用效率	先增加后减少再增加			
生态环境	整体逐渐改善			

2. 多个城市管控效果横向对比

河西走廊城市发展的地理条件和背景具有一定的相似性。2010～2020 年，河西走廊城市市域人口整体上呈缩减趋势。敦煌市两次普查人口变动不大；金昌市 2020 年第七次人口普查与 2010 年第六次人口普查相比，常住人口减少了 2.6 万人；张掖市 2020 年第七次人口普查与 2010 年第六次人口普查相比，常住人口减少了 6.8 万人；武威市域人口减少得更多。河西走廊城市中心城区人口 21 世纪以来基本处于增长的态势。张掖市中心城区人口增长幅度相对较大；敦煌市为县级市，中心城区人口基数小，常住人口变化幅度较小。

以河西走廊旅游型城市敦煌市、工矿型城市金昌市、综合型城市张掖市等为研究对象，进行河西走廊不同类型城市建设用地边界区域控制效果对比分析，以期为不同类型中小城市空间发展提供研究支持。

无论是旅游型城市敦煌市、工矿型城市金昌市，还是综合型城市张掖市，建设用地边界区域均呈现出较快的发展变化。居住用地、商业服务设施用地是主要的扩展类型。敦煌市建设用地变化受鸣沙山月牙泉景区牵引明显，与预判不一致区域主要集中在中心城区南部，以为旅游服务的商业服务业设施用地为主。敦煌市 2004 年以前的异常活跃区域主要是商业服务业设施用地及三类居住用地，其中商业服务业设施用地占 56.90%，主要为中心城区南部早期建设的宾馆酒店。2009～2014 年，异常活跃区域主要为商业服务业设施用地、工业用地、公用设施用地、公共管理与公共服务设施用地等，其中商业服务业设施用地所占比例仍然最大。受鸣沙山月牙泉景区拉动，敦煌市中心城区空间扩展在中心城区南部表现剧烈，大型项目建设较多，较难控制区域也主要位于中心城区南部。金昌市的城市用地特别是工业用地扩展过程主要受城边村渗透的影响，中心城区西北部边界区域变化剧烈，较难控制区域主要位于中心城区西北部、中心城区西部和金水湖公园周边区域。金昌市 2004 年以前与预判不一致的边界区域建设用地主要是三类居住用地、公共管理与公共服务设施用地、工业用地,用地相对零散,三类居住用地与工业用地交错。2004～2009 年,建设用地边界异常活跃区域主要是三类居住用地、工业用地、一类居住用地、绿化与广场用地,其中三类居住用地占 38.91%,集中在中心城区西部和金水湖公园周边。2009～2014 年,金昌市中心城区空间扩展边界区域主要为三类居住用地、工业用地,空间扩展边界部分方位已经靠近规划边界,与众多的城边村交织在一起,布局较无序,环境品质亟待提升。张掖市随城市生活功能的增强,交通区位和景观条件好的区域得到较快发展。与预判不一致区域主要集中在西部和南部。2004 年以前,异常活跃区域主要是工业用地、三类居住用地,集中在张掖火车站周边。2004～2009 年,主要仍是工业用地、三类居住用地,集中在金秦路两侧。2009～2014 年,建设用地异常活跃区域主要是居住用地、商业服务业设施用地、绿化与广场用地等,集中在滨河新区西部和南二环以南区域。滨河新区成立以来,西北部快速发展,重点地段开发力度较大。张掖市西部滨河新区靠近黑河,景观条件较好,地形平坦且交通便利,高铁站、高速出入口在此汇聚,成为城市空间扩展的主要区域。随着城市总体规划的落实,中心城区重点向西向的西部滨河新区、东北向的东北部产业园区发展态势明显,西部滨河新区沿触媒点继续扩展,东北部产业园区向高标准现代化工业园区发展。

　　对比分析 3 个城市建设用地边界区域发展可知,工业园区、新区、中心城区周边景区、机场车站等重大基础设施和自然阻力最小的方向是各城市边界扩展的主要方向。建设用地边界区域变动快慢、尺度大小会使规划管控与实际变动不一致。旅游型城市敦煌市中心城区周边景区牵引对建设用地变动影响大,不一致主要表现在扩展速度上,大型项目的建设使得南向发展速度超过预期;工业型城市金昌市建设用地边界区域扩张方向与规划引导方向一致,不一致主要表现在工业用地扩张过程中城边村的渗透。在新区建设过程中,城市西部城边村随村民自建规模扩大而扩大异常用地规模。综合型城市张掖市的不一致主要表现在触媒点带动力度上,滨河新区成立以来,随着甘州区人民政府及周边行政办公用地的建设,新区带动项目建设的力度大于预期,滨河新区玉关路以北区域居住用地增多。

6.1.2　现有城市增长管理手段和方式的适宜性

　　城市建设用地边界区域的土地使用变动与城市建设用地边界变动是密切相关的。如果规划期内城市用地变化一直在规划建设用地边界范围内进行,则原有规划对用地的指导性依然存在;如果规划期内规划建设用地边界线过大,原有规划控制难以指导城市建设;如果过小,则无法满足城市用地发展需求,需要适时进行规划调整和修编。

　　城市空间增长管理是政府通过一定的手段和措施,对城市空间增长速度、发展时序和发展总量实施有效的协调、引导和控制(刘宏燕等,2007)。越来越多的研究和实践表明，城市增长管理是也必须是一项综合性的政策。长期以来，在实现增长管理目标的过程中，绿带、城市服务边界、设定开发上限和暂缓开发等政策得到运用。与此同时，税收政策、财政补贴政策、区划、开发许可控制等手段，也与城市增长边界配套加以使用（韩昊英，2015）。

在北美、欧洲和日本，城市空间增长管理都被作为控制城市蔓延和鼓励城市集约发展的重要手段和方式。不同国家的城市结合自身的情况，普遍进行增长管理的创新和实验，试图设计一个综合性的政策工具包，发挥已有工具的协同作用。新的管理工具层出不穷，涉及不同类型的管理法规、计划、税收政策、行政手段、审查程序等等，不少专家分别从不同的角度对其进行了归类（刘宏燕等，2007），有的将其分为抑制（引导）增长类政策和保护土地类政策，有的将其分为土地的公共征收、法规程序和激励政策等不同类型。

我国主要的增长管理方式为使用边界设定与配套政策（吴次芳等，2009）。我国从绿线、紫线的划定，增长边界到"多规合一"试点工作中的"三线三区"，再到国土空间规划中的城市开发边界，边界划定探讨逐步增多，城市空间增长管理的工具逐渐丰富，空间增长管理工具的政策性与引导性逐渐增强（表6.8）。

表6.8 我国不同年份城市空间增长管控方式及相关政策文件

年份	城市空间增长管控方式	相关政策文件
2002年	划定城市绿线，生态敏感区等强制性内容控制	《城市绿线管理办法》（建设部第112号）、《城市规划强制性内容暂行规定》（建规〔2002〕218号）
2003年	生态功能区划定，划定城市紫线	《生态功能区划暂行规程》、《城市紫线管理办法》（建设部令第119号）
2004年	国家实行土地用途管制制度	《中华人民共和国土地管理法》（中华人民共和国主席令第二十八号）
2005年	划定城市黄线、城市蓝线	《城市黄线管理办法》（建设部令第144号）、《城市蓝线管理办法》（建设部令第145号）
2007年	禁止、限制和适宜建设的地域范围划定，自然与历史文化遗产保护等	《中华人民共和国城乡规划法》（中华人民共和国主席令第七十四号）
2011年	主体功能区划定	《国务院关于印发全国主体功能区规划的通知》（国发〔2010〕46号）
2015年	生态保护红线划定、生态功能区划	《生态保护红线划定技术指南》、《关于印发〈全国生态功能区划（修编版）〉的公告》（公告2015年第61号）
2016年	从市域、规划区、城市集中建设区三个层面提出相应的空间布局和规划区各类空间的规划建设管控要求	《城市总体规划编制审批管理办法（征求意见稿）》
2019年	生态保护红线、永久基本农田和城镇开发边界三条控制线	《关于在国土空间规划中统筹划定落实三条控制线的指导意见》

城市增长管理本质上是基于城市未来增长规模和区位衡量基础开展的，过大

的范围在未来一段时间内很难触及，因此在一定程度上对城市增长管理的效果会大打折扣。对比分析当前边界设定方式与配套政策可以得出，不同管控措施需要协同以保证管控既具有刚性又具有灵活性，需要根据城市发展的阶段对城市发展方向作出合理预判，使得城市的增长管理更加有效。边界的设定也需要通过相应的配套措施来促进城市能够更好地管理，需要针对不同类型城市不同阶段的核心问题及相应的空间特征来进行边界设定及配套措施的选取（表 6.9）。

表 6.9　现有城市增长管理手段的适宜性比较

管理措施	内容	作用方式	使用方法	案例	适宜性
边界设定	绿带	"推力"限制在开敞空间内，属于政府调控的刚性手段	通过划定一定宽度的绿带进行限制	大伦敦规划划定绿带	控制较为严格，但过于刚性，一定程度上抑制了城市发展
	增长边界		运用 CA 模型及其衍生模型，从阻力因素和动力因素两个方面来划定刚性与弹性边界，通过空间结构的演变来划定城市增长边界,基于生态安全格局来划定边界等	苏州、北京、波特兰等地划定城市增长边界	控制较为严格，且具有灵活性，但仅能对外部形态进行控制，需要相应的配套措施进行联动
	服务边界	"拉力"将城市吸引到边界内	通过基础设施、公共服务设施的布置来引导	—	设置较为灵活，因不具有强制性，效果不明显
配套政策	税收调节	通过适当的经济政策手段调节市场，推进边界内的开发或对重点地段的保护	通过对边界内外农地税率的调节来促进边界内的开发	日本实施差别税率	一定程度上可以促进中心城区内部农地开发，但同时促进农地划入中心城区，导致城区地价上涨
	开发权转移		通过开发权的转让，保护历史建筑、耕地、农用地、生态敏感区等	纽约中央火车站的保护	需要产权关系明确，同时需要一定的制度保障
分区		一般用于确定土地用途、开发类型和开发密度等	通过划定四区或通过土地适宜性评价进行分区，对不同的类别采取不同的引导措施	城市总体规划强制性内容中要求的四区划定	对于生态敏感性地区保护较好，但是对中心城区的开发管制不明确

注：根据参考文献（蒋芳等，2007）整理。

6.2　西北地区城市建设用地边界区域发展引导

6.2.1　城市建设用地边界区域引导思路

城市是复杂的巨系统。城市的未来充满着不确定性，因此城市的规划建设难以在规划期内做到完全与规划相同，城市增长边界也难以做到不变动、不变形（林坚等，2017）。合理的规划布局及建设用地边界管控可使城市建设高效有序。城市建设用地边界的管控效果与建设用地边界区域的土地利用和合理引导密切相关。不合理的管控会导致建设用地强度提升过高或建设用地的低效利用。我国14个大城市开发边界划定试点中，一些城市或设定一定期限开展评估调整，或建立城市开发弹性调整机制，对管控进行评估调整来应对未来的不确定性。同时，为"用"而"划"，就必须要能用、好用、管用，既需要将城市建设用地边界区域置于城市复杂巨系统中进行分析，也需要对建设用地边界区域发展进行有序引导。若一味调整建设用地边界，难以达到划定的目的和作用。因此，认知建设用地边界区域变动规律，对于开发边界如何"划"及划定后如何管都起着重要作用。

（1）把握不同职能类型城镇发展的阶段性特征。单一城市纵向剖析及多个城市的横向对比均表明，研究城市未来发展，特别是产业发展对空间扩展的合理需求，把握城镇发展的阶段特征至关重要（张兵等，2018）。城镇发展的历史和经济发展的长波理论，揭示了不同经济发展阶段可产生不同的城镇发展趋势和空间特征，特别是不同职能类型的城市，发展的规律性呈现明显的差异性，从而使城镇增长的速度、新增建设用地与已建成区域之间的关系等存在显著差异。

（2）体现战略性和结构性引导。规划编制和实施体现和落实战略性，如何因势利导通过合理适度的国土空间资源配置释放发展的潜能，促进城市在产业结构、生产方式和生活方式等转型发展的背景下实现土地资源的合理有序利用，是战略研究必不可少的内容。应在战略引领下，结合城镇所在区域和地区的城镇化趋势、人口流动的空间特征、空间结构动态演进特征等问题的研究，同步进行空间结构的优化与边界的限定（张兵等，2018）。对处于快速发展变化中的城市，规划的重点不是严防死守城市的规模形态边界，而是转向侧重于动态协调城市发展的各种要素，关注城市结构的合理性和弹性。对人口外流严重、现有低效用地较多的城市，规划的重点应是刚性管控下的功能置换和结构调整。

（3）提高政策的针对性。城镇开发边界是管理工具或工具包，管理机制可能会直接影响划定办法与划定后的管理。因此，应突出政策的针对性，提高行政管理效率，根据我国市县政府管理的实际能力，研究城镇开发边界划定的尺度和精度（张兵等，2018）。在开发边界内用地管理中，应充分吸取土地利用年度计划管理、允许建设区和有条件建设区的用地空间置换、非农建设转用审批、"一张图"监测监管等已有规划管理经验和手段。边界设定与配套政策在实施过程中还需要公众的广泛参与，以提高城市增长管理手段的可行性，同时需要建立相应的管理平台，提高增长管理的灵活性。

6.2.2 资源型城市不同发展阶段差异化发展引导

资源型城市随资源依赖产业的兴衰，发展的阶段性特征明显。西北地区矿产资源丰富，资源型城市相对较多。矿产资源型城市是以本地区矿产资源开采、加工为主导产业的城市，由于具有产业发展特征，一般会经历成长期、成熟期、枯竭期、再生期等发展阶段，这些阶段体现着矿产资源型城市动态发展的轨迹，其空间也呈现出不同阶段产业活动、居住演化、生态环境演变的烙印（葛敏，2016；杨显明等，2015；李志江等，2011）。不同发展阶段城市空间扩展及用地布局方式差异显著，需要采取差异化的增长管理手段和方式对各阶段的城市用地合理紧凑发展予以引导和管理，从而促进城市理性、可持续发展。由于矿产资源型城镇空间具有多期用地复合叠加的特征，要求在城市开发边界约束的城市建设用地，特别是建设用地边界区域内，对其各发展阶段空间予以合理紧凑的引导，以实现建设用地分期间的融合和协调。

1. 城市空间增长方式引导

根据城市发展的阶段性特征进行差异化引导，是资源型城市建设用地边界区域发展引导遵循的原则。成长期资源型城市受到矿产资源采掘的影响，处于快速扩展阶段，城市增长应考虑未来产业集聚等因素划定城市开发边界，并利用公共服务设施及基础设施的合理配置引导城市增长。成熟期资源型城市属于相对稳定阶段，城市发展应充分考虑未来产业发展，合理确定城市规模及方向，划定城市开发边界。枯竭期资源型城市原有的城区范围基本确定，出现收缩的趋势，部分城市通过新区的扩展寻求新的增长点，其增长管理应考虑资源枯竭及产业转型等因素划定开发边界。再生期资源型城市发展应考虑产业升级及周边矿区生态修复等因素划定城市开发边界。在开发边界划定的同时，应针对不同阶段空间发展特征，辅以相应的配套政策（表 6.10）。

表 6.10　不同发展阶段资源型城市增长管理手段与方式（郝海钊等，2019）

发展阶段	中心城区未来发展方向预判	增长管理手段与方式	增长管理示意图
成长期	向工业片区方向扩展	考虑周边的生态环境因素划定刚性边界；考虑常住人口及未来产业可能集聚的规模合理划定弹性增长边界，为未来可能的建设项目预留一定的用地指标；根据城市的发展方向划定公共服务设施边界，通过一定的基础设施及公共服务设施的建设引导城市用地扩张	

发展阶段	中心城区未来发展方向预判	增长管理手段与方式	增长管理示意图
成熟期	向工业园区及靠近城区近的矿区方向扩展；部分矿区可能会合并形成一定规模的社区	考虑周边的生态本底划定刚性边界；考虑常住人口、周边未来园区的范围及较近的矿区，划定弹性增长边界；合理控制周边园区集聚规模，强化底线控制，对周边生态环境进行严格保护	
枯竭期	矿区出现收缩的趋势；部分城市通过新区的扩展寻求新的增长点	考虑周边的生态本底划定刚性边界；考虑常住人口情况及未来可能收缩的方向、可能出现扩展的新区，综合划定弹性增长边界；对老城区棚户区逐步实行有序改造；改善城市环境，强化底线控制	
再生期	向靠近城区的生态绿化的矿区方向及产业升级的高新园区方向扩展	考虑周边的生态本底划定刚性增长边界；考虑常住人口、矿区的生态修复及产业升级、高新园区的建立，综合划定弹性增长边界；促进土地集约利用，重点改造城边村，加快城市内部更新；控制居住用地规模	

注：实心三角表示采矿点；箭头表示人口流向。

　　不同阶段资源型城市具有不同的空间特征与核心问题，对不同阶段空间发展模式进行分析有助于对单个城市未来发展进行预判。在资源型城市发展过程中，通常来讲，处于前一阶段的城市在发展过程中会与已步入下一个发展阶段的城市具有相似的路径，因此通过发展过程中问题及解决办法的互相借鉴，可引导城市建设用地演变更加科学合理。资源型城市的增长管理有共性与独特性，其增长管理需要考虑利用资源的生命周期变化特征及人口、产业等特征的变化引起的空间响应。城市增长管理中，特定城市开发边界设定过程中仍需要考虑控制目标与区域位置，应做好边界内外综合配套政策的统筹和协调（郝海钊等，2019）。

2. 建设用地边界区域引导对策

1）充分考虑城市发展的阶段性

不同阶段矿产资源型城市空间演变特征和规律不同，需要的城市增长管理手段与方式也不同。在城市发展过程中，从成长期到再生期，生态保护红线和永久基本农田保护线始终是城市发展的安全底线，在底线约束下，不同阶段建设用地边界区域需要采取相应的管理措施加以引导。榆林的建设用地边界区域土地利用在成长期及成熟期有所不同，从目前榆林城市发展所处的阶段来看，未来用地仍然具有较大幅度增长的需求。因此，应侧重考虑未来园区用地集聚、人口增长等因素，并充分考虑不同时期用地的接续、融合和协调，在弹性应对上下功夫；对于已进入资源枯竭期及再生期的资源型城市，用地引导需要实施差异化的策略。枯竭期城市应对增长用地的规模进行严格控制，在消化存量、内部积极更新的基础上进行适度的增量引导，逐渐修复生态环境破坏的区域，通过生态公园、城市绿带、生态隔离带等生态保护与修复措施提升城市品质。随着城市逐步进入再生期，在枯竭期的基础上考虑未来的增长因素，用地需考虑未来有较大扩展的可能性，在充分考虑现状存量挖潜、产业升级等基础上进行适度的弹性设置。

2）充分考虑产业演替及其空间响应

随着我国经济发展进入新常态，经济由高速度发展逐渐转变为高质量发展，初级的煤炭采掘、石油开采等处于产业链前端的行业将向产业链高端及全产业链等方向演变，从而发生产业结构调整，产生与原有产业结构不同的用地数量和布局需求，使城市功能布局、空间结构产生新的变化。矿产资源型城市现有的煤化工、建材、煤电、新能源等产业占地面积相对较大，未来衍生产业及可能植入的产业发展需要一类工业用地、二类工业用地、商务办公用地、商业用地及配套的居住用地等，这些用地的具体落位可能在原有用地基础上进行挖潜、更新，也可能向外部扩展新增建设用地，呈现出不同的用地区位和规模要求。因此，在制定相关规划时，应充分考虑能源产业发展和产业结构演替趋势，逐步引导土地利用实现自我演变与空间理性响应（陈晓键等，2018）。

3）充分考虑发展的时序

城区周边产业园区或新城从初期的起步阶段到快速发展阶段，再到优化调整阶段，与中心城区在人口、产业及交通等方面的联系逐步增强，用地逐步被纳入中心城区的范围，继而引起城市建设用地边界的调整。榆林目前处于成长期，周边工业园区及新区的建立在很大程度上决定了城市的空间结构。城市建设用地随着产业演替，会逐渐出现中心城区外围工业用地向商业或居住用地、工业空间自身的重构升级、采矿用地及生态用地重构转化，进而产生城镇建设用地等用地重构模式。在进行城市增长管理时，应充分考虑能源产业结构演替引起的城市发展方向和用地增长方式变化，既要保证土地利用阶段性的合理和高效，也应为未来城市空间的增长留有充分的缓冲空间，以引导城市空间理性增长（陈晓键等，2018）。

4）注重多种方式的结合

城市建设用地边界区域引导的主要目的是保障资源型城市在不同发展阶段能够合理、有序、高效地用地布局。对于矿产资源型城市而言，实施引导手段一方面能够解决现有城市蔓延、生态环境破坏等问题，另一方面能够应对能源产业演替带来的城市空间增长的多维需求。仅靠开发边界单一的增长管理方式显然难以应对，需要同其他空间管控手段结合使用。区域层面可主要从产业空间增长政策及其他政策引导等方面进行。在产业空间政策引导方面，根据不同情景的能源产业发展背景及其可能的空间影响，提出相应的引导措施。其他空间管控政策主要通过实行农地整理政策、区域交通协调、企业投资准入机制建立等进行空间管控。中心城区及其紧密相关的建成区层面主要通过产业空间增长引导、梯度公共服务设施供应、建设用地项目许可制度、TOD城市开发模式等提出相应的空间管控措施。

6.2.3 秦岭山地城市建设用地边界区域发展引导

1. 城市空间增长方式引导

秦岭山地城市建设受地形条件制约明显，城市规划建设用地无序、低效用地、与基本农田和生态用地冲突等问题时有发生。亟须加强城市空间增长方式引导，通过适时适量地释放土地存量，引导城市在不同时间、不同空间范围内的阶段性开发建设活动。

建设用地增长引导需要将秦岭生态保护和城市经济社会发展作为前提和预设条件，通过情景发生概率预判，引导城市空间合理和高效增长。某些情景要素发生与否、发生的时序及规模等，对城市的空间规模、形态结构都可能造成影响。例如，商洛高铁站的选址和建设可能会带动杨峪河镇片区用地、人口、经济的增长，从而影响城市增长边界向城市东南方向扩张，或以高铁站点为"扩展源"在该组团进行新的边界扩张。城市的职能转变、产业转型可能带来城市人口的大规模增长，同时产业用地布局影响着边界划定。例如，打造生态休闲旅游职能需要对商洛市北部金凤山景区进行重点发展，可能使得城市突破城乡融合发展障碍和一些地形条件的限制，拉动边界向北扩张。此外，应考虑城市公共服务设施建设、决策主体行为意图及城市开发政策的影响。

秦岭山地城市空间增长管理的政策设定可从基础设施引导政策、土地开发政策和财税政策三个方面展开。基础设施引导政策主要包括足量的公共设施配套政策和公交导向型开发政策。足量的公共设施配套政策主要是通过政策引导保证基础设施先行建设或与用地开发同步进行；公交导向型开发政策强调整合公共交通与土地利用的关系，通过增加步行、自行车和公交等各种出行方式的换乘，以实现高效率的交通运行和集约化的土地利用（蒋芳，2007）。土地开发政策通过开发权管理和分区，对土地开发行为进行合理疏导，引导开发转向更加适宜的区域。财税政策包括开发影响费和税收调节等，对于将土地进行非营利性开发的土地所有者可给予税赋减免，或利用财税手段对土地开发行为进行激励或限制。

2. 建设用地边界区域引导对策

1）重视不同情景发生下的动态调整

动态调整包括调整时机、调整区域和调整数量。调整时机即触发机制中土地库存不足和发展情景中关键因素发生变化时点；调整区域和调整数量通过土地库存消耗情况、关键事件/因素发生的区域和关键事件的影响力分片区释放土地存量。由于秦岭山地城市近年来中心城区人口变化相对稳定，大的用地变化会与关键事件发生的时点、区位和影响大小相关联，即事件拉动的可能性较大。因此应重视不同情景发生引发用地变化的区位、尺度分析，把握关键时点进行动态调整。

2）分阶段、分片区进行边界区域引导

分阶段、分片区确定土地用途、开发类型和开发密度，提升开发边界内用地效率，实现城市的集约发展。根据情景分析，商洛中心城区增长边界的动态调整可分为四个阶段多个片区的控制引导。第一、第二阶段分别是城市核心区域（老城区）和沙河子镇、城市高铁站客运站组团两个副中心组团的边界区域控制引导；第一、第二阶段可能同时发生，即核心区域组团和副中心组团同时开发并加以控制。第三阶段分为三部分调整区域：①核心区域增长边界向东和向南调整扩张，进行大赵峪、刘湾生活组团开发；②沙河子组团向西和向南调整扩张，将沙河子工业组团纳入边界控制引导范围内；③高铁站客运站组团边界向西调整扩张，进行杨峪河镇区组团开发。第四阶段包括两部分调整区域：①老城区北部生态休闲组团开发，增长边界在老城区北部调整扩张；②大赵峪、刘湾工业项目开发建设，增长边界在老城区和沙河子之间调整扩张。最终，所有开发区域的边界连接融合形成整体的带状形态。

3）加强边界范围外用地引导与管控

边界外的引导主要包含三个方面。①提升边界外农村地区公共设施服务水平。改善农村地区特别是城市周边农村的基础设施、公共服务设施，努力建设新型小城镇和新型农村社区，以增强农村社区的人口集聚能力，有效引导边界外农村人口城镇化，提高城乡融合发展水平，在一定程度上削弱城市蔓延的需求。

②加强城乡过渡地带用地管控。城市用地无序蔓延、城郊地区空间秩序混乱等问题有时不是城市建设用地本身向外扩张造成的，而是城乡过渡地带缺少有效的用地管控，导致毗邻城市建成区的一些城边村发生违建现象，农村集体用地以不合理的途径转化用地性质，或者出现一些建设条件和环境要求不达标的产业项目开发建设，这就要求加强对城乡过渡地带的用地管控，否则会产生城乡用地杂糅现象，为城市的阶段性用地增长和布局带来困境。③加强增长边界内外交通设施建设。交通设施的建设无论对于城市还是乡村而言，都是发展的命脉，是沟通城市与城市之间、城市与乡村之间社会经济的纽带。交通建设关系到城乡居民点的规模、产业的布局，甚至城镇空间体系网络结构。加强秦岭山地城市中心城区与周边几个镇及大型农村社区的交通联系，加快城乡公路和城乡公共交通体系建设，不仅有助于城乡产业联动发展，还可以有效提高城乡公共服务设施利用效率。

6.2.4　绿洲城市建设用地边界区域发展引导

1. 城市空间增长方式引导

在生态环境和水资源约束条件下，面对多种可能的城市未来，需要多种方案来应对和引导。绿洲城镇是干旱地区人类活动最剧烈、人口集聚度最高、人地关系矛盾最突出的生态环境脆弱区。河西走廊位于大陆性干旱气候区，降雨量少且蒸发量大，是典型的生态环境脆弱区（孙钦珂等，2021）。由于其重要区位，该地区人类活动集中，人地关系矛盾突出，需要按照"以水定城、以水定地、以水定人、以水定产"的水资源约束条件，合理规划确定绿洲城市人口、城市和产业发展规模，走绿色、可持续的高质量发展之路。整体来看，河西走廊城市经济发展状况较差，大部分城市为经济滞后型城市，工业及旅游是其经济发展的主要支柱（高泽阳等，2021）。建设用地增长引导在对城市经济社会发展水平和水资源承载能力预判和预设条件下，在切实保护城市周边生态环境尤其是耕地资源的条件下，实现既满足当前城市发展的空间需求量，又引导未来城市空间合理和高效增长的目的。

对于绿洲城市，需要研究城市合理规模，探究人口、产业、用地和建设强度与地域城市可持续发展之间的内在逻辑和作用机制，考虑各行为主体（政府、企业、居民）的博弈和行动，进行城市近期、远期发展方向与规模的多情景模拟。一方面，严格划定城市开发边界，确定其硬约束作用，倒逼城市空间的高效集约利用；另一方面，以可持续的城市形态和结构理念，统筹优化和扩展城市用地，弹性应对空间的增长和收缩，并在微创式的空间改造和空间扩展中，坚持多行为主体影响下的增长引导。

2. 建设用地边界区域引导对策

1）统筹全域自然历史要素

科学分析与城市空间联系密切的山体、河湖水系、生态湿地、风景游憩空间、防护隔离空间、农业景观、古城遗址、地质灾害隐患点等重要地域空间对城镇发展格局的影响，进行全域要素统筹。河西走廊城市张掖市、武威市为国家历史文化名城，酒泉市为省级历史文化名城，嘉峪关市主城区西侧紧邻世界文化遗产嘉峪关关城，张掖市城北为国家湿地公园，丰富的自然历史要素要求河西走廊建设用地边界区域引导要立足本地自然资源禀赋与文化底蕴，分级、分类提出自然资源和历史文化资源空间保护要求，明确重要地域空间格局中城市空间扩展的边界形态约束、叠加管控措施，构建富有地域山水格局、历史格局、文化格局特征的城市空间形态，实现城区重要生态廊道和开敞空间、历史场所的有效联系，推动城市生态修复，促进生态功能与城市功能融合。

2）发挥开发边界刚性弹性兼顾作用

开发边界作为城市空间增长管理的工具，在波特兰、墨尔本等西方城市有较为成熟的应用（王晨跃等，2021）。城镇开发边界是我国国土空间规划和用途管制的关键工具。河西走廊城市建设用地边界区域引导须严格实行建设用地总量与强度双控，强化城镇开发边界对开发建设行为的刚性约束作用，严控增量、盘活存量、优化结构、提升效率，提高城镇建设用地集约化程度。考虑城镇未来发展的不确定性，在城镇开发边界内科学预留部分用地作为今后的弹性发展空间，应对区域性廊道设施、国家级和省级重点项目建设等需要。弹性发展空间要做到规模适度、设施支撑可行，实现城镇开发边界刚性与城镇开发边界内用途弹性融合，并构建持续动态评估、刚性阈值标准和弹性调整机制，实现有效动态调整。

3）提高建设用地空间绩效

加强对城市形态、用地布局和空间结构的研究，城市形态、用地布局和城市空间结构合理与否，直接影响城市这一复杂系统内部的经济效益、社会效益和生态环境效益等。绿洲城市边界区域用地空间优化提升是边界区域空间发展的重要举措，紧凑型城市空间是未来绿洲城市发展的必然趋势。加强对城市建设的绩效评价、使用后评估及规划评估等工作，遵循城市建设用地演变的规律，加强建设用地边界区域与城市核心区空间布局和结构的协调，引导交通、市政等基础设施与城镇空间扩展紧密结合，促进建设用地边界区域存量建设用地和低效用地挖潜，实现城市集约节约用地、紧凑布局和转型发展。在空间绩效评估基础上，对现有建成区进行优化和调整，不断提高城市土地利用集约程度。针对高新区、经开区、工业园区等产业空间平台，按照精细化管理和盘活存量、优化增量等原则，明确投资强度要求，提高开发区、园区企业土地利用率。探索专项安排与进城落户人口数量相适应的新增建设用地计划指标，让人口与城镇新增建设用地挂钩，使城市综合系统功能呈现高效、节约和可持续发展状态。充分利用边界区域用地，利用土地储备制度，整合边界区域分散的空闲、闲置土地。

4）提高分类型引导的针对性

不同类型绿洲城市的建设用地边界区域变化及引导，应根据城市建设用地边界区域变动特征和规律，突出引导的差异性和针对性。旅游型中小城市规模相对较小，随旅游产业发展，城市与旅游景区用地逐渐处于趋近互补状态。随着景区规模扩大、文旅项目落地、游客量增多，"吃、住、购"等旅游功能逐渐向城市转移，城市为旅游服务的公共服务设施用地快速增加，城市沿与景区联系的交通线轴向扩展明显。文化创意产业、休闲娱乐产业、旅游服务相关产业等在景区与城市交通轴线的适当位置布局，形成城市的新组团或新区（何倡等，2017）。因此，应强化为旅游服务的公共服务设施用地规模预测，以及与景区联系的交通线轴线两侧用地调控。

随着工矿型城市由形成期向成长期、成熟期、转型期（或衰退期）发展，空间扩展由形成期的矿区居民点沿矿区周边散点状布局、公共设施供给不足，逐渐演变为在临近矿区的中心位置建设新的矿区居民点，同时满足职工的生活性需求，并逐渐形成城区和矿区两大功能板块。随着工矿型城市转型，高新技术开发区、经济技术开发区等建设，原有"单位大院"模式逐步被打破，逐渐形成老城区、矿区居民点、工业园区、新区共同发展的格局。转型不及时或没能很好实现转型发展的城市，人口不断流出，工矿区用地出现空废的现象。因此，对于有新产业植入的城市，应结合老城区、矿区居民点的更新，强化产业演替预判基础上的空间扩展引导。对于转型不及时而出现工业用地空废现象的城市，应侧重建设用地边界区域减量化用地调整、更新和引导。

综合型城市是绿洲农业长期发展的结果，城市作为区域中心的职能较强，对绿洲农业的依赖性较大，经济水平不高，辐射范围与其中心性相关。综合型城市的产生过程具有渐进性，使得综合型城市空间扩展无统一的模式，一些城市空间扩展无序，沿自然地形低密度蔓延扩展现象明显。因此，应强化开发边界管控作用，减少建设用地边界区域的扩展量，延长边界变动的时间周期。

5）优化新区新城空间

在城市新区和新城建设过程中，保持建设的适度紧凑化，优先对新城新区核心节点进行构建，以培育城市增长节点和建设吸引节点，以"规划+设计+管理"的模式调控新区新城发展，将尺度、功能、土地开发强度和人口集聚、就业岗位等作为发展中的指标，优化布局、动态规划城市新片区。按照城市产业发展趋势和产业结构调整，不断优化与调整城市产业用地空间。按照商业服务业在中小城市的发展阶段、市场容量的规律，完善设施配套与布局。引导中心城区实施"退二进三""腾笼换鸟"政策后搬迁的企业向园区集中,以推进建设用地边界区域的集聚发展,提高城市用地效率。

6.3　建设用地边界区域调控策略

6.3.1　新增建设用地扩展区位调控

新增建设用地扩展区位调控应关注已有连片扩展地域和优势区位,还应关注情景要素的变化。新增建设用地扩展区位在遵循城市规划引导的同时,在各种牵引力的影响下,易出现与规划建设用地扩展区位不一致的情况。调研的案例城市规划中心城区建设用地边界与调研时边界、现状边界对比结果表明,西北地区中小城市均不同程度上存在实体扩展边界突破规划期末建设用地边界的情况。陕西关中地区,有的城市中心城区扩展边界超出部分位于城区北部和东部,有的中心城区扩展边界超出规划边界部分位于城区南部,有的中心城区扩展边界超出部分主要位于廊道两侧,有的中心城区扩展边界超出部分位于城区东部、东北部和南部。这些超出地域既有位于主要扩展区位的,也有位于非主要扩展区域的,基本上位于连片扩展地域。研究还揭示了城市建设用地边界区域在优势区位逐层推进现象明显,在非优势区位呈现出小规模或零推进的情况(陈晓键等,2017)。某些情景要素发生与否、发生的时序及规模等对城市的空间规模、形态结构可能造成影响。例如,高铁站的选址和建设会带动用地、人口、经济的增长,从而影响城市增长边界以高铁站点为"扩展源"在该组团进行新的边界扩张。城市的职能转变、产业转型可能带来城市人口规模的大幅度增长,产业的用地布局同时影响着边界划定。此外,应考虑城市公共服务设施建设、生态景观保护与开发、决策主体行为意图及城市开发政策的影响。因此,划定城市开发边界及引导新增建设用地扩展区位时,应注重已有连片扩展地域、优势区位及城市关键情景要素的变化,找出可能引发建设用地边界区域变化的最核心"触媒"和"触角",并进行触媒效应预判。

6.3.2　新增建设用地扩展模式调控

建设用地边界区域的结构性调整与高效开发是城市高质量发展的重要内容。扩展模式与建设用地边界区域用地变化和"阶段性"城市开发边界的划定密切相关。西北地区中小城市呈现出非完全圈层式的城市空间扩展特征,对增长边界的划定和建设用地边界区域的扩展模式提出了充分考虑扩展方式和时序性的要求。对于我国西北地区中小城市,城市的发展模式主要分为单中心扩展模式和组团扩展模式两种。单中心扩展是城市规模变化不大、城市增长相对比较稳定阶段采用的一种发展模式，因此城市增长边界范围内的用地布局相对紧凑；组团扩展是在高速发展的初期，城市建立与老城区功能平行的城市功能区而产生的一种模式，这种模式的城市人口及用地规模变化较为复杂，且阶段性特征明显，因此边界的划定及建设用地的引导需要为其留有更大的弹性（黄明华等，2017）。对于填充式和连片扩展多种扩展用地方式交替发生的城市，单中心扩展模式和组团扩展模式在不同阶段具有不同的扩展速度。因此，新增建设用地扩展模式调控应注重对中小城市原有扩展模式的把控，对于早先跳出发展组团的区域和城市，应强化现有用地的更新和填充式发展；对于没有自然条件制约的区域，或跨越制约形成新组团的区域和城市，应根据发展需求，合理确定扩展规模，以防产生无序和过大的连片扩展。西北地区无论是位于绿洲，还是位于山地区的中小城市，均受所处的地域自然环境影响较大，在整体生态环境脆弱、水资源较为短缺、可利用建设用地资源受限等条件下，中小城市应在保护耕地和生态用地的前提下，注重不同扩展模式城市的结构性调整与高效开发。

6.3.3　新增建设用地推进尺度调控

　　城市和生态系统的整体性和系统性要求推进尺度不宜过小或破碎，但过大的尺度也会产生活力不足的问题。西北地区案例城市的研究显示，中小城市中心城区在用地不断向外扩展的过程中，呈现用地块状增长—团块状增长—连片增长的态势。这种尺度的推进或为住宅建设，或为工业园或高新区开发，或为商业购物中心建设，在实体边界区域形成了大量功能较为单一的区域。除商业购物中心外，这种大尺度单一功能空间区域往往缺乏活力。近年来，商业购物中心受消费者购物模式的变化，活力也受到影响。案例城市的研究也表明，小空间功能复合、与发展成熟区联系较为紧密的区域会有较大活力。由此可以判断，要想保持城市和区域的活力，应通过土地阶段性供给和功能复合利用等，对中小城市扩展地域开发尺度有所控制和要求，以实现城市空间和活力共同增长的图景（陈晓键等，2017）。推进尺度的确定与地块所处的扩展区位、扩展模式息息相关。通常来讲，当扩展地块位于优势区域时，连片扩展方式会使建设用地大规模推进，形成大尺度的推展，也增加了超出控制界限的可能性；当扩展地块位于非优势区域时，填充式扩展和外扩并存，不易形成大规模的推进，超出控制界限的可能性大大降低。因此，应根据扩展边界内可开发土地最初存量、边界扩展的周期长度和预期城市增长速度，确定得出不同开发周期的扩展边界内可开发土地的最小存量规模和存量补充率。通过引导中小城市的扩展方式，严格规定规划期内应达到的开发强度标准并严格管控，同时明确扩展边界外围用地功能和类型，使城市建设用地边界区域推进尺度保持在合理的值域内。

6.3.4　建设用地边界区域阶段性引导

　　城市用地边界扩展的问题可以概括为边界内应包含多少土地、边界应何时扩展及扩展多少等问题，以及相应产生的用地类型变化。城市建设用地边界的动态性特征决定了城市在空间增长过程中会经历一次次的土地开发周期。因此，加强建设用地边界区域阶段性发展的引导，对于城市产业结构升级和高质量空间动态演替具有重要意义。在开发边界内调整引导用地布局，通常会面临两种变化情况。一种是在持续稳定的发展动因影响下，城市随城镇化水平提高与工业化发展产生的正常用地演变；另一种是事件的触媒效应带动建设用地快速超常规增长产生的用地演变。随城镇化水平提高与工业化发展产生的用地演变，引导时需要在划定边界内按照城市发展战略研究和管控要求，落实和调整用地布局，根据规划近远期的目标、指标、路径及项目安排进行阶段性的引导，聚力共生，避免在城市整体层面建设用地扩张的同时产生大量局部的活力塌陷区和低洼地带。对于快速超常规增长产生的用地演变，须根据边界内可供开发的用地急速减少、趋近或达到阈值情况，调整开发边界，以防出现土地价格飙升、开发过于密集或拥挤、城市用地向不合理位置扩展等负面影响（韩昊英等，2012）。调整周期不宜固定，应随重要引擎推动、可供开发的用地量变化而适时动态调整。

参 考 文 献

陈晓键, 郝海钊, 2018. 能源产业发展与榆林中心城区土地利用演变关系研究[J]. 城市建筑, (6): 54-57.

陈晓键, 谭潇玟, 樊先祺, 2017. 中小城市空间扩展实体边界区域动态变化研究[J]. 西北大学学报(自然科学版), 47(2): 289-295.

高泽阳, 常跟应, 2021. 中国干旱区城市经济社会与资源环境协调发展研究——以河西走廊 5 市为例[J]. 复旦学报(自然科学版), 60(4): 515-523.

葛敏, 2016. 资源型城市空间扩展的特征及调控[D]. 哈尔滨: 哈尔滨师范大学.

韩昊英, 2015. 城市增长边界内涵与世界经验[J]. 探索与争鸣, (6): 25-28.

韩昊英, 吴次芳, 赖世刚, 2012. 城市增长边界控制模式研究: 一个基于土地存量控制的分析框架[J]. 城市师, (3): 16-20.

郝海钊, 陈晓键, 2019. 不同发展阶段矿产资源型城市空间增长管理研究[J]. 规划师, 35(3): 58-62.

何倡, 陈晓键, 2017. 不同类型中小城市空间扩展特征研究——基于敦煌、金昌、张掖的分析[J]. 现代城市研究, (1): 111-118.

黄明华, 张然, 贺琦, 等, 2017. 回归本源——对城市增长边界"永久性"与"阶段性"的探讨[J]. 城市规划, 41(2): 9-17, 26.

蒋芳, 刘盛和, 袁弘, 2007. 城市增长管理的政策工具及其效果评价[J]. 城市规划学刊, (1): 33-38.

李志江, 马晓冬, 2011. 资源型城市空间扩展研究——以徐州市为例[J]. 国土与自然资源研究, (3): 1-3.

林坚, 乔治洋, 叶子君, 2017. 城市开发边界的划与用——我国 14 个大城市开发边界划定试点进展分析与思考[J]. 城市规划学刊, (2): 37-43.

刘宏燕, 张培刚, 2007. 增长管理在我国城市规划中的应用研究[J]. 国际城市规划, 22(6): 108-113.

宁越敏, 2015. 城市增长边界: 历史溯源与内在规律[J]. 探索与争鸣, (6): 21-23.

陕西省城乡规划设计研究院, 榆林市人民政府, 2001. 榆林市城市总体规划(2000—2020 年)[R].

陕西省城乡规划设计研究院, 1989. 榆林市区总体规划(1989—2000 年)[R].

陕西省城乡规划设计研究院, 1994. 榆林市区总体规划(1994—2010 年)[R].

孙钦珂, 周亮, 唐相龙, 等, 2021. 干旱区绿洲城镇扩张对耕地空间影响及预测——以河西走廊区域为例[J]. 自然资源学报, 36(4): 1008-1020.

王晨跃, 叶裕民, 范梦雪, 2021. 论城镇开发边界划定与管理的三大关系——基于"城市人"理论的理念辨析[J]. 城市规划学刊, (1): 28-35.

吴次芳, 韩昊英, 赖世刚, 2009. 城市空间增长管理: 工具与策略[J]. 规划师, (8): 15-19.

吴一洲, 吴次芳, 李波, 等, 2013. 城市规划控制绩效的时空演化及其机理探析——以北京 1958—2004 年间五次总体规划为例[J]. 城市规划, 37(7): 33-41.

杨显明, 焦华富, 许吉黎, 2015. 不同发展阶段煤炭资源型城市空间结构演化的对比研究——以淮南、淮北为例[J]. 自然资源学报, (1): 92-105.

张兵, 林永新, 刘宛, 等, 2018. 城镇开发边界与国家空间治理——划定城镇开发边界的思想基础[J]. 城市规划学刊, (4): 16-23.

中国城市规划设计研究院, 榆林市人民政府, 2008. 榆林市城市总体规划(2006—2020 年)[R].

第 7 章　结论和展望

7.1　主　要　结　论

西北地区城市建设用地边界区域动态演变研究为城镇开发边界划定及边界内用地管控提供了依据和参考。本书在实际调研和剖析案例城市动态演变的基础上，研究演变特征、动因、情景分析、管控及引导对策，得出以下主要结论。

（1）西北地区中小城市具有独特的自然和社会经济发展条件，区域间人口流动、城镇化水平及路径、土地开发强度等有异于其他地区。因此，作为人口集聚地的中小城市中心城区建设用地边界区域，呈现出西北地域独特的时空、形态、产业、人口、用地、活力等特征。

西北地区中小城市规模较小，人口密度及城镇密度相对较低，加之正处于城镇化和工业化的加速阶段，因此在研究期内的不同阶段多呈现外延式扩展方式，一些时间段呈现以外延式+跳跃式扩展为主的方式，较少内涵式发展，产生较大的边界区域变动。西北地区中小城市中心城区扩展时空特征表现为阶段性和非均衡性增长，扩展区位阶段性稳定，单一城市某一时期扩展量及扩展速度远大于其他时期，各城市扩展量和扩展速度增大或减小的时间节点各有不同；形态表现为分形、犬牙交错的线形特征；产业特征与西北地区所处的工业化发展阶段吻合，产业结构调整和升级变动明显；人口密度从内到外逐渐递减，人口增长与住房供求不同步；具有多规则块状的新增用地空间形态、扩展规模不一的新增用地类型等特征，具有类型多样的边界区域活力源、差异明显的边界区域活力源效应、与日常出行行为相关联的活力空间等。

（2）与我国其他地区相似，西北地区自然条件、社会经济发展水平、政策规划、道路交通、邻域效应、内渗外迁等影响因素对城市建设用地边界区域用地变化产生叠加影响，影响因素的作用力大小及结果存在差异。驱动因素综合作用下的建设用地边界区域发生动态变化。

受水资源、地形地貌等条件限制，西北地区自然条件强制约地区较多，这些地区自然条件在限制扩展范围的同时，随城市内部人口增多、开发强度增大，影响城市形态，改变城市的山水格局和视线通廊。西北大部分地区处于市域人口外流而中心城区人口增减变化不一的状态，人口的流动特征及流动人口市民化程度高低，影响中心城区居住人口增长规模及变化，使得边界区域建设用地呈现阶段性波动；同时，西北地区中小城市居民出行距离较短，居民就业地的分布、城市公共服务设施的设置内容与规模大小都与已有城区有着紧密关联，进而影响建设用地边界区域的土地利用效率和活力。

社会经济发展因素对中小城市建设用地边界区域变动的影响尤为显著和持久。工业城市实体边界动态推进的主要决定因素是一定产业结构下工业用地扩展，综合城市和旅游城市则体现职能类型和规模变化的决定作用。西北地区产业演替阶段特征明显，受经济发展水平、产业发展及结构调整影响，城市空间扩展存在加速期、减速期和稳定期等不同时期，不同时期的空间扩展速度、特征、方向和表现形式不同。建设用地边界区域随区域及城市经济扩张—收缩—再扩张发展的周期性波动，扩展速度表现出典型的加速期、减速期和稳定期等周期性特征。西北地区中小城市建设用地边界新增的主要用地类型是工业用地、居住用地和公共服务设施用地，特别是许多城市工业用地增加明显，且以园区形式呈现。虽然园区规模较大、位置相对固定，案例城市实体边界区域用地扩展没有同步随经济发展周期性波动，但产业的上行及下行直接影响建设用地边界区域扩展的绩效。

自然条件、社会经济发展水平与政策规划、道路交通、邻域效应、内渗外迁等因素的叠加影响，使得城市建设用地边界区域呈现差异化的增长模式和功能组织。

（3）城市发展面临许多未知因素，正如皮特·霍尔在其著作《大规划的灾难》中提到的，由于规划存在规划相关环境的不确定性、相关决策领域决策的不确定性、关于价值判断的不确定性，在复杂的决策环境中，人们很难对每一个行为产生的结果有完全的了解和正确预测，不可能完全理性地作出决策，也无法获得全面的备选方案。因此，需要加强情景分析，需要充分考虑规划的弹性和动态性，需要通过不断地评估检验和反馈修订完善决策，以保证规划实施的实效性。

对于中小城市中心城区建设用地边界区域管控及引导，需要加强前、中、后不同时期的研究。在管控和引导决策前，应加强对城市及建设用地边界区域已有发展规律的认知判断和情景分析；在决策中应充分考虑切实有效的弹性；在决策后应注重评估检验和反馈。由于西北地区中小城市人口及用地规模较小，不确定性引起的建设用地边界区域改变可能会更大。当影响城市发展的某一个或某几个关键因素发生改变时，城市发展情景随之改变，城市建设用地空间扩展既可能延续原有结构的小规模、渐进式增长，也可能受事件触媒效应或突变性因素的影响而呈现跨越式扩展。城市建设用地边界区域变动的复杂性和不确定性特点，要求管控和引导决策时充分考虑处于不确定环境中的空间组织长期发展的多种可能性，通过合理的规划应对不确定性，并以弹性的方案应对未来空间的发展。当边界内可供开发的用地效率不足、急速减少，趋近、达到阈值或边界内建设用地开发强度过高破坏城市山水人文格局时，应适时调整管控措施及开发边界。

（4）建设用地边界区域引导应注重对新增建设用地扩展区位、扩展模式、推进尺度等的调控，寻找最核心"触媒"和"触角"，合理确定扩展的优势区位，审慎推进道路交通等基础设施和公共服务设施建设力度，合理控制推进尺度和规模。

合理的规划布局及建设用地边界管控可使城市建设高效有序。规划与实际建设的一致性与发展机遇和增长速度有关，城市慢速发展期规划与实际建设常保持较好的一致性，快速发展期一致性指数降低。推动城市快速发展的机遇、重大自然资源的发掘和开发利用、区域性重大交通基础设施的建设、产业结构调整升级、推动型企业的发展、项目建设的带动力度大于预期等，都可以引发城市建设用地边界区域的重大变化，使扩展速度不一致或建设用地边界区域扩展与规划引导方向不一致。若一味调整建设用地边界，难以达到划定的目的和作用。因此，从空间形态、空间结构、空间规模、地块尺度等多方面对建设用地边界区域进行约束，规定规划期内应达到的开发强度，并严格管控扩展边界外围用地功能和类型，避免产生无序和过大的连片扩展。同时，从城市增长区域与原有区域的联动性、城市空间活力情况、空间使用效率、生态环境变化等方面对城市空间增长控制效果进行评价，把握不同职能类型城市发展的阶段性特征，发挥引导的战略性和结构性作用，提高管控政策的针对性。

（5）城市建设用地边界区域建设及边界管控是一个统一体，包含演化—管控—调整这三个既连续递进又相互交织的环节，需要统筹不可调整的总量刚性与可调整的结构弹性，统筹近期和远期，统筹用地规模和效率，统筹内部与外部，弹性应对空间的增长和收缩。

位于规划建设用地范围内的用地开发是否高效、结构是否合理，与边界管控的力度和弹性有关。建设用地边界区域的高效开发影响城市的整体结构，要求城市建设用地边界某一阶段内在不可调整的总量刚性约束下具有可调整的布局结构弹性。对于收缩城市及超载城市，应与处于发展期的城市采取不同的管控调整措施。对于处于发展期的城市，开发边界应是对城市发展路径进行阶段性引导的边界，应允许进行动态调整。在关键情景要素未发生大的变化或者开发强度未达到标准时，开发边界应具有不可突破的约束刚性。只有这样，才能形成适宜的结构、布局和强度，避免产生用地碎片化和土地利用效率低下等问题。

在边界管控中还应注重对建设用地边界外用地用途、开发强度等要素的管控，避免扩展过程中由于外围城边村的渗透及非正规用地的影响，扩大异常用地规模。

7.2 研究展望

本书对城市建设用地边界区域的演变特征、影响因素、演变情景分析及城市空间扩展调控方面进行了初步的探索，后续研究可从以下方面进一步展开。

1）加强不同规模、不同类型城市相关标准研究

在将西北地区中小城市及其周边区域作为整体，对其自身生长规律认识和研究的基础上，强化建设用地边界划定的动态规划理念。同一城市不同发展阶段的划定方法和标准不同，需要根据现实情况和发展趋势适度扩张或收缩，不同类型的城市更是如此。因此，应加强建设用地边界区域空间形态、空间结构、空间规模、地块尺度、密度区划等指标及其刚性或弹性标准研究，以有效保障扩展过程的"精明增长"和"紧凑发展"。

2）加强城市建设用地边界区域管控的技术+政策研究

城市建设用地边界区域管控既需要技术支撑，又需要政策保障。政策与法规是城市增长管理的重要组成部分。城市开发边界是一种政策工具、一套制度设计，而不是简单的线圈，建设用地边界区域管控需要科学的配套制度体系建构。因此，应加强城市建设用地边界区域管控与其他既有政策工具的有效衔接，加强城市整体与动态变化区域的协调，加强规划领域与其他领域政策的配合，以促进良好的社会基础保障技术落位和实施。